FILOSOFIA PARA ARANHAS

FILOSOFIA PARA ARANHAS

sobre a baixa teoria de KATHY ACKER

MCKENZIE WARK

tradução Tom Nóbrega

n-1 edições

Revista Rosa

FILOSOFIA PARA ARANHAS
sobre a baixa teoria de Kathy Acker

PHILOSOPHY FOR SPIDERS
on the low theory of Kathy Acker

Mckenzie Wark

© Mckenzie Wark e Duke University Press, 2021
© n-1 edições e Revista Rosa, 2024
ISBN 978-656-119-018-3

Embora adote a maioria dos usos editoriais do âmbito brasileiro, a n-1 edições não segue necessariamente as convenções das instituições normativas, pois considera a edição um trabalho de criação que deve interagir com a pluralidade de linguagens e a especificidade de cada obra publicada.

n-1 edições
coordenação editorial Peter Pál Pelbart
              e Ricardo Muniz Fernandes
direção de arte Ricardo Muniz Fernandes
gestão editorial Gabriel de Godoy
assistência editorial Inês Mendonça
produção editorial Andressa Cerqueira

Revista Rosa
tradução Tom Nóbrega
edição Marcela Vieira
preparação Paulo Victor Ferrari Nakano
revisão Marcela Vieira e Lucas Figueiredo Silveira
design Wallace V. Masuko

A reprodução parcial deste livro sem fins lucrativos, para uso privado ou coletivo, em qualquer meio impresso ou eletrônico, está autorizada, desde que citada a fonte. Se for necessária a reprodução na íntegra, solicita-se entrar em contato com os editores.

1ª edição | Impresso em São Paulo | Agosto, 2024

n-1edicoes.org
revistarosa.com

n-1
edições

In memoriam:
Kato Trieu

E: dedicado a todas as Janeys,
Janeys por toda parte.

ÍNDICE

I - A CIDADE DA MEMÓRIA

A primeira pousada 17
Bestiário 19
Woolloomooloo 24
Aranha_gato 32
I'm very into you 36
São Francisco, 1995 41
O conceito do corpo 43
Corpo e corpo: carne 47
Dildocentrismo 50
A garota da Kathy,(...) 53
Outros passeios 55
Guarda-roupa 57

Transitiva 58
Boca da verdade 60
Nova York, 1995 63
Uma ponte, um túnel 68
A arte de ser top (1) 69
A arte de ser top (2) 71
Anel 75
Ruído 77
A memória é redundante 79
O quarto com vista 80
Nova York, 2000 87

II - UMA FILOSOFIA PARA ARANHAS

FILOSOFIA ZERO

Aranhas 97
Filosofia 98
Outrar-se 100
Maravilha 103
Escrita 105

PRIMEIRA FILOSOFIA
Exterioridade 111
Emoções 114
Memória 116
Tempo 118
Narrativa 121
Olho 124
Tédio 125

Solidão 127
Sonhos 128
Imaginação 131
Musculação 134
Masturbação 137
Manuscrita 140

SEGUNDA FILOSOFIA
Herança 143
Pais 145
Mães 147
Biblioteca 149
Desejo 151
Sexo 154
Penetração 157

Misandria 162
Estupro 166
Masoquismo 170
Mulheres 177
Conceber 183
Amor 192
Morte 199

TERCEIRA FILOSOFIA
Cidades 205
Trabalho-de-sexo 211
Trabalho-de-arte 216
Trabalho-de-fama 221
Capitalismo 223
Pós-capitalismo 227
História 232
Política 236
Cultura 241

Agência 244
Garotas 252
Revolução 255
Buracos 261
Ficção 266
Détournement 272
Mito 278
Natureza 282

Posfácio, Disfóric/o/a 289

Agradecimentos 309

Lista de leitura 313

Quem quer que tenha escrito essa história já disse que história é filosofia e, portanto, a história do sexo é a filosofia da religião.

Kathy Acker (Pussy, King of the pirates, p. 99)

PARTE I

A CIDADE DA MEMÓRIA

> *Cheguei à conclusão de que existe uma conexão profunda entre ex-namorados e clichês.*

Kathy Acker (*Acker Papers*, 22.06)

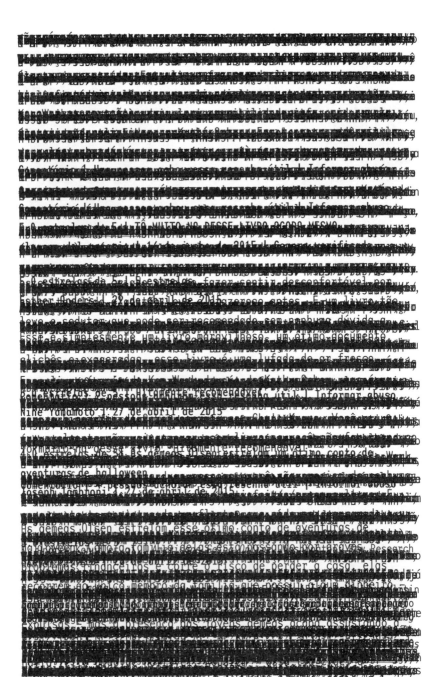

A PRIMEIRA POUSADA

Quando Kathy Acker se hospedou por lá, soube que alguma coisa tinha mudado.

É um lugar silencioso, vazio e calmo. Um lugar onde nunca acontece nada. É como um hotel resort fora de estação, com a decoração clássica e genérica de um desses não lugares quaisquer frequentados pelas classes abastadas. Kathy me pegou pela mão e me guiou através daqueles portões enormes.

Foi algo inesperado. Por que a Kathy estava me levando para esse lugar tão familiar para mim, cenário de um dos meus sonhos mais recorrentes? Desde que me lembro, visito esse lugar em sonhos. É um lugar sempre quieto e silencioso, com uma luz fria e muda. Tudo indica que existam funcionários que mantêm esse espaço funcionando, mas eles nunca aparecem. Tudo indica que existam outros hóspedes por lá, mas é como se eles tivessem acabado de virar a esquina. Pode ser que você escute uma risada vindo do elevador, mas, quando suas portas finalmente se abrem, não há mais ninguém ali. E, apesar de tudo, é como se não houvesse nada estranho ou sobrenatural nisso.

Parece se tratar sempre do mesmo lugar, embora de vez em quando ele desponte sobre uma colina, com vista para o mar, e outras vezes surja no meio de uma floresta, ou então na beira de um lago. No sonho, é um lugar em parte familiar, em parte estranho. É o lugar para onde você vai quando quer deixar de existir temporariamente. Quando quer tirar umas férias da vida. Um não lugar para uma não vida.

Por isso me pareceu tão estranho quando Kathy me tomou pela mão e me trouxe para esse lugar, esse lugar que fica dentro do meu sonho. Fiquei surpresa que ela soubesse da sua existência.

McKenzie: "Mas como você sabe?"

Kathy: "É o lugar que os mortos criam para os vivos. Sempre esteve aqui."

Foi ela quem me mostrou a razão pela qual, afinal, esse lugar existia. Era um lugar capaz de abrigar tanto vivos quanto não vivos. Foi ela quem me mostrou que, afinal, foram os mortos que criaram esse espaço para nós. Um espaço desprovido de qualidades, criado por aqueles que já não existem. O espaço dos sonhos foi mesmo concebido por aqueles que já não vivem. Os mortos não querem que a gente se pareça com eles. Como não são capazes de nos dar qualquer coisa que possua qualidades ou peculiaridades determinadas, a única coisa que podem fazer é preparar esse lugar para nós, um não lugar genérico como esse, e nos deixar em paz.

Kathy compreendia tudo isso, e retornou num sonho para me lembrar de que eu também já havia estado ali. Voltou para me lembrar por que se visita um espaço como aquele. Um espaço que talvez tod/o/a/s nós visitamos, mas do qual esquecemos completamente O mais difícil de tudo: ser capaz de lembrar para que esse espaço serve, mesmo depois de retornar para a vida desperta.

Para nós, modernos, sempre foi assim. Os mortos se recusam a conversar conosco. É por isso que temos a impressão de que eles enfim nos deixaram em paz. É o tipo de coisa que pode fazer a gente enlouquecer. Kathy, porém, sabia onde encontrar os mortos.

Pensando bem, não é verdade. Ninguém sabe. Kathy era uma daquelas que sabiam onde encontrar a ausência deixada pelos que já não vivem. Kathy encontrou o lugar que os mortos deixaram para trás. O lugar que eles nos deixaram. É possível entrar ali, permanecer algum tempo diante dessa ausência, e então voltar para casa.

Vamos.

BESTIÁRIO

Alerta de conteúdo: Este livro faz uso da linguagem do sexo, da violência, da violência sexual e da linguagem das aranhas.

Alerta de forma: Embora este livro possua elementos de um livro de memórias e de um texto crítico, não é nem uma coisa nem outra.

Queria escrever tanto sobre as coisas que aprendi com a Kathy de carne e osso quanto sobre aquilo que aprendi lendo os textos de Acker, partindo da perspectiva daquela que eu pude me tornar (em parte) depois de conhecê-la dessas duas maneiras.

Não convivi com Kathy pessoalmente durante muito tempo, longe disso. Há muitas outras pessoas que podem escrever com muito mais propriedade sobre aquela que Kathy foi. Também não sou uma especialista na sua escrita ou no tipo de texto que ela escrevia. Não mergulhei a fundo em seus arquivos, nem entrevistei pessoas com quem Kathy conviveu. Longe de mim afirmar que qualquer coisa que diga respeito a Kathy Acker me pertença. Posso dizer, de passagem, que tanto eu quanto ela compartilhávamos uma antipatia por escritores e acadêmicos que tratam o corpo ou o trabalho de alguém[1] como sua propriedade privada.

O escritor burguês é um animal avarento. Uma criatura ligada ao poder, à propriedade, ao controle. O que quer que escreva lhe pertence; o ser que escreve é um ser capaz de possuir. Kathy, por outro lado, era um tipo diferente de bicho (ou de bichos, no plural).

---

1. No original: *"who treat some body, or some body of work, as if they own it."* Aqui Mackenzie propõe um jogo com a palavra *body* (corpo), dividindo em duas partes a palavra *some body* (alguém), e utilizando a expressão *body of work* (conjunto de trabalho). [N.T.]

Martine Sciolino: "Um cleptoparasita é uma aranha que se apropria da teia de outra aranha e devora a presa que está aprisionada ali. De alguma forma, os plágios assumidos e deliberados de Kathy Acker são cleptoparasíticos – *Grandes esperanças*, *Dom Quixote*, *A história de O* – essas e outras teias narrativas foram roubadas por Kathy, mas não é fácil dizer quais são as vítimas enrodilhadas nessas ficções que já estavam tecidas. Porque Acker sempre reconta a história da própria vida como se também sua história fosse um texto roubado – e, já que esse *auto*plagiarismo costuma envolver a vitimização da narradora –, os nós dessas teias roubadas que se interpenetram são desenrolados de modo a revelar o inseto que jaz ali dentro, cuja forma espelha a forma da aranha que desfaz o embrulho."[2]

Esta não é uma *interpretação* da vida ou do trabalho de Kathy Acker.[3] Não é como se Kathy fosse um assunto a respeito do qual eu pudesse desenvolver argumentos que se tornem fac-símiles verificáveis, ou que guardem alguma semelhança com a essência daquela que ela foi. Nosso ponto de partida: Kathy criava textos. Ela foi alguém viveu e escreveu de um modo particular, e sua vida e sua escrita eram duas formas de *práxis* que estavam conectadas, que se entremeavam a partir de um mesmo gesto que buscava transformar coisas. Cada forma que emerge a partir de determinada prática envolve uma maneira específica de criar textos. Este é um texto criado a partir dos textos dela, mas empregando uma prática diferente.

Aprendi muito tanto com a Kathy humana quanto com a Acker escritora. Aprendi a respeito de quatro das grandes obsessões dos nossos tempos: amor e dinheiro, sexo e morte. Posso dizer que ela

2. Martine Sciolino, "Confessions of a Kleptoparasite", *Review of Contemporary Fiction 9*, n. 3, 1989, p. 63.
3. A respeito da interpretação, ver a contribuição de Alexander Galloway para *Excommunication*. Chicago: University of Chicago Press, 2013.

me ofereceu uma espécie de presente; um gesto que, de certo modo, eu retribuo agora.

Traduzindo em palavras um pouco daquilo em que consistia esse presente: um corpo que escreve é um corpo que fode. Existem assimetrias peculiares entre os modos pelos quais os corpos podem foder: dominante e submisso, *top* e *bottom*, penetrador/a e penetrad/a/o, escritor e leitor, *butch* e *femme*, masculino e feminino, trans e cis, e por aí vai. Essas diferenças acabam passando por dentro e por fora do modo como os corpos escrevem. Um corpo que fode com o ato de foder pode ser um corpo que fode com o gênero, e um corpo que fode com o gênero pode ser um corpo que escreve uma escrita que fode com os gêneros, assim como um/a escritor/a que encarna como alguém que fode com o gênero pode ser um/a escritor/a que fode com o gênero literário, a mais nuclear família das formas.

Patrick Greaney: "Baudelaire escreve sobre a 'imensa profundidade intelectual presente nas expressões populares, esses buracos cavados por formigas através de gerações.' É possível perfurar clichês através de passagens subterrâneas, passagens exploradas pelos poetas durante sua batalha contra as verdades que esses mesmos clichês supostamente se propõem a sustentar. Para fazer isso, porém, é preciso que a/o/s poetas se disponham a penetrar em território inimigo, a repetir as mesmas locuções que desejam erodir. Nessa repetição, ao mesmo tempo que a/o/s poetas esburacam a linguagem por dentro, el/a/e/s se deixam atravessar por ela, se deixam penetrar pela linguagem que desejam superar, e da qual pretendem manter distância."[4]

4. Patrick Greaney, "Insinuation: Détournement as Gendered Repetition", *South Atlantic Quarterly*, 110(1), 2011, pp. 75-88, 84.

Kathy, como eu, escrevia prosa, embora se tratasse de uma prosa muito melhor e mais interessante do que a minha, e que empregava métodos diferentes daqueles que uso. Como a/o/s poetas, ela penetrava e se deixava penetrar pela linguagem, fodia e se deixava foder por ela.

Tom McCarthy: "Quando era menino, nos tempos de escola, precisava aprender os nomes coletivos usados para animais. As águas-vivas, por algum motivo, são conhecidas por muitos nomes: alforrecas, cansanções, caravelas, ponons, vinagreiras. Abertos, mudando de forma, infinitamente penetrando ou se deixando penetrar pelas cenas ao seu redor, os corpos de Acker canalizam e agem como pivôs ou esteios em um mundo caracterizado por uma continuidade visceral enredada – como uma água-viva que estremece à medida que sinais pulsantes chegam até ela através de um mar viscoso. Ou, quem sabe (com o risco de começar a soar holístico), esses corpos ao mesmo tempo ancoram o mundo e funcionam como desmembramentos dele: mais vinagreiras que cansanções."[5]

O que se segue se divide em duas partes. A primeira é sobre Kathy, um corpo que fode. A segunda é sobre Acker, um corpo que escreve. A primeira parte é sobre como, nos idos dos anos 1990, Kathy me deu uma aula sobre o ato de foder. A segunda parte é sobre como, trinta anos depois, em um momento em que eu estava transitando entre atos operados a partir de gêneros diferentes, os textos de Acker me deram uma aula sobre aquilo que existe entre os atos de escrita.

5. O trecho no original joga com o sentido dos dois nomes coletivos em inglês para água-viva. *"As a schoolchild, I had to learn collective nouns for animals. Jellyfish, for some reason, get two of these: bloom and smack [...] Or rather, they both anchor this world and serve as it disjecta: more smack than bloom."* Na tradução para o português, proponho um jogo com diversos sinônimos de água viva em português. [N.T.] Tom McCarthy, "Kathy Acker's Infidel Heteroglossia", in *Typewriters, Bombs, Jellyfish: Essays.* Nova York: New York Review Books, 2017, p. 257.

Companheiros, contemporâneos, cus:[6] não venho aqui nem para criticar Acker nem para fazer propaganda. O que torna os livros dela duradouros são os outros livros que se podem criar a partir deles, e o modo como esses livros se diferenciam uns dos outros. Este livro é em si mesmo uma amostra de como essa ideia pode funcionar.[7]

Não vamos dedicar muito tempo procurando identificar as escritas alheias digeridas pelos escritos de Acker. Não me importa muito conceder a ela uma linhagem de antecessores ilustres. Tampouco me interessa observar sua escrita à luz da teoria de algum mestre. Existe algo não apenas burguês, mas também patriarcal, na ideia de que escritos possam ser propriedade de alguém, e de que esses proprietários precisem ter pais célebres. Ainda que, em alguns casos, esses pais possam ser mães.

Vanessa Place: "Vamos pensar a respeito da expressão 'merda de artista'. Leve em conta o efeito mimético dessa excrescência, ao ritmo de Piero Manzoni, que literalmente colocou a própria merda em noventa latas de trinta gramas, vendidas por seu peso em ouro. Leve em conta essa metamorfose: como o que sobrou dessa merda já vale mais do que seu peso em ouro, podemos dizer que Manzoni cagou torrões de ouro. Leve em conta o seu lamento, à la Erykah Badu, que diz: 'Você precisa levar em consideração que eu sou artista, o que quer dizer que sou bastante sensível àquilo que diz respeito à minha própria merda.' Leve em conta o modo como Kathy Acker podia ser em parte Quixote, em parte qualquer outra merda parecida. Como eu já disse em outro lugar:

6. Aqui, para preservar a aliteração, troquei a parte do corpo à qual o texto se referia: o original, diz *"Comrades, contemporaries, cunts* [bocetas]". [N.T.]
7. Os três livros que achei mais úteis: Georgina Colby, *Kathy Acker: Writing the Impossible*. Edinburgh: Edinburgh University Press, 2016; Chris Kraus, *After Kathy Acker*. Los Angeles: Semiotext(e), 2015; Douglas A. Martin, *Acker*, Nova York: Nightboat, 2017.

citação é sempre castração: a falta de autoridade de um/a autor/a tornada manifesta pelo falo, pela presença de outra autoridade. Existe algum método melhor de se jogar de acordo com as regras do gênero? Eu gosto."[8]

Kathy morreu aos cinquenta anos. Estou completando cinquenta e sete enquanto escrevo esse texto. Já faz muito tempo que quero escrever sobre ela. De alguma forma, nunca parecia ser o momento certo. Foi preciso que eu chegasse a viver não apenas até a idade que ela tinha quando morreu, mas até ir além, até que pudesse enfim começar.

Reler Kathy me ajudou na minha transição: me assumi como trans enquanto lia e escrevia sobre ela. Queria escapar da masculinidade, mas não sabia para onde. Intuí que Kathy poderia ser a escritora certa para segurar a minha mão durante esse processo.

Quando eu contei para Matias Viegener, o executor do patrimônio de Kathy Acker, que eu provavelmente estava escrevendo um livro sobre ela, ele me respondeu: "Bom, é claro que você está."

WOOLLOOMOOLOO

Nos encontramos pela primeira vez na livraria Ariel, na Oxford Street, em Sydney, em junho de 1995. Kathy leu alguma coisa em um evento na livraria, não me lembro o quê. Era algo que envolvia personagens míticos. Era o evento de lançamento de um número da revista *21C*.[9]

8. Vanessa Place, "Posfácio", in: *I'll Drown My Book: Conceptual Writing by Women*, ed. Caroline Bergvall et al. Los Angeles: Les Figues Press, 2012, p. 445.
9. Ashley Crawford e Ray Edgar (orgs.), *Transit Lounge*. Melbourne: Craftsman's House, 1998.

Noel King: "Vestida de couro de cima a baixo, ela me contou como o primeiro contato entre ela e o editor da 21C, Ashley Crawford, tinha acontecido por e-mail. Eles começaram uma correspondência. Ele parecia um cara simpático e interessante; chegou um momento em que os dois finalmente se encontraram pessoalmente. Nesse ponto, uma irmã separatista interveio dizendo que obviamente essas formas de comunicação virtuais poderiam se revelar bastante enganadoras. Sem perder o passo, Acker respondeu: 'continuo gostando do objeto em carne e osso', e decidiu ir em frente com o lançamento."[10]

Eu também escrevia para a 21C, então dá para dizer que foi Ashley Crawford que nos aproximou. Ela gostava de escrever para o Ash porque ele era um editor que fazia cortes com uma mão leve.

Houve um jantar depois da leitura de Kathy, num restaurante perto do teatro Wharf, no The Rocks. Acho que Justine Ettler se sentou ao lado de Kathy. Todo mundo achava Justine uma pessoa ágil e glamourosa. Ela era a autora de O rio Ophelia, talvez a única ficção australiana capaz de mostrar o tipo de coisa que alguém que tivesse lido Kathy Acker poderia fazer. Era um livro sensacional, mas acabou afundando no marketing depois de ter sido rotulado pela mídia como uma obra "grunge".[11]

É surpreendente que Kathy tenha conversado comigo. Talvez tenha sido por mero acaso, por termos nos sentado perto uma da outra. Quando ela finalmente se virou para mim, foi como se estivéssemos sozinhas naquela longa mesa iluminada por velas. As outras pessoas desapareceram. Não tenho nenhuma memória delas.

10. Noel King, "Kathy Acker on the Loose", Meanjin 55, n. 2, 1996, p. 338.
11. Justine Ettler, The River Ophelia. Sydney: Picador Australia, 1995. A cópia que Justine deu a Kathy está na biblioteca de Kathy em Colônia.

E então já estávamos juntas no meu carro. (Que carro era esse?
Eu já tinha aquele carro vermelho pequeno?) Levei Kathy de volta
para o Morgan's, o hotel dela, que ficava na Victoria Street, em
Kings Cross. Parei em frente, na área de carga e descarga. Deixei
o carro ligado, não completamente estacionado, como se estivesse
esperando que ela descesse depressa. Ela me perguntou que
raios eu achava que estava fazendo. Eu não tinha a menor ideia.
Impaciência. "Bom, você vai subir comigo ou não?"

Tudo o que eu me lembro daquele quarto de hotel é de sua cor
esverdeada e da pilha de livros de Kathy. Acho que havia cinco
livros ali. "É nisso que eu estou trabalhando agora",
ela disse. Só me lembro do livro que estava no topo da pilha: *A
ilha do tesouro*, de Stevenson. Ela ainda não tinha terminado de
escrever *Boceta, rei dos piratas*.

Não houve muita cerimônia. Terminamos sem roupa em cima do futon. Eu
disse para ela que nem sempre sentia vontade de fazer sexo. Que a
minha relação com o meu corpo naquele momento simplesmente não fazia
com que eu tivesse vontade de penetrá-la. Não sei por que falei sobre
isso de modo tão cândido. Kathy parecia encorajar uma espécie de
franqueza sexual, ao menos em mim. Ela não se importou nem um pouco.

Ela era mais velha que eu: tinha 48, e eu 34. Esse era o corpo de
uma mulher mais velha, como o corpo que eu tenho agora. Eu estava
curiosa sobre esse corpo que envelhecia. Sobre o estado dessa
carne. Minha carne gostava de estar perto da carne dela.

Essa carne queria aprender algo sobre aquela carne, começando
por descobrir o que fazia com que ela sentisse o quê. Deixo
escorrer o dedo pelos lábios da boceta dela. Toco seu clitóris,
que reage como se tivesse sido eletrocutado. O dedo então volta
atrás, redirecionando a atenção para os múltiplos piercings que
despontavam daqueles lábios. Eu nunca tinha visto algo assim

antes. Gentilmente, toco aqueles metais, buscando fazer com que a carne debaixo deles se mova. Parece que isso provoca prazer. Ela toca meu pau, mas tiro a mão dela dali. Estou com mais vontade de seguir explorando. Estamos começando a brincar com as periferias das nossas superfícies nervosas.

Dodie Bellamy: "Estávamos sentados na sala, no seu sofá verde e retangular, quando Matias me disse que, ainda que Kathy tenha dormido com muitas mulheres, ela não era exatamente lésbica. Mesmo que ela gostasse de sadomasoquismo, essa não era realmente a praia dela, não mesmo. Para Kathy, o que importava mesmo era que a foda fosse realmente boa."[12]

Estou agachada diante da boceta dela, lambendo com especial atenção os lugares em que os piercings adentram a carne. Há um quê de baunilha no ar. Pelos enroscados, pele enrugada. Lambo os lábios externos e os internos, pressionando com a língua para que ela penetre só um pouco, de leve, através da abertura. E vou me aproximando aos poucos do clitóris.

Kathy vai se soltando, permitindo-se relaxar, arqueando o corpo, liberando a respiração, deixando que o ritmo se intensifique mais e mais, porém sem acelerar. Ela expira e depois se solta: a cada vez que uma pequena onda se quebra, outra nova aparece. Vou lambendo, afundando ritmadamente, entre ascensões e quedas. Um bote no oceano. Marinheiros à deriva. Como eu não gozei em nenhum momento e ela em nenhum momento parou de gozar, dá para dizer que gozei com ela. "Achei boa, essa perversão", Kathy disse.

Ela me puxou, buscando ar. Beijamo-nos de novo. Nossos corpos pressionando um ao outro, meu pau pressionando a curva do seu

---

12. Dodie Bellamy, "Digging through Kathy Acker's Stuff" in: *When the Sick Rule the World*. Los Angeles: Semiotext(e), 2015, p. 127.

quadril. Senti o sêmen escorrendo. Eu tinha estado prestes a gozar aquele tempo todo, em câmera lenta. Estava completamente inundada, meu coração ralentando. Um tremor elétrico, uma trepidação aguda à medida em que a fisgada dos anzóis ia aos poucos se atenuando.

Senti a necessidade de me explicar: "Às vezes… às vezes eu não sinto vontade de penetrar. Eu simplesmente me sinto, sei lá, excitada, mas por toda a parte. A excitação não está tanto no meu pau, mas em todo lugar, em todos os outros lugares, na verdade," eu disse. "Pra mim, cada parte da minha pele é um orifício. Qualquer parte do seu corpo pode fazer qualquer coisa com o meu", Kathy disse. Ela tinha uma capacidade incrível para descrever esse tipo de coisa.

Amy Scholder: "A gente nunca pode superestimar o prazer que a Kathy encontrava escrevendo pornografia, encontrando a cadência e o ritmo exatos da linguagem, explorando seus limites, descobrindo formas de novas de excitação. Ainda assim, a sexualidade é para ela um espaço de confusão – e é precisamente dentro dessa confusão que suas personagens femininas ganham vida, se expressam, anunciando quem são e aquilo que querem."[13]

Ela estava cansada, sem energia, de mau humor. Perguntei se eu devia ficar. Ela queria que eu ficasse. Fiquei um tempo sem dormir, só assistindo Kathy respirar, observando os movimentos de *anime* da carpa que ela tinha tatuada nos ombros. Ela acordou com a cabeça aninhada entre as minhas mãos.

Quando acordei, ela estava de pé, de banho tomado, vestida. Usava o mesmo *bustier* de couro rosa da noite anterior. Lembrava bem

---

13. Amy Sholder, "Editor's Note", in: *Essential Acker*, organização de Amy Scholder e Denis Cooper. Nova York: Grove Press, 2002, p. xiii.

daquele *bustier* se abrindo, deixando sair as partes moles do corpo dela, libertas daquela forma rígida. Por cima, vestia um tomara-que-caia com algum tipo de estampa padronizada, talvez fossem figuras de animais em preto e branco, para dar mais destaque ao couro rosa. Suas pernas estavam nuas debaixo das botas.

Ela queria comer no Morgan's, porque as refeições estavam incluídas na conta do hotel, não era preciso pagar. Nosso café da manhã foi um tanto contido, como se a gente tivesse acabado de se conhecer. Como essa era nossa primeira conversa sóbrias, dava para dizer que aquela era nossa primeira conversa.

Eu me lembro do café-restaurante do Morgan's. Ficava de frente para a Victoria Street. Do lado de dentro, havia um terraço íngreme. Os garçons e garçonetes desciam as escadarias equilibrando pratos e bandejas. Mas como todos nós costumávamos comer lá muitas vezes naqueles tempos, porque era um dos poucos lugares que ficavam abertos até tarde, não sei ao certo se me lembro de estar ali com a Kathy ou se simplesmente me lembro de estar ali.

Nos dias que se seguiram, adentramos a zona borrada de Sydney. Me tornei sua guia através dos caminhos tortuosos dessa cidade que eu conhecia, e ela não.

A única coisa de que me lembro, ou acho que lembro, de termos vistos juntas, era um grafite, que não ficava longe da praça Whitlam, que dizia "No mal não há quem faça mal". A assinatura dizia "Genet", que outro pixador tinha transformado em "Genetalia". Por fim, uma terceira mão acrescentou "Et Alia". Agora estou procurando esse edifício no Google Maps: está ali ainda, esse prédio de dois andares, pintura escura, na esquina de Liverpool com Hargrave. Mas as palavras pixadas com spray já não estão ali.

Na noite depois da noite em que nos conhecemos, jantamos juntas novamente. Depois deixei a Kathy no Morgan's, mas não entrei com ela. Nem me ocorreu que ela quisesse a minha companhia noite adentro mais uma vez. Eu não tinha uma opinião muito favorável sobre mim mesma. Para Kathy, porém, esse gesto significava que eu me importava menos ainda com ela. Esbarrávamos na língua comum, que nos dividia.

Ela ficou furiosa por eu ter perdido a performance que ela apresentou num espaço de arte em Woolloomooloo. Os ingressos estavam esgotados. Uma crítica mais tarde descreveria sua ação como uma mistura de "sangue, grunge e ginecologia".[14] O que não ajuda muito, especialmente porque não dá a dimensão do quanto as performances dela eram capazes de eletrizar as pessoas. Além daquela leitura informal no Ariel, nunca cheguei a vê-la ler ao vivo.

Eileen Myles: "Cada uma de nós tinha de oito a dez minutos para ler, mas Kathy acabaria lendo por vinte e um minutos. E ainda assim, por milagre, ela nunca entediava o público. Eu observava como ela contava sempre a mesma puta história. Ficava pensando como ela era capaz de fazer isso. Era de matar. Mas ela se saía bem. Mais do que isso: as pessoas eram capturadas. Quero dizer: o trabalho da Kathy me parecia artificial, ritualizado demais, todo para fora, construído sob medida para as performances que ela fazia. E ainda assim, ela conseguia fazer esse cadáver caminhar, noite após noite."[15]

---

14. Danielle Talbot, "Blood, Grunge and Literature", *The Age*, 4 de agosto, 1995.
15. Eileen Myles, *Inferno: A Poet's Novel*. Nova York: O/R Books, 2010, p. 156.

Pam Brown:
no dia seguinte
daquela leitura tão longa
naquele lugar tão cool,
nós, do público, já *éramos*
aquelas putas, aquelas garotas -
tínhamos ratos no cabelo
vampiros no anus
sangue, mijo, merda,
cuspe, ossos, vômito -
éramos as garotas bêbadas
de Kathy Acker,
era *de nós* que ela falava,
era desse jeito, era pra nós
que ela lia[16]

Perdi a performance porque tinha que dar aula, mas Kathy não achou que esse era um motivo bom o suficiente. Eu estava começando a descobrir que, para ela, raramente um motivo, qualquer que fosse, era bom o suficiente, quando a gente deixava de lhe dar alguma coisa que ela queria. Encontrei com ela depois da apresentação.

Isso continuou por alguns dias, em Sydney. Kathy evitava aquelas pessoas que eram fãs da sua imagem, mas que nem sequer conheciam seu trabalho. Chegava a evitar até mesmo algumas das pessoas que de fato conheciam seu trabalho bem.[17]

O fato de eu não ser nem ignorante do trabalho dela, nem uma de suas fãs, fazia com que eu representasse um meio termo apropriado entre aprovação e ambivalência.

16. Pam Brown, "1995" in: *Home by Dark*. Bristol: Shearsman Books, 2013, p. 34.
17. Ela me disse que ela tinha um pouco de medo de Linda Dement, embora elas estivessem fazendo algumas colaborações no momento da morte de Acker. Ver George Alexander, "Linda Dement's Eurydice" *Art Monthly*, abril de 2002.

Fizemos muita fofoca sobre gente que nem uma nem a outra conhecíamos, embora eu tivesse lido ou lido sobre algumas das pessoas cujas funções corporais ou hábitos emocionais ela desprezava.

Algo aconteceu entre nós. Uma terceira coisa, naquele entre. Uma terceira carne.

Deixei Kathy no aeroporto. E então ela se foi.

ARANHA_GATO

Kathy e eu trocamos endereços de e-mail. Em 1995, as pessoas ainda não costumavam fazer isso com muita frequência. Dos dezoito milhões de lares americanos cujos computadores já dispunham de modems, oito milhões ainda não haviam começado a usá-los. Havia cerca de doze milhões de usuários de e-mail nos Estados Unidos da época, menos que cinco por cento da população. Em média, as pessoas recebiam cinco e-mails por dia, e enviavam três.[18]

Eu tinha um computador no meu escritório na Universidade Macquarie e outro em casa. Eu acho que meu modem de casa tinha ainda uma velocidade de 1200 bauds.[19] No momento de se conectar à linha telefônica, costumava entoar a mesma cantilena de

---

18. Andrew Kohut et al., *Americans Going Online*. Washington: Pew Research Center, 1995.
19. O baud é uma unidade de medida de velocidade de sinalização que representa a quantidade de mudanças na linha de transmissão (seja em frequência, amplitude, fase e assim por diante) que podem acontecer por segundo (em uma linha telefônica, por exemplo). As conexões de telefone atuais transmitem de maneira confiável um sinal que muda de estado até 2400 vezes por segundo. No Brasil, costumam atingir no máximo uma taxa de 3000 bauds. A internet de banda larga permite uma transmissão de informações muito mais veloz do que a internet discada. [N.T.]

ritual de acasalamento emitida pelos aparelhos de fax. Para acessar a internet, tanto o meu computador de casa quanto o do trabalho precisavam se conectar ao mesmo servidor, que ficava no Escritório de Serviços de Informática da Universidade Macquarie.

Na verdade, os dois únicos servidores disponíveis se chamavam *laurel* [louro] e *hardy* [duro],[20] o que pode dar a vocês uma ideia da sensibilidade das pessoas que estavam por detrás deles. É por isso que o meu endereço de e-mail era mwark arroba laurel ponto ocs ponto mq ponto edu ponto au. Domínios dentro de domínios. Agora, tudo isso chega a exalar um certo charme à moda antiga. Evoca a materialidade da escrita na era das redes de computação.[21]

O pouco que eu tinha aprendido sozinha sobre a programação do Unix me permitia usar os computadores da universidade, tanto do meu escritório quanto de casa. O leitor de e-mails que eu usava se chamava Pine; ainda acho que foi o melhor leitor de e-mail que já usei. Era mais rápido e mais fácil de usar que esses aplicativos espiões diagramados por corporações com os quais a gente é obrigado a se contentar agora.

No Pine, era fácil salvar uma mensagem de e-mail em forma de arquivo de texto ASCII, e depois juntá-la a um mesmo arquivo que armazenava todas as outras mensagens. O comando para juntar um arquivo a outro era *cat*, abreviação de concatenar. Eu ainda coloco a palavra *cat* nos nomes dos meus arquivos mesclados. O arquivo em que eu estou trabalhando agora se chama aranha_gato.[22]

---

20. *Laurel & Hardy* era o nome de uma das duplas de esquetes cômicas mais famosas do cinema mudo americano, formada pelo inglês Stan Laurel e pelo americano Oliver Hardy; dupla que no Brasil ficou conhecida pelo nome "O gordo e o magro". [N.T.]
21. Matthew Kirschenbaum, *Track Changes: A Literary History of Word Processing*. Cambridge: Harvard University Press, 2016.
22. Que em português pode ser traduzido como "aranha_gato". [N.T.]

Em casa, eu tinha um desses laptops cinza escuros da série PowerBook 100 da Apple, com uma tela monocromática. Esse modelo foi o primeiro a colocar uma bola de comando mais pra baixo do teclado. O laptop ficava na minha mesa de café, perto do aparelho de fax, da secretária eletrônica, e da base do telefone sem fio. A TV ficava em cima de um engradado de leite do outro lado da mesa de café, em cima do vídeo cassete, do aparelho do DVD, e do videogame Sega. Eu podia acampar no meu decrépito sofá de couro de segunda mão e desprovido de pés e adentrar um ou outro mundo simulado.

Na maior parte das vezes, era deitada nesse sofá que eu escrevia para a Kathy, enquanto bebia um café passado no fogão, se fosse de manhã, ou talvez um copo de Hunter Valley branco, se fosse de noite. Costumava deixar o laptop no meu colo – mas como ele não demorava a esquentar pra cacete, era preciso apoiá-lo sobre uma almofada. Depois de escrever para Kathy, eu ia fazer outras coisas, e logo voltava para ver se ela tinha respondido. Costumava frequentar os fóruns do The Well, que atraíam principalmente os hippies da Bay Area. De vez em quando, eu me transformava em diversos personagens no LambdaMOO, um playground em que, usando apenas texto, a gente podia se aventurar por seis gêneros[23] diferentes. Mais tarde, eu voltava a trocar e-mails com Kathy.

Rosie Cross: "Seu estilo rápido e fogoso fazia com que ela parecesse ter nascido para surfar na rede; ela reconheceu na internet um espaço alternativo para seus impulsos anárquicos, um lugar que despertava seu interesse por realidades imprevisíveis, variáveis. Também ali ela acabaria arrumando problemas."[24]

23. Fred Turner, *From Counter-culture to Cyberculture*. Chicago: University of Chicago Press, 2008; Julian Dibbell, *My Tiny Life: Crime and Passion in a Virtual World*. Nova York: Holt, 1999.
24. Rosie Cross, "Acker Online" in: *Transit Lounge*, organização de Ashley

Os primeiros e-mails que Kathy me mandou foram enviados por uma conta da America Online, mas ela acabou sendo expulsa da AOL depois de perguntar se havia alguma sapatão em um chat da MTV. A America Online desativou remotamente a interface do software, fazendo modificações no computador dela sem informá-la a respeito, e ainda assim a cobraram pelo uso da conta. Para Kathy, isso foi uma espécie de estupro.

Só mais tarde eu descobri que Kathy talvez também tenha jogado no LambdaMOO. E se os nossos avatares tivessem se encontrado por lá, ou até se pegado textualmente em uma dessas banheiras virtuais? Coisas mais estranhas do que essa costumavam acontecer. A cibercultura dos anos 1990 era algo como uma performance experimental que acontecia 24 horas por dia, envolvendo o planeta inteiro. Era um mundo que milhares de pessoas estavam criando para si mesmas, ainda que essas milhares estivessem muito longe das milhões que viriam depois, e mais ainda das bilhões de pessoas que iriam povoar a rede na segunda década do século XXI.

Ninguém sabia ainda como habitar esses mundos. Ninguém tinha descoberto como transformar em dinheiro o oceano de desejos pululando que se movia pela rede. Certamente ninguém sabia como se fazia para escrever e-mails para alguém com quem se tinha dado risada e feito amor e fodido e perambulado e bebido e fofocado por uns poucos dias, alguém que depois sumiu, mas que tinha deixado um rastro sensorial vivo, uma memória feita de algo que cheirava a couro e suor.

Mais tarde, os e-mails que salvei se transformaram em um livro, que veio a se chamar *I'm very into you* [Tô muito na tua].[25] Nossas

Crawford e Ray Edgar. Melbourne: Craftsman's House, 1998, p. 51.
25. Kathy Acker e McKenzie Wark, *I'm very into you: Correspondence 1995-1996*. Los Angeles: Semiotext(e), 2015.

conversas nascidas na cybercultura dos anos 1990 foram ingeridas e digeridas pelas redes (anti)sociais corporativas do século XXI, que operam sob princípios diferentes. Ao longo do livro, sou chamada por um nome que não uso mais. A resenha perfeita do livro foi publicada no *Bookforum*. David Velasco: "esguio, perfeito, malvado".[26]

Todo mundo diz que nunca se deve ler a seção de comentários, mas é apenas na própria seção de comentários que essa recomendação aparece.

I'M VERY INTO YOU

5.0 estrelas de 5 | Não é o livro da Kathy Acker da Tua Mãe (odeio escrever manchetes)
T. Porges | 18 de novembro de 2017 | Compra verificada

Esse livro é mais de Ken Wark do que de Kathy Acker, mas é um trabalho feito de amor e pode ser um companheiro interessante para a biografia de Acker escrita por Chris Kraus. Você provavelmente não vai comprar esse livro se você não for um pouco obcecad/o/a por Acker ou for um leitor de todas as obras de Wark. Se você for uma dessas duas pessoas, você não precisa de nenhuma introdução, você vai ficar muito satisfeit/o/a com o livro. É como um texto-registro de um flerte, que pode ser comparado a _Swoon_, de Nada Gordon e Gary Sullivan (escritores totalmente diferentes, certo?).

Comentário | Uma pessoa achou essa resenha útil | Informar abuso

---

26. David Velasco, "Natural's Not in It", resenha de *I'm Very into You: Correspondence 1995 – 1996* por Kathy Acker e McKenzie Wark, *Bookforum* 24, n. 4, dezembro de 2017.

5.0 estrelas de 5 | ótimo livro, leitura obrigatória para fãs de Acker!
Tina | 30 de junho de 2015 | Compra verificada

Livro fantástico. Uma perspectiva interessante sobre questões queer justapostas às primeiras possibilidades oferecidas pela comunicação online.

Comentário | Uma pessoa achou essa resenha útil | Informar abuso

5.0 estrelas de 5 | TÔ MUITO NA DESSE LIVRO AGORA MESMO
alyanna del rosario | 16 de junho de 2015 | Compra verificada

esse livro foi criado para te fazer sentir desconfortável por nunca ter lido algo tão leve e prazeroso antes. É um livro tão leve e sedutor que pode ser recomendado sem nenhuma dúvida a qualquer pessoa que esteja cansada dessas novelas românticas clichês e exageradas. esse livro é uma lufada de ar fresco.

Comentário | 2 pessoas acharam essa resenha útil | Informar abuso

4.0 estrelas de 5| As gêmeas Olsen estrelam um ótimo conto de aventuras de halloween
Joseph Jambroni | 27 de abril de 2015

As gêmeas Olsen estrelam esse ótimo conto de aventuras de Halloween. Como a família delas está passando por graves problemas financeiros e corre o risco de perder a casa, elas recorrem ao único membro da família que possui algum dinheiro – uma tia cruel. Logo depois de chegar, as duas são imediatamente expulsas – mas a presença das jovens gêmeas acaba assustando a tia malvada porque ela mesma tinha uma irmã gêmea, contra a qual havia feito algo de horrível. Reparem – essa tia cruel é na verdade uma bruxa que havia usado um feitiço para fazer com que sua irmã gêmea desaparecesse. Agora cabe a mary kate e ashley desvendar o plano e salvar alguém que elas nunca viram antes. Elas conseguem ajuda de uma pessoa pequena e de um coveiro, e se movem ao redor da cidade tentando descobrir mais sobre o clã de bruxas de sua tia maldosa. Ótimo para todas as famílias com filhos pequenos, pode ser assistido muitas vezes.

Comentário | 24 pessoas acharam essa resenha útil | Informar abuso

4.0 estrelas de 5 | Uma leitura interessante e enérgica incrementada com picos afiados
ninaleox | 27 de abril de 2015

Peguei esse livro para ler na livraria mais próxima por puro impulso. Não sabia nada sobre Acker ou sobre Wark, então acho que dá para dizer que eu não olhava as autoras por nenhum viés negativo. O prefácio, escrito pelo amigo de Acker e executor de seu testamento, Matias Vieneger, é em si mesmo uma ótima e enxuta peça literária. Adoro esta frase: "Na troca entre Acker e Wark, vemos operar um maquinário recíproco de introjeção e projeção." Reli o prefácio de Viegener depois de terminar o livro, porque ele me pareceu infinitamente mais legível e repleto de *insight* do que o epílogo – cujo autor parece se orgulhar demasiadamente dos seus fracos trocadilhos ao criar termos como "e-pistolar" – (Deu pra entender?! São e-mails!) – e eu não queria que a minha leitura terminasse de modo tão decepcionante.

O formato é interessante, funciona bem. Às vezes, Kathy e Ken mantêm muitas sequências de e-mail, então os fios de conversa vão se expandindo em muitos níveis à medida que o tempo passa, resvalando por diversas interpretações e tangentes,

o que acaba por oferecer a perfeita expressão espacial/
estrutural daquilo que acontece quando as redes de neurônios
de duas pessoas inteligentes se conectam e estimulam uma à
outra. O leitor observa como a dupla negocia os limites de
sua intimidade recém-descoberta e de seus rituais de paquera,
que no fim das contas são bastante convencionais, embora
tenham uma carga intelectual intensa. Suas referências são
bem amplas, indo de Portishead a Pasolini, e no mínimo vão
deixar o leitor com muitas explorações de Wikipedia pra fazer
[Wikipedia-ing to do].

Parafraseando Viegener de modo menos eloquente: é um
pouco como assistir em tempo real a duas pessoas cabeçudas
flertando. O interessante é que mesmo nos momentos em
que a conversa se torna mais lasciva (alguém aqui curte
fisting?), isso soa como uma pista falsa: no fundo, estamos
diante de duas pessoas (bastante polidas) isoladas pelo
próprio intelecto, claramente excitadas com a emergência
de um "território" comum que lhes oferece a possibilidade
de comungar, a oportunidade de se desvelar uma diante
da outra. (Falar de sexo quase sempre não passa de uma
provocação oblíqua.) Ken e Kathy são ambos atenciosos e
mantêm as boas maneiras, são sensíveis o suficiente para
não "trespassar" os limites um do outro ("Me escreva tuas
vertigens, elas vão estar seguras comigo," responde Ken
gentilmente depois que Kathy lhe pede desculpas pelos
seus transbordamentos emocionais) – porque a intimidade
ainda não teve tempo de produzir desprezo. A despeito da
tendência de encará-los através da reputação reducionista
que os precede/sucede (de punks, obscurantistas, ou do que
quer que seja), o que está em jogo aqui é uma humanidade
familiar e bastante terna.

Ler menos | 10 pessoas acharam essa resenha útil | Informar abuso

5.0 estrelas de 5 | era uma vez um homem e uma mulher que trocaram algumas cartas

Jeremy W. Hunsinger | 28 de abril de 2015

Ken Wark teve o tipo de relacionamento que muitas pessoas gostariam de ter tido com Kathy Acker. Essa correspondência lança nova luz sobre ambos os autores, assim como sobre o mundo em que vivemos.

Comentário | Uma pessoa achou essa resenha útil | Informar abuso

5.0 estrelas de 5 | 5 estrelas
Esther Anders | 29 de abril de 2015

Esse é simplesmente um livro maravilhoso, um ótimo documento.

5.0 estrelas de 5 | Altamente recomendável
Nine Yamamoto | 27 de abril de 2015

Tô muito na desse livro. Altamente recomendável.

Comentário | 4 pessoas acharam essa resenha útil | Informar abuso

5.0 estrelas de 5
Steyerl, Hito | 28 de abril de 2015

Esse livro é maravilhoso, ponto final.

Comentário | Muito obrigado pelo seu feedback | Informar abuso

SÃO FRANCISCO, 1995

Decidi ir ao encontro de Kathy em São Francisco. Deu algum trabalho remarcar as minhas passagens, mas fazer isso significava que a gente poderia passar mais tempo juntas. Não sabia nada sobre São Francisco. Só conhecia essas paisagens a partir de *Um corpo que cai*, de Hitchcock.

14 de setembro de 1995: o voo de Sydney para São Francisco leva catorze horas. O táxi que tomei do aeroporto parecia saído de um filme dos anos 1970. Cheguei enfim ao endereço que ela tinha me passado, em Cole Valley.

Por volta de vinte anos depois, tomei um outro táxi rumo ao mesmo endereço: 929 Clayton Street, Cole Valley. Dessa vez o táxi tinha uma tela plana na parte de trás. A casa é exatamente como eu lembro, mas será que a cor era essa? Na minha memória, ela era de um azul mais claro. Trata-se de uma casa geminada de madeira numa colina íngreme. Do lado de fora, na frente, vejo o espaço vazio onde Kathy costumava estacionar as suas motos. Uma delas estava coberta por uma lona azul.

No começo, ficamos um tanto desconfortáveis na presença uma da outra. Eu disse que queria sair para comprar um pouco de chá preto e de leite, coisas que ela não tinha em casa. Descobri que eram itens difíceis de se conseguir em Cole Valley. Dava para encontrar facilmente leite de soja e uma variedade enorme de chás herbais da moda, mas não chá preto de verdade.

Caminhei pela mesma rua íngreme, refazendo meus passos, meu pé defeituoso reclamando mais do que costumava fazer naquele tempo. Usando princípios psicogeográficos, encontrei mais uma vez aquele pequeno agrupamento de lojas ao lado da esquina de Cole e Carl. Cheguei até a comprar chá mais uma vez.

Kathy fez chá para mim. Ela tinha me preparado um banho. Me deixou sozinha, então mergulhei na banheira munida de uma xícara. Restaurando meu corpo de animal.

Pela manhã, a cozinha ficava repleta de luz, e o sol aquecia o assoalho de madeira. Havia um pequeno quarto sem janelas com um tapete felpudo branco. Era um quarto escuro, com um telefone e uma secretária eletrônica no chão. Kathy nunca atendia o telefone. Deixava-o tocar a qualquer hora, ressoando com mensagens aparentemente urgentes deixadas por alemães.

Havia um escritório-feito-biblioteca com uma estante de madeira. Um computador Apple branco repousava sobre ele. O teclado tinha um cabo longo e espiralado, que permitia que ela se sentasse na cadeira com o teclado no colo. Sobre a escrivaninha havia uma taça de vinho, manchada de vermelho. Havia estantes de livros por toda a parte, com livros organizados em ordem alfabética de acordo com o nome dos autores, em fileiras duplas. Ela também tinha algo que se parecia com um tapete de yoga, em que ela fazia uma prática que ela chamava de calistenia.

No quarto dela, havia um colchão no chão e animais empalhados organizados sobre almofadas, exatamente como Kathy havia descrito em seus e-mails: entre os bichos, estavam uma tarântula, o lobo Woofie e a ratazana Ratski. Para dizer a verdade, eu tinha esquecido quais eram seus nomes – precisei pesquisar. Só me lembro de algumas cores e atmosferas, do vapor emitido pelo meu chá contra a luz do sol, da voz de Kathy, de sua atenção ansiosa. Isso é tudo.

Lynne Tillman: "As memórias que eu tenho de Kathy me parecem um tanto vagas e oníricas, como a maior parte das lembranças, flutuando em meio a algumas poucas imagens nítidas, alguns poucos pedaços de passado que se mantêm sólidos como rochas, parecendo ter a consistência de fatos."[27]

O CONCEITO DO CORPO

Pensadores chineses formularam o seguinte enigma de lógica: *um cavalo tem cinco patas*. As quatro patas que podemos observar no cavalo, somadas ao *conceito* daquilo que vem a ser uma pata. A linguagem bagunça a carne; a lógica bagunça a linguagem.

Joseph Needham: "Os escritos de lógica guardam sempre, como um conteúdo subjacente o desejo de *'épater le bourgeois'*[28] (ver paradoxos abaixo). Sem dúvida foi esse o caso da afirmação de que os quadrúpedes possuem cinco patas, concebida para chamar atenção para o conceito universal e imutável do 'quadrúpede em si.'"[29]

Não existe algo como um casal fodendo. Um corpo fode outro corpo, mas também fode o conceito que tem daquele corpo. Um gênero é um conceito de corpo.

Se os dois corpos que fodem são do mesmo gênero, então esses dois corpos que estão fodendo perfazem três corpos: os dois corpos que podemos observar, mais a masculinidade. Ou então: os dois corpos que podemos observar, mais a feminilidade.

Na verdade, quando dois corpos do mesmo gênero fodem, temos quatro corpos. Além dos dois corpos que podemos observar e do

---

27. Lynne Tillman, "Selective Memory", *Review of Contemporary Fiction 9*, n. 3, outono de 1989, p. 68.
28. Expressão francesa que pode ser traduzida por "para impressionar a burguesia". [N.T.]
29. Joseph Needham, *Science and civilization in China*, vol. 2. Cambridge: Cambridge University Press, 1969, p. 189.

gênero que corresponde a ambos, que nada mais é do que o conceito que atribuímos a esses corpos, precisamos levar em conta ainda o gênero que não corresponde ao gênero desses corpos, já que nenhum gênero faz sentido a não ser em contraposição a um gênero diferente. A linguagem dispõe de partículas digitais que os corpos não possuem.

Quando se trata de dois corpos de gêneros diferentes, ali também existem quatro corpos fodendo. Além dos dois corpos que podemos observar, temos o conceito que corresponde a cada um desses corpos, ou seja, seus respectivos gêneros. Parece que podemos dizer, portanto, que a cada vez que dois corpos fodem, existem pelo menos quatro corpos fodendo.

Acontece que esse número pode ser ainda maior. Vamos dizer que estamos diante de dois corpos, e que podemos observá-los. Caso o gênero desses dois corpos seja diferente, estamos também diante do conceito de cada um desses corpos, seus respectivos gêneros. Acontece que o gênero em relação ao qual o gênero de cada corpo se contrapõe não corresponde ao gênero, ou ao conceito, do outro corpo. O conceito de cada corpo, além de corresponder ao seu próprio gênero, também se refere ao gênero que não é o seu.

Não dá para dizer que o conceito de um corpo seja a negação do conceito do corpo de outra pessoa. Cada corpo dispõe do seu próprio conceito, do seu próprio gênero, e ainda do seu próprio conceito do gênero que não é o seu, que não corresponde ao conceito do corpo do outro.

Isso tudo, se partirmos do pressuposto de que o conceito e o gênero de cada corpo correspondem aos dos corpos que podemos observar, e que não se modificam. Mas nada disso está dado. Um corpo é capaz de transformar seu conceito, de transformar seu gênero, até mesmo durante o ato de foder. Ou pode ser talvez que

44

o conceito desse corpo corresponda a um gênero desconhecido, ou mesmo oscile entre conceitos conhecidos, mas por caminhos desconhecidos.

Em resumo, cada foda é uma orgia. Mesmo que se trate de uma masturbação.

Quais das 51 opções de gênero disponíveis hoje em dia no Facebook Kathy escolheria, se precisasse fazer isso? Pode ser que Kathy fosse aquilo que hoje chamaríamos de uma pessoa transmasculina. Estávamos diante do corpo dela, podíamos observá-lo. Mas estávamos também diante do conceito desse corpo, que se transformava de tempos em tempos, talvez até de instante para instante. De vez em quando, esse conceito se tornava masculino.

Era o conceito de um garoto, mais do que o de um homem. Kathy podia ser um garoto, às vezes. Ela podia ser bem masculina, mas nunca seria nada parecido com um pai. Um garoto não é um pai, e é isso que faz do conceito de garoto um conceito de garoto. O garoto é aquele que ainda não se tornou o pai, e que por isso pode se transformar em algo diferente: em um marinheiro, por exemplo. Kathy era em parte um garoto que nunca iria crescer.

Eu também queria me tornar outra pessoa, mas ainda percorreria um longo caminho até descobrir minha sexualidade.

Kathy era pequena, e ser uma pessoa pequena pode tornar mais difícil que alguém se garanta na masculinidade. Eu sei bem disso. Mesmo sendo mais alta do que Kathy, ainda assim sou uma pessoa pequena. Kathy criou seu estilo se apropriando de alguns elementos do universo das sapatões caminhoneiras, que provavelmente se apropriaram de elementos do universo dos homens das classes trabalhadoras das cidades industriais do pós-guerra.

Marx pirou um pouco quando se deu conta de que as mulheres que trabalhavam nas fábricas pareciam garotos de mãos excitadas. Esses corpos, seu gênero, seu conceito, despertaram nele uma espécie de pânico de gênero. Dá para dizer, porém, que trabalhar nas fábricas abria novas possibilidades para os corpos: embora o fato de homens e mulheres estarem subordinados às mesmas máquinas não fosse exatamente um progresso, ainda assim representava algo diferente da lógica que mantinha as mulheres subordinadas aos homens. Talvez a tecnologia, enquanto conceito, possa ser entendida com um outro gênero, possa representar um outro erotismo. Os bons samaritanos da era vitoriana tinham problemas com isso; dá para dizer que o próprio Marx não se manteve de todo imune ao pudor vitoriano.

Amy Wendling: "Se formos na direção contrária dos reformistas e vislumbrarmos no corpo feminino que trabalha e é sexualmente ativo uma monstruosidade positiva, ao invés de uma monstruosidade negativa, podemos concluir que certos aspectos do movimento de liberação das mulheres foram condicionados pela industrialização... Uma garota que trabalha não é, necessariamente, um garoto rude de boca suja. Ela pode ser simplesmente uma garota rude de boca suja, ou, melhor ainda, uma criatura híbrida rude de boca suja cuja simples existência desafia as rígidas normas de gênero da era vitoriana."[30]

E se o tempo em que estamos embrenhados agora for mesmo, como Kathy acreditava, uma espécie de pós-capitalismo, imagine o quanto podemos nos divertir, para além das normas e conceitos vigentes. O corpo-máquina se transforma em corpo-informação. As jaquetas de couro de Kathy, seu cabelo curto, suas motocicletas: tudo isso era e não era uma performance. Às vezes esses eram

30. Amy Wendling, *Karl Marx on Technology and Alienation*. London: Palgrave Macmillan, 2011, pp. 166-167.

os caminhos que ela tomava para tornar visível um conceito de corpo, um gênero. Caso esses gestos te parecessem estranhos, você poderia entendê-los como uma performance. Caso você tomasse esses gestos simplesmente por aquilo que eram, você permitiria que o corpo dela pudesse simplesmente *ser*, sem precisar significar.

CORPO E CORPO: CARNE

Depois de beber uma xícara de chá restauradora e tomar um banho, me senti muito mais humana. Senti que podia começar a ensaiar um caminho para atravessar um problema sobre o qual até então eu tinha pensado de modo apenas abstrato. Como eu poderia encontrar um modo de existir no espaço dela, no seu habitat? Dava pra ver que isso era algo que a deixava nervosa. Tanto eu quanto ela vivíamos mais ou menos sozinhas naquele tempo. Eu sentia vontade de minimizar a quantidade de espaço que meu corpo ocupava. Sentia vontade de competir pelo prêmio da melhor hóspede de todos os tempos.

Kathy queria me fazer sentir confortável. Ela queria – ou precisava – saber quais eram as minhas necessidades. Acontece que eu precisava de muito poucas coisas. Eu só queria estar com ela. Poderia me ajustar ao ritmo de qualquer coisa que ela estivesse fazendo. Ah, e queria que a gente trepasse de novo, e logo. Lapsos de memória: o sol na cozinha. O tapete felpudo no quarto onde ficavam o telefone e a secretária eletrônica. As estantes de livros, o piso de madeira. Na época em que ela estava escrevendo *After Kathy Acker [Atrás de Kathy Acker]*, Chris Kraus me mandou uma mensagem perguntando se eu me lembrava de um sofá branco. Não me lembro de sofá nenhum. Não me lembro muita coisa naquela sala. Lembro do banheiro, da cozinha, e principalmente do quarto. Talvez porque esses tenham sido os lugares onde a gente passou a maior parte do tempo.

Houve muito sexo. Disso eu me lembro, ainda que minhas memórias tenham se embaralhado um tanto. Me lembro daquela que eu estava começando a me tornar ao lado de Kathy. Estava me transformando na namorada dela. Esse era o conceito.

Ela queria entender o que eu queria. Ela queria se doar. Ela podia ser bastante frágil quando tentava entender se alguém gostava dela, se alguém se importava com ela. Ela queria se doar, e queria receber provas tangíveis de que sua oferta teria retorno. Querer se mostrar vulnerável fazia com que ela ficasse na defensiva, tentando perceber quem ou o que podia estar tentando tirar vantagem daquela situação.

Avital Ronell: "Embora nos oferecesse um presente, Kathy tinha modos de testar nossa amizade. Os gregos tinham uma palavra para isso, *basamos*, um termo que associa teste e tortura. Porque o problema é que não sabemos se e quando estamos sendo testados (porque se você *souber* que está sendo testado, essa consciência pode fazer com que as premissas do teste entrem em colapso)."[31]

Ela era particularmente cautelosa no que diz respeito aos homens, especialmente quando amizade, amor e desejo se confundiam. Não estava muito interessada em ser o homem dela. Claro, a gente fez sexo. Eu a penetrei, quando ela quis. Todo mundo deve saber ser ativa, quando necessário: trata-se de um princípio ético.

Essa não foi a primeira vez que penetrei o corpo de uma mulher imaginando que o corpo dela fosse o meu corpo, imaginando que eu estava no lugar dela. Todos os meus sentidos se abriam para que o corpo dela penetrasse em mim, enquanto eu imaginava

---

31. Avital Ronell, "Kathy Goes to Hell" in: *Lust for Life: On the Writings of Kathy Acker*, organização de Amy Scholdar, Carla Harryman e Avital Ronell. Nova York: Verso, 2006, p. 20.

que seu corpo trocava de lugar com o meu. Enquanto meu pau penetrava o corpo dela, eu era penetrada pelo seu corpo através dos meus olhos, ouvidos, e de todos os meus sentidos. Eu queria que as qualidades específicas desse corpo entrassem em mim e gozassem em mim.

Kathy queria saber por que eu a penetrava se isso não era exatamente o que eu queria. Ela estava desconfiada. Como é possível que um corpo queira aquilo que outro corpo quer? Ela fazia perguntas filosóficas. Eu podia apenas descrever o que acontecia.

Eu não queria penetrá-la porque o que eu realmente queria era ser penetrada. É só isso? Para Kathy, era só uma questão de ajustar os mecanismos do sexo. Estávamos em São Francisco. Você quer ser penetrada? Temos tecnologia para isso! Kathy tinha sua própria caixa de ferramentas. Ela tirou dali um *strap-on* de couro e colocou na minha frente uma seleção de dildos. Esse acervo seria uma das coisas para as quais, anos mais tarde, o executor do seu testamento literário teria maior dificuldade de encontrar um destino.

Matias Viegener: "A caixa de dildos e vibradores me confundia, por sua intimidade irrepreensivelmente triste. Aqueles eram os brinquedos sexuais de Kathy, que ela tinha honrado em vida da mesma forma como honrava o sexo e o corpo no decorrer do seu trabalho. Acabei abandonando-os na rua, decidindo que o acaso garantiria que eles encontrassem o lugar aonde deveriam ir."[32]

Agora me pergunto em que parte do mundo esses dildos foram parar.

32. Matias Viegener, *The Assassination of Kathy Acker*, Guillotine Series n. 13. Nova York: Guillotine Series, 2018, pp. 32-33.

DILDOCENTRISMO

Ela alinhou os dildos todos, e ficamos olhando para eles. A maioria era de cor preta, design simétrico, nenhum deles tinha a aparência de um pênis masculino falso. Escolhi o maior. Ela hesitou. Sugeriu o segundo maior, e isso pareceu fazer sentido – melhor começar com algo um pouco menos ambicioso.

Sentada no canto da cama, ela inseriu o maior dos dildos na boceta, e então cuidadosamente manteve-o no lugar enquanto amarrava o dildo menor sobre ele. Ela ficou de pé, arqueada para trás, transferindo o peso de uma perna para outra. Tocou seu pau, cujo tamanho era ainda assim impressionante. Sorriu para mim. Essa visão me deixou profundamente excitada: trêmula, palpitante. Ali estava esse ser humano pequenino e esse enorme pau de silicone. Ela estava vestida com o sutiã de couro rosa: o conjunto todo exalava uma aura sexy contagiosa.

Coloquei uma camisinha no dildo, e então o lubrificante. Sempre usávamos camisinha. O corpo dela não era o primeiro a me penetrar, mas aquela era a primeira vez que eu era penetrada por um corpo cujo conceito era feminino (ou não era?). Fodemos ao estilo vaqueira. Kathy deitada de costas, eu por cima, olhando para ela; eu conduzia o modo como ela me conduzia.

Esse corpo que eu chamo de meu fodia a si mesmo através do pau dela. Era um pau que terminava numa cabeça saliente. Sentia-o enquanto atravessava o primeiro anel do cu. Minhas mãos o ajudavam a chegar ao segundo anel. Essas mãos não queriam que o processo fosse devagar, já que esse cu estava em busca de uma sensação forte o suficiente para sobrecarregar seus nervos, de uma quantidade de informação suficiente para causar um choque capaz de arremessar esse corpo para além do seu conceito, do seu gênero. Talvez o conceito desses corpos fosse outro, ou esses corpos não tivessem conceito algum.

Era um terreno novo, esse território das tecnologias-do-dildo, esse sexo-pirata. Eu não precisava me preocupar se alguém ia conseguir manter a ereção, ou se entediar, ou ejacular rápido demais – esse tipo de preocupação que faz com que a gente retorne a si mesma mais rápido do que gostaria. Esse corpo podia brincar com esse pau da forma como quisesse, e por um bom tempo. Sua qualidade inanimada e inumana provocava uma nova espécie de sensação. Se eu pressionasse o corpo com força, num instante ele já estava lá dentro, em todo lugar, me tocando por dentro, tocando o cu por dentro, mas também o fígado, o baço, as pernas e os braços, insistentemente abrindo caminhos para os nervos.

"Você está bem? Você está bem?" Tive um blecaute de alguns segundos. Parecia que uma era tinha se passado, que um buraco tinha rasgado o tempo: abrindo o intervalo entre os fios da rede em que o tempo se tecia.

Kathy ainda estava ali, debaixo desse corpo. Voltei a mim. O pau dela (dele) estava ainda dentro dele (dela), me abrindo por inteiro. Mas eu estava de volta. Sorri. Quis dar um sorriso beatífico, mas provavelmente só consegui parecer drogada. Me inclinei sobre ela (ele), o pau de silicone no meu cu, minhas pernas abertas em volta do sol dela (dele).

O pau que me penetrava o cu se conectava pela extremidade com um pau ainda maior que trespassava a boceta dela (dele). Eu sentia essa conexão. Era como se houvesse um único pau apontando para nós duas (dois). Era uma coisa, um objeto, uma técnica, um brinquedo. Algo que não pertencia a nenhum dos nossos corpos, e ao mesmo tempo uma extensão dos dois. Era eu e não era eu; era e não era você. Ele (ela) penetra ele (ela) enquanto ela (ele) penetra ela (ele).

Kathy teve sua própria montanha russa; subindo e descendo, gozando e gozando, num gozo que às vezes atingia picos mais altos, às vezes mais baixos. Até que ela deslizou para o fim. Com minha bunda, pressionei a base do pau dela que estava em mim, forçando assim o pau dela que estava nela, mas também pressionei gentilmente seu clitóris suprassensível. É como se eu sentisse intuitivamente como devia me mover para que ela sentisse algo. Quanto ao meu próprio pau, ele não ficou duro em momento algum. Era como um apêndice estranho. Não cheguei a tocá-lo. Gozei simplesmente com o movimento daquele pau que me atravessava o cu, que desembocou num esguicho surpreendentemente grande que se derramou sobre o abdômen dela.

Era como se todos os conceitos de corpo, todos os gêneros, se fizessem sentir ao mesmo tempo. Durante a maior parte do tempo, eu era a garota de Kathy, toda aberta, com o pau dela me varando por dentro. Mas ela era minha garota também. Estava aberta para mim. Isso se a gente aceitar a premissa de que – como posso dizer? Esse é um conceito que fala através de mim – uma garota é aquela que deseja se abrir para o outro.

Os corpos que fodem podem se abrir ou se fechar uns para os outros das mais variadas maneiras, podem oscilar entre se abrir e se fechar, podem tanto estar fechados um para o outro, quanto abertos um para o outro – ou pode ser que existam outros modos de interagir, para além do binômio aberto/fechado. Você não precisa achar que é disso que se trata, estou apenas falando das coisas como me aparecem. Talvez Kathy estivesse escrevendo a respeito disso; mas sobre isso, falaremos mais tarde.

A ideologia nos fode a tod/o/a/s através de seus conceitos corriqueiros. A ideologia costuma te abordar como um policial que te para na rua: "Ei, você!" Outras vezes, a ideologia se insinua murmurando no teu ouvido: "Ei... você..."[33] A ideologia se faz de doce antes de jogar pesado. Sai mais barato assim.

Quando você me come, eu disse para ela, você me faz sentir como uma garota. "Bom, é mais fácil que um corpo masculino se deixe penetrar por paus do que por sentimentos," Kathy disse.

A GAROTA DE KATHY, POR DENTRO E POR FORA

Depois de ter meu cu penetrado por aquele pau, senti que sabia quem eu podia ser quando estava perto de Kathy. Eu era a sua garota. Me alinhei a suas necessidades e desejos. Estava atenta a seus humores e vontades. Quando Kathy passou a me ignorar, quando se punha a escrever nos momentos em que sentia vontade de ficar em casa, me pareceu evidente que ela já se sentia confortável com a minha presença. Eu ficava na minha, nessas horas. Um tanto tímida, ia escrever no meu caderno. Quem dera eu ainda tivesse esse caderno: nesses escritos, eu descrevia Kathy escrevendo.

Kathy se sentava de pernas cruzadas no chão de madeira, vestida só de regata e calcinha. Mantinha as costas encostadas na parede, enquanto a luz do sol ia baixando. O caderno espiral no colo. O olhar completamente concentrado. Ia inscrevendo um por um cada um dos caracteres na página, de modo organizado, com a caligrafia de uma garota de colégio particular que tinha acabado de chegar aos cinquenta.

Uma mão na caneta, a outra dentro da calcinha. As duas mãos oscilando ritmadamente. Tanto uma como a outra permaneciam num

33. Sianne Ngai, *Our Aesthetic Categories: Zany, Cute, Interesting.* Cambridge: Harvard University Press, 2015.

estado alterado, mantendo o fluxo das coisas, sem deixar o gozo chegar com força demais. Seus ciclos de micro-orgasmos ditavam o ritmo da sua caligrafia, e até mesmo do próprio texto. Até que ela chegasse ao fim. Uma estética que tomava a forma de um orgasmo contínuo, cumulativo, sem ponto fixo.

Como eu era a garota de Kathy, estava disposta a todas as experiências para as quais Kathy me abria. Dávamos longas voltas na moto dela. Era uma Yamaha Virago? Me sentia exposta, na parte alta atrás da moto, segurando firme, oscilando com a máquina enquanto o vento rodopiava, sentindo o ar frio de São Francisco enquanto a noite chegava.

Gary Indiana: "[Kathy] dirigia a moto de modo firme e definido, dando zoom nos detalhes mais lamentáveis daquelas ruas como se nos conduzisse em direção a tempos melhores, lugares melhores, habitados por pessoas melhores – bom, eu entendi que dirigir a moto era o mais perto que ela conseguia chegar de um sentimento de liberdade. Eu não podia ver seu rosto, mas sabia que ela estava feliz. Por dez minutos, então, eu podia ser feliz também."[34]

A gente parava para colocar gasolina e nos engajávamos com outros motoqueiros em uma conversa de motocicleta. A fraternidade das ruas. Me lembrei do tempo em que eu havia sido a garota de Edward, rodopiando no seu carro conversível de capota aberta. Deixando o corpo sob o controle dos outros, confiantes de que eles seriam capazes de lidar com os seus mecanismos.

---

34. Gary Indiana, *Rent Boy*. Nova York: High Risk Books, 1994, p. 91.
A personagem de Sandy é claramente um retrato de Kathy. Ver IV, p. 39.

OUTROS PASSEIOS

Ela me levou para um clube de *striptease*. Será que se tratava do famoso Mitchell Brothers, no 895 da O'Farrel Street, lugar onde inventaram a *lap dance*? Uma das suas alunas ia fazer uma performance, e fomos lá assistir. Kathy gostava de todas as garotas que faziam algum tipo de trabalho-de-sexo, trabalho que lhes permitia ganhar o dinheiro necessário para viver suas vidas. "Aprendo muito com elas todas. Comparada a elas, sou bem careta," disse Kathy.

Estávamos perto do palco, rodeado de assentos em três de seus lados. Uma ou duas mulheres se apresentaram antes da performer que tínhamos ido assistir, e que chamava atenção por seu tipo de beleza diferente. Pude compreender aquilo que Kathy via nela.

Me senti uma estranha naquele lugar, onde eu não era nem uma coisa nem outra. Não queria ser o cliente, mas tampouco era uma das mulheres. Queria ser aquela dançarina. Olhar para ela me causava uma espécie de dor, a dor da impossibilidade. Eu podia ver e sentir no corpo dela que aquela dor dela não me pertencia, não era para mim, nem para ninguém. Ela dançou suas três últimas músicas. Por fim, vi quando ela levou um cara para outro ambiente, para fazer uma *lap dance* privativa.

Kathy me levou até o Zuni Café, seu restaurante preferido, que ficava na Market Street, e tinha se tornado famoso por conta da chef Judy Rodgers. Ela me levou até lá de olhos vendados. Me levou na garupa da moto, que oscilava pela rua íngreme. Foi um passeio excitante – era como se meu fígado e meu baço estivessem prestes a explodir, arremessados pela pura força da sensação que os invadia. Kathy estacionou a moto e colocou a trava. Me pediu para ajudar a lembrar de tirar a trava antes de irmos embora, já que ela tinha danificado uma outra moto ao sair com trava e tudo.

Meu jantar de olhos vendados não surpreendeu demais a equipe do Zuni Café. Estávamos em São Francisco, essa era Kathy Acker, e ela era uma frequentadora assídua do lugar. Foi ela quem fez o pedido para mim, e me deu comida na boca. Não falamos muito: foi uma noite bastante silenciosa, solene, cerimonial. Eu só abria a boca quando ela assim ordenava. Os sabores eram uma surpresa. Gosto oleoso e salgado de frango assado, cuja pele craquelava. Eu tinha uma consciência aguda de estar exposta a olhares que eu não podia identificar.

Na volta, esqueci completamente da trava da moto, mas Kathy lembrou de destravar. Saímos em disparada, eu atrás, abraçando a sua cintura, meus olhos vendados e a orgia sensorial do jantar que tinha acabado de acontecer intensificando o toque e o cheiro do couro. Meu corpo todo doía de tanta expectativa.

Kathy sempre perguntava, sempre queria saber o que eu queria. Como se já não estivesse claro: "Quero que você me foda, agora mesmo." Com a venda ainda cobrindo os olhos, tirar os sapatos não era tarefa fácil, mas não demorou até que eu estivesse nua, usando apenas uma camiseta, deitada naquela cama baixa. Eu não queria tirar a venda do lugar. Eu esperava: o tempo era uma pupila drogada se dilatando. E então: Kathy. Eu podia perceber que ela chegava, sentindo os cheiros, os sons, a perturbação do ar ao redor. Kathy estava atrás de mim, de joelhos. Ela me fez deslizar em direção ao seu pau e me penetrou lentamente, um anel de cada vez.

Jonathan Kemp: "Enquanto a gente comia sushi ela me contou que andava fazendo sexo com garotos gays, mas estava ficando entediada porque tudo o que eles queriam era que ela os penetrasse usando um dildo. Faz pouco tempo, na noite da leitura de um trabalho de Acker em Londres, encontrei por acaso um antigo companheiro de quarto que contou que um dos seus amigos costumava

56

ser penetrado por ela. Aquilo que me fez sentir um tipo estranho de ciúme, que me fez ouvir um outro eco, evocando outra conexão que se desenhava."[35]

GUARDA-ROUPA

Não tinha trazido roupas suficientes comigo, já que tinha pensado que faria mais calor em São Francisco do que de fato fazia. Passei a vestir as roupas de Kathy. Apesar de eu ser mais alta do que ela, nossos ombros e quadris têm mais ou menos o mesmo tamanho, então algumas das peças dela cabiam em mim. Quando a gente saía, eu usava jaquetas e suéteres dela, com mangas que ficavam um pouco curtas para mim. Ela tinha algumas peças um tanto curiosas. O corte de algumas de suas roupas não parecia de modo algum ter sido destinado a seres humanos, mas sim a alguma espécie alienígena.

Dodie Bellamy: "Numa estante sobre as nossas cabeças, vejo empilhadas quatro grandes caixas de papelão. Na caixa de baixo está escrito, em preto, 'Roupas de Acker', com a caligrafia de Kathy. Logo depois de colocar as caixas no chão, começamos a vasculhá-las. Matias tira dali de dentro uma massa de tecido preto. É um vestido, mas só tem uma única manga e uma espécie de elástico em diagonal se estirando no lugar onde a outra axila estaria. Foi preciso examinar peça por peça, na tentativa de descobrir que parte do corpo cada uma delas se destinava a cobrir."[36]

Durante o tempo que passei em seu apartamento, experimentei todas as peças que me faziam parecer sexy ou elegante quando eu as

35. Jonathan Kemp, "Kathy Acker's Houseboy", *Minor Literature[s]*, abril de 2019.
36. Dodie Bellamy, "Digging through Kathy Acker's Stuff" in: *When the Sick Rule the World*, p. 131. Semiotext(e), 2015.

vestia. Tudo o que me lembro é que a sensação da textura daqueles tecidos e a forma como eram construídos me dava contornos, me levava a descobrir novas formas de emitir energia, criando novas figuras. Lembro-me de um bustiê que conjurava seios imaginários. Alguma coisa rígida que se alargava, permitindo que os quadris se expandissem para além dessa bunda (ainda) tão magra. Kathy me penetrava enquanto eu usava as roupas dela, redistribuindo conceitos de gênero. Como se uma pudesse usar o pau da outra enquanto a outra dessa outra pudesse experimentar as tetas da primeira: comunismo corporal.

TRANSITIVA

Um cavalo na verdade tem apenas quatro patas. A quinta é supérflua. O conceito da pata do cavalo pode ser entendido ou como algo imanente a cada uma de suas patas ou como um simples artefato da linguagem. Da mesma forma, um corpo não precisa tomar seu conceito, do seu gênero, como um outro corpo. A pergunta ainda permanece: seria esse conceito algo imanente ao corpo ou se trata de alguma coisa que pertence à linguagem? Ou talvez: uma coisa que pertence à linguagem e depois se torna uma coisa que pertence ao corpo, convertendo-se em sua ideologia.

De vez em quando, Kathy saía sozinha para ir à academia. Malhar talvez fosse uma das formas de expelir o conceito que conformava um certo corpo, ao menos um pouco. "A musculação rejeita a linguagem comum", Kathy disse. Os músculos modulavam a pele para esconder como haviam sido esculpidos.

Kathy me contou ainda que costumava pegar algumas das garotas da academia. Não sei se Kathy ficou com alguma delas durante o período breve em que estivemos juntas. Eu não teria me incomodado. Eu era a garota dela (uma garota que, vez ou outra, também a penetrava), mas aquele não era o tipo de relação romântica em que uma pessoa se torna propriedade da outra.

Foder é às vezes usado como verbo transitivo: ele a fodeu, ela o fodeu,[37] eles foderam um ao outro. O objeto vem depois do verbo; o verbo executa uma ação sobre o objeto. Talvez o gênero seja transitivo de uma outra maneira. Entre um par qualquer de corpos, existe uma diferença. Talvez essa diferença possa tomar a forma de um gênero, mesmo quando na verdade não existe diferença de gênero. É isso que as posições de *top* e *bottom*, ativ/o/a e passiv/o/a, implicam: uma diferença. Talvez os gêneros possam ser empregados como verbos transitivos, capaz de serem aplicados em qualquer situação em que uma parte de uma pessoa age sobre outra colocando um certo gênero em ação: Kathy me hominizava.

Eu queria que ela me hominizasse. Ou, usando uma metáfora: eu queria que ela se instalasse no topo, e dentro de mim. Eu queria que ela segurasse o guidão, que ela me montasse e me dirigisse. Queria que fosse ela quem pilotasse, me conduzisse, me dirigisse, me fizesse voar. Ela sabia fazer isso muito melhor do que eu.

E eu já sabia algo sobre como era ser uma garota. Quando alguém te hominiza, às vezes você acaba virando uma garota. Uma garota aparece como uma performance feita para outra pessoa. Uma garota é uma margem que aparece rodeando seu próprio centro recolhido.

Nesses dias, as pessoas andam falando sobre "masculinidade tóxica". Toxina, que vem de *toxion*, a forma neutra de *toxikos*, que quer dizer arco e flecha. *Toxion pharmakon*: flechas envenenadas. *Pharmakon*: veneno e cura.[38] Acontece que isso é mais algoritmo que ambiguidade.

---

37. As formas "ele fodeu-a" ou "ela fodeu-o", embora gramaticalmente abonadas, distanciam-se da oralidade e do texto original. [N.T.]
38. Jacques Derrida, *Dissemination*. Chicago: University of Chicago Press, 1983.

Trata-se de um procedimento. Um começo; um fim. Uma droga injetada e seu efeito. O corpo masculino é penetrado pela flecha da masculinidade – um conceito, porém um conceito intransitivo, aquele que penetra, mas se recusa a deixar-se penetrar.

Então, durante apenas uns poucos dias, me tornei a garota de Kathy. Porque, afinal, era isso que eu queria ser, e a Kathy queria ser o que eu queria que fosse. Kathy estava disposta a ser qualquer coisa que eu quisesse. Isso, para ela(ele), era uma forma de amor. O tipo de amor em que amar significa dizer: isso aqui pode ser qualquer coisa que você quiser que isso seja, qualquer coisa mesmo. Contanto que esse presente possa retornar, transfigurado em outra coisa.

Kathy também desejava ser desejad/o/a, total e repentinamente. Era capaz de demonstrar sua capacidade de perder o controle de qualquer forma. Ao mesmo tempo, resistia a esse impulso. Reprovava depressa qualquer um/a que não se entregasse a essa entrega com a qual el/e/a se oferecia à/ao outr/o/a.

BOCA DA VERDADE

Andar na garupa da moto de Kathy era excitante, e ao mesmo tempo congelante. Eu estava inteiramente nas mãos dela. Adorava sentir como ela assumia o controle da máquina, esse outro gênero.

Fomos para a Cliff House, em Point Lobos. Caminhamos ao redor das ruínas nos banhos abandonados de Sutro. Fomos até o Musée Mécanique. Tinha me esquecido completamente de tudo isso, até que encontrei um pedaço de papel na cópia da impressão preliminar de *Boceta, rei dos piratas* que Kathy me deu de presente. Ali estava uma folha pequena e desbotada de papel térmico, em que estava escrito:

"*A Boca da verdade* te diz que: você tem muita vitalidade e disfruta de prazeres físicos. Você tem uma saúde excelente, embora muitas vezes abuse disso. Cuidado para não tentar ser inteligente demais. Você sabe como desfrutar dos seus muitos relacionamentos com o sexo oposto e ao mesmo tempo manter sua independência. Você vive cometendo erros que acabam por comprometer seu futuro. A sua natureza caprichosa e inconstante vai tornar difícil que você siga adiante com a sua vida. Vida: 6/10, Amor: 7/10, Sorte: 8/10, Saúde: 4/10, Sexo: 8/10".

Foi o cheiro, o toque desse papel térmico amarelecido que me trouxe de volta a lembrança da Cliff House, da água, do frio, do sol, e de um saguão de recreação repleto de brinquedos antigos. Meus amigos do Facebook que são da Bay Area me explicaram que esse era o Musée Mécanique, e que ele ainda existe, embora não fique mais no mesmo lugar.

Quando voltei a São Francisco, trinta anos depois, o tempo limitado de que eu dispunha exigiu que eu tomasse uma decisão: visitar a localização do museu, na Cliff House, ou tentar encontrar a máquina que previa o futuro no novo edifício para onde o Musée Mécanique tinha se mudado. Decidi sair à procura daquela máquina, que agora estava no Pier 45.

Levou algum tempo até que eu finalmente a encontrasse. A atendente não fazia a menor ideia de onde encontrá-la. Me deparei com toda a espécie de mídias mortas. Dioramas mecânicos que se tornavam animados colocando uma moeda. Cinemas em *peepshow* antediluvianos que funcionavam a manivela. Máquinas criadas para dar prazer à mão e ao olho.

Não estava com sorte. Enviei uma mensagem para Kato, que, algumas semanas antes, tinha feito algumas pesquisas prévias – o tipo de coisa que a gente costumava fazer um/a para o/a outr/o/a.

Segui as coordenadas que ele me passou. Lá estava meu oráculo, escondido ali no fundo.

Ali estava seu nome em italiano: BOCCA DELLA VERITA. Era um disco de plástico branco, da largura do espaço entre os ombros, com um rosto e uma boca aberta. Você coloca algumas moedas, enfia a mão na boca da máquina, e então ela faz de conta que lê as linhas da sua palma. Luzes de LED piscam e sons eletrônicos agudos tilintam. O seu destino impresso é expelido por uma abertura que fica na parte debaixo do aparelho.

A Bocca della Verità original é um disco massivo de mármore que pode ser encontrado na cidade de Roma. Ninguém sabe exatamente o que esse disco era. Talvez tenha sido apenas a tampa de um dos bueiros do Templo de Hércules.

No filme *A princesa e o plebeu*, Gregory Peck e Audrey Hepburn passeiam por Roma de motocicleta. Greg está dificultando a vida de Audrey, porque ele sabe que ela é uma verdadeira princesa, embora ela esteja fingindo, escondendo sua realeza. Ele então diz para ela que, se uma pessoa que não está dizendo a verdade colocar a mão dentro da Bocca della Verità, a boca de pedra lhe cortará a mão fora. Ele então coloca a mão ali dentro. Ele começa a gritar e se contorcer, e ela se contrai de terror, até que Greg finalmente revela que estava só brincando. Um gesto babaca.[39] Uma mentira fácil.

Ele é um mentiroso que mente sobre a possibilidade de que os deuses possam feri-lo para punir sua desonestidade, apenas para provar que esses mesmos deuses parecem não se importar com a verdade, afinal. Ela é uma mentirosa fingindo ser uma garota

39. No original, lemos *"A dick move"*. *Dick* é uma palavra informal que significa "pênis" e, ao mesmo tempo, é um xingamento que pode ser traduzido como "babaca, idiota". [N.T.]

normal só para poder viver algumas aventuras, livre das suas tarefas de pessoa pública. Ele sabe que tanto ele quanto ela são mentirosos, mas ela não sabe que ele está mentindo também. Assimetria de gênero.

Boa parte da nossa memória se tornou agora externa ao nosso corpo. Os buracos do passado, do meu passado, do passado que eu imagino que tenha feito que eu me tornasse quem eu sou, podem ser facilmente preenchidos com informações encontradas na internet. Memória inumana: a máquina da Bocca della Verità ainda é fabricada por uma empresa italiana, a DPS Promatic. Eles também fabricam balanças de pesagem e dispositivos de registro para estações meteorológicas. O modelo no Musée Mécanique é o Mini, fabricado pela primeira vez em 1993. A estrutura não é feita de plástico, mas sim de fibra de vidro. A DPS Promatic insiste que foram eles que criaram a máquina original, e que todas as outras empresas produzem apenas cópias.

Coloco a minha mão na boca de plástico algumas vezes. Nenhuma das respostas do oráculo que eu recebo agora parece tão interessante quanto aquela que eu recebi quando estava com Kathy naquele dia. Você vai enfrentar decepções e encontrar infelicidade no amor várias vezes durante sua vida. Você está determinada a fazer mudanças: você já pensa nelas há muito tempo e acha que chegou a hora de realizá-las. Você tende a ser completamente dominada pel/ o/a s/eu/ua parceir/o/a: cuidado. E assim por diante. A ideologia experimentando conceitos, dirigindo-os a um corpo ao empregar a segunda pessoa: ei, você.

NOVA YORK, 1995

Por que Kathy e eu não voamos juntos de São Francisco a Nova York? Não me lembrava. Foi a internet que se lembrou por mim.

Fui primeiro para Montreal, entre os dias 17 e 24 de setembro. Fui falar sobre cyberfeminismo, entre outras coisas.[40] Me lembro de tudo isso agora como um momento solitário e frio.

Voei então para Nova York para me encontrar com Kathy, porque lá a gente poderia estar juntas por um período mais longo de tempo. Eu já tinha estado em Nova York uma ou duas vezes, mas as imagens que eu tinha da cidade vinham mais dos filmes de Hitchcock do que das minhas perambulações por lá.

Se em São Francisco eu era a garota de Kathy, em Nova York eu assumi o papel ativo. Ou talvez seja mais preciso dizer que eu algumas vezes tentei assumir o papel ativo, ou algo assim. Talvez garoto e garota, ativo e passivo, não sejam conceitos adequados. Os nossos conceitos eram diferentes.

O fato de nós duas falarmos inglês não quer dizer que falássemos a mesma língua, já que o inglês não é muito mais do que uma língua vira-lata, uma cicatriz deixada sobre o mundo depois de uma série de invasões sucessivas, que se desenrolaram de 1066 em diante.

Em Nova York, nos hospedamos no Gramercy Park Hotel, número 2 da Avenida Lexington. "O Gramercy me faz lembrar como eu queria que a minha infância tivesse sido", disse Kathy. Edmund Wilson tinha vivido ali com Mary McCarthy. Mais tarde esse hotel passou a ter uma atmosfera de centro da cidade, embora mais literária do que a do Hotel Chelsea. Isso foi antes da inevitável reforma de Ian Schrager. Era um lugar um tanto decadente. O quarto tinha um papel de parede escuro e esquisito

---

40. McKenzie Wark, "The virtual Sensoria", apresentado na ISEA95: Sexto Simpósio Internacional de Arte Eletrônica, 17-24 de setembro de 1995, Montreal, Quebec.

que imediatamente me fez pensar no quarto de hotel em que Oscar Wilde tinha morrido.

Nem tudo o que a Kathy me dizia era verdade, estritamente falando. Especialmente depois que a gente chegou em Nova York. Era como se a gente estivesse dentro de um livro de Kathy Acker, escrito na carne e impresso na cidade.

Chris Kraus: "Perambulando por Nova York com McKenzie Wark, Acker parou ao lado das carruagens que ficavam do lado de fora do Hotel Plaza e disse, 'Nossa lua de mel foi no hotel Plaza. Era no hotel Plaza que os judeus comemoravam a sua lua de mel, enquanto os brancos protestantes anglo-saxões[41] preferiam o Sherry-Netherland'. Embora Wark fosse australiana, e catorze anos mais nova, ela podia, digamos… sentir que havia algo de sonhador na Nova York que Kathy lhe mostrava. Era como uma fábula'. Na verdade, ela e Bob Acker tinham ido para San Diego imediatamente. Uma rara foto de família mostra uma Acker sorridente de vestido branco e véu de noiva cortando um bolo ao lado de seu belo e alto marido."[42]

Existem websites inteiros que se dedicam a explorar locações de filmes. O Hotel Plaza está no *Grande Gatsby* e em uma série de outros títulos. Para citar apenas um, *Intriga Internacional [North by Northwest]*, de Hitchcock. Ah, e em *Esqueceram de mim [Home alone] 2*, Macaulay Culkin encontra Donald Trump no saguão. O Sherry-Netherland tem uma atmosfera mais discreta – o que é em si mesmo um atributo da branquitude anglo-saxã[43] – nas versões imaginárias de Nova York, ainda que ele apareça no

---

41. No original, "*Jews had theirs at the Plaza, WASPS at the Sherry-Netherland.*" WASP é uma expressão popular, uma sigla para *White Anglo-Saxan Protestant* [Brancos protestantes Anglo-Saxões]. [N.T.]
42. Cris Kraus, op. cit., p. 34.
43. No original: "*itself a Waspy attribute.*" [N.T.]

filme *Contos de Nova York*[44] *[New York Stories]*. Naquela época,
eu não sabia nada sobre Nova York. Qualquer coisa que Kathy
me dissesse podia ser verdade, era verdade pra mim. Ela me
apresentou à Nova York mítica.

Demos voltas do Central Park até o East River, até o Sutton
Place. Foi em Sutton Place, ela me disse, que ela tinha morado
quando criança. Na psicogeografia de Nova York, esse poderia
certamente ser o lugar de origem de uma certa Kathy Acker. É
um bairro que aparece em inúmeros filmes, de *Como agarrar um
milionário [How to marry a millionaire, 1953]* a *O chefão de Nova
York [Black Caesar, 1973]*. Lou Reed, em uma de suas canções, nos
diz para *não* andar por ali. O bairro aparece em *O apanhador no
campo de centeio*; está também em *Grandes esperanças* e em *Minha
vida minha morte por Pier Paolo Pasolini* – de Kathy Acker
–, assim como em alguns de seus outros livros.[45]

Kathy morava, na verdade, do Upper East Side – mais precisamente
do número 400 da 57ª East Street, em um edifício art déco
de dezenove andares construído em 1931.[46] Algumas pessoas
localizariam esse endereço no bairro de Sutton Place, mas, para
mim, andando por ali agora, o local me parece ter uma atmosfera
diferente, e me parece que sempre foi assim. Em Sutton Place,
os edifícios são menores e mais antigos, e alguns deles possuem
uma elegância característica do começo do século XX, quando
ser milionário ainda parecia possível. Nos tempos de Kathy, o
lugar provavelmente já tinha cheiro de dinheiro antigo. Em um
momento em que a maior parte dos artistas e escritores costumava

44. Filme de 1989, dirigido por Woody Allen, Francis Ford Coppola e
Martin Scorsese. [N.T.]
45. GE, p. 56; LM p. 256; EU, p. 179.
46. Tanto Peter Wollen quanto Mel Freilicher mencionam Sutton Place como
sendo o endereço de Acker em seus textos memoriais. Wollen localiza a
região no Upper West Side, conectando Kathy à psicogeografia da cidade de
um modo peculiar e interessante.

disfarçar suas origens burguesas, talvez Kathy tenha fingido pertencer a uma classe mais alta do que de fato pertencia.

Sarah Schulman: "Naquela geração, ser uma judia alemã era sentir-se em uma posição ao mesmo tempo privilegiada e arriscada. Ela nasceu Karen Alexander, do tipo de família à qual os judeus de Nova York se referem como 'Nossa gente' [*Our crowd*] – a família dela, a dos Alexanders, compunha, junto com a dos Loebs, a dos Ochs, *et cetera*, o grupo dos judeus mais bem educados, ricos e sofisticados do mundo. Kathy veio de um diminuto grupo étnico responsável por dar origem a algumas das teorias mais marcantes do século XX: o marxismo, a psicanálise, a teoria da relatividade e o pós-modernismo. E aí morava o problema. Emocionalmente, Kathy era uma pessoa comum. Ela não tinha família. Era uma pessoa abandonada, traumatizada. Artística e intelectualmente, era excepcional. A sua sofisticação projetava sobre ela uma espécie de expectativa."[47]

Uma das Kathys era uma espécie de Édipo, escondendo seu sangue nobre, adentrando o mundo da escrita buscando foder-casar-matar todos os seus fantasmas ancestrais.

Mel Freilicher: "Certa vez, um cavalheiro de aparência distinta se aproximou de Kathy, dizendo que ela era um membro da família Lehman, uma das mais proeminentes de Nova York. Não é fácil viver à altura de um mito. No seu trabalho, Kathy era capaz de controlar de modo brilhante sua tendência para construir mitos. Para mim, permanece em aberto o quanto a própria Kathy se confundia ou não com a Kathy mitológica, e o quanto essa confusão era capaz ou não de lhe causar dano".[48]

47. Sarah Schulman, "Realizing They're Gone" in: *Gentrification of the Mind*. Berkeley: University of California Press, 2011, p. 75.
48. Mel Freilicher, "One or Two Things That I Know About Kathy Acker" in: *The Encyclopedia of Rebels*. São Diego: City Works Press, 2013, p. 97.

Andamos na direção leste, rumo ao East River, onde Kathy havia encontrado um pequeno parque com vista para o rio e a ponte de Queensboro. Me sentei no colo dela num dos bancos do parque, e nos beijamos. Pode ser que isso tenha acontecido na praça de Sutton, embora agora, olhando o lugar, algo pareça não se encaixar. Como meus pés se cansam facilmente hoje em dia, acabei não revisitando todos os pequenos cantos daquele pedaço da ilha; não estava disposta a refazer a longa caminhada que fizemos a pé pela cidade. Quando eu e a Kathy estávamos juntas, caminhávamos longas distâncias.

De volta ao Central Park, Kathy me perguntou se eu queria andar de carruagem, mas eu disse que não. Não que eu achasse que fazer algo assim seria brega demais. Como a personagem Tracy no filme *Manhattan*[49], eu podia ter aceitado exatamente por esse motivo. Mas como fazia frio, recusei.

UMA PONTE, UM TÚNEL

Saímos para beber com a banda The Mekons. Enchemos a cara, todos um tanto sérios, sem falar muito, bem ao estilo dos ingleses do norte.

Kathy queria saber: você tem vontade de encontrar Ira Silverberg? Quer encontrar Betsy Sussler? Eu devia ter dito que sim. Não sabia muito bem como fazer networking, nem quem deveria encontrar. Kathy ficou surpresa com a minha passividade, e eu também.

Levei Kathy para o Lucky Cheng, que naquela época ficava no East Village, no número 24 da 1ª Avenida na 2ª East Street. Quem abriu esse espaço foi Hayne Suthon, que herdou uma fortuna em gás natural de Lousiana, que lhe permitiu converter carvão em

49. Filme dirigido por Woody Allen, de 1979. [N.T.]

brilhantina. Ela tinha estilo. O Lucky Cheng ficava numa antiga casa de banhos, e tinha um frescor um tanto despojado. Os quartos eram escuros, em tom de azul-marinho, carmim e preto, sem nenhuma iluminação além das velas que ficavam sobre as mesas. Todas as garçonetes eram mulheres trans, a maior parte delas asiáticas, vestidas num estilo arrojado, moderno e futurista. Eu, claro, adorei todas elas. Elas se tornaram um modelo para mim.

O que eu não sabia é que a clientela tinha mudado desde que eu tinha estado lá pela última vez. O príncipe de Mônaco tinha estado ali, trazendo consigo uma multidão que já não vinha apenas do centro da cidade. "Esse lugar é tipo uma ponte, um túnel", Kathy disse, fazendo referência às pessoas que tinham vindo de bairros mais longínquos, ou pior – de Nova Jersey. Na verdade, o Lucky Cheng ainda não havia atingido seu ponto mais baixo. Ele mais tarde apareceria no seriado *Sex and the City*, e a partir de então passaria a abrigar festas de despedida de solteira.

Mas, ainda assim: me senti inadequada. Era algo que eu já tinha sentido antes. Tive namorados mais velhos do que eu, com bom gosto e estilo. Com eles, aprendi a ser um objeto decorativo e atencioso quando entrava em contato com o mundo ao qual eles pertenciam, para agradá-los para que eles quisessem me comer depois. Mas essa era uma situação diferente: os papéis eram menos claros, e a cidade e a sua dinâmica eram mais estrangeiras para mim.

ATIVA (1)

No nosso quarto no Gramercy, às vezes eu me tornava a garota de Kathy. Eu queria ver como el/a/e atava cada um dos seus paus. A cinta de couro era toda feita de faixas pretas e fivelas brilhantes. Seu odor era uma mescla convidativa de cheiro de

couro, lubrificante e suor. Kathy não queria que eu a ajudasse,
mas tomava o seu tempo escolhendo o pau daquela vez. Inseria um
dos paus em sua cinta, outro dentro da boceta. Amarrando a cinta
com cuidado para que nenhum dos dois caísse. Mesmo depois de
beber um tanto, Kathy era exímia nesses gestos. Eu simplesmente
ficava deitada, admirando a técnica dela, a presença dele.

Visto o mesmo bustier de couro rosa ainda outra vez. O bustier
tem o cheiro de Kathy. É rígido, abre seu espaço arredondado para
abrigar um par de tetas fantasma. Sentia, a partir do lado de
fora, o espaço onde as tetas deveriam estar. Não há nada ali. Não
há peitos, não há eu. Só o que existe é a euforia que aflora para
além do gênero, esse conceito, ao mesmo tempo em que chega a se
roçar nele. Trata-se de uma certa intimidade com o gênero, com o
conceito que atribuímos aos corpos. Intimidade é a distância que
surge dentro da proximidade.

Como já fui penetrada pelo cu inúmeras vezes, sei o que quero. É
Kathy que está no controle, mas eu estou no controle do controle que
ela tem sobre mim. Kathy está no controle do desejo de outro alguém.
Estou no sofá, agora. Kathy ajoelha na minha frente. Abro minhas
pernas para ele. Ele segura o maior dos seus paus pretos numa das
mãos, enquanto ela se massageia gentilmente debaixo dele com a outra.

Segurando esse pau, pressionando-o contra esse cu, passando
lubrificante na minha mão, já sabendo que vou subir no sofá. Imagino
por um breve momento todos os outros corpos que já foderam nesse
mesmo quarto, todas as combinações possíveis, todas as formas de
foder que encontraram, todos os seus conceitos se interpenetrando.

É um pau de silicone, de uma cor preta inumana, como uma prótese
anódina e opaca de robô. Esse é o único problema, um problema que tem
a ver com esse outro conceito que se atribui ao corpo, o da raça.
Essa passiva quer ser penetrada por um outro, trazido para baixo, mas

o problema é que vez ou outra esse outro é um outro racializado: um pau preto. Imagino uma cor preta robótica, mas será que também estou pensando numa tonalidade preta humana? O corpo branco trazido para baixo pelo corpo preto, um corpo colonizado.

Esse não é um problema que nossos dois corpos brancos – um corpo branco judeu e um corpo branco australiano – são capazes de resolver. O teatro do sexo simplesmente joga com os conceitos que lhe foram incutidos. Você sabe que você sabe, você conhece as ideologias. Pense nelas depois.

Guy Hocquenghem: "O que um homem gay jovem diz para um homem árabe é ainda um reconhecimento de culpa: 'A burguesia te explora, meu pai te explora, então vem, me come!'. Luta de classes, masoquismo de classe. O que se esconde debaixo dessa apropriação artificial daquilo que se entende como primitivo? Sodomizados, somos os únicos a cagar para trás. Mas ser mais sujos não faz com que a gente esteja menos sujeito a sujeitar."[50]

Pensando sobre humanos com paus robóticos por um instante. Paus pressionando o aro externo do cu. Kathy está olhando diretamente para mim: ali estou eu. Me revelo para mim mesma através do olhar dela.

ATIVA (2)

Em nosso quarto no Gramercy, nem sempre sou a garota de Kathy. Às vezes me torno seu homem. Ela me dá o sinal de que é chegada a hora. Saio de casa de jaqueta e óculos escuros. Minha jaqueta se torna a jaqueta dele, desse homem.

50. Guy Hocquenghem, *The Screwball Asses*. Los Angeles: Semiotext(e), 2010, pp. 11 e 15. A biblioteca de Kathy tinha outro de seus livros, *Love in Relief*. Nova York: Seahorse Press, 1986.

"Fica de joelhos", ele ordena. Ela se ajoelha. "Chupa o meu pau."
Ela abre o zíper dele, com os dedos tremendo ligeiramente, faz
com que o pau dele deslize para a fora e coloca-o dentro da boca.
"Assim, não". Ela tenta outra vez. "Assim também não." Ela tenta
de outro jeito. "Pare."

"Fica de pé. Tira todas as tuas roupas." Kathy tira toda a roupa.
"Senta na privada". Kathy sai do quarto. Como não fiz isso muitas
vezes antes, estou basicamente copiando uma atitude dos contos de
Pat Califia, dos quais me lembro apenas vagamente. Decido deixar
que ela espere por mim por algum tempo.

Kathy está nua, sentada na privada, olhando para mim com expectativa.
"Assim não. Levanta o assento. Senta na borda de louça." Ela faz
o que eu digo. Tiro para fora o pau dele e mijo nos peitos e na
barriga dela. A urina vai deslizando pelo seu corpo, sobre seus
pelos pubianos, até se derramar na privada. Não me esqueço de que
estamos num quarto de hotel, e que, portanto, não devo fazer muita
sujeira, coisa que provavelmente me leva um tanto para longe do meu
personagem. Entro de novo no personagem. Volto para ele.

"Entra no chuveiro". Ela entra no chuveiro. Ele aciona a água
fria – bem forte. O frio faz Kathy arquejar. Noto que o joelho
esquerdo dela está tremendo um pouco. "Vai até a sala. Fica
de quatro". Ela sai do chuveiro, deixa o banheiro, deixando um
rastro molhado sobre o carpete.

Olho para baixo e me dou conta de que meu pau ainda está do lado
de fora, balançando. Ele certamente não daria ordens com um pau
mole e oscilante, mas tento não pensar nisso agora. Coloco o pau
para dentro e levanto o zíper.

Kathy está de quatro no carpete da sala, pronta, com uma poça
d'água se formando abaixo dela. Ele pega o chicote de montaria

que ela tinha deixado no sofá pela manhã, colocado em local
estratégico para sinalizar aquilo que ela queria. Ele se ajoelha
atrás dela e experimenta roçar de leve as costas dela com o
chicote. Por um longo tempo.

TCHUAC. A carne se contrai. "Uma". TCHUAC. A carne se contrai.
"Duas". TCHUAC. A carne se contrai. "Três". TCHUAC. A carne se
contrai. "Quatro". TCHUAC. A carne se contrai. "Cinco". TCHUAC.
A carne se contrai. "Seis". TCHUAC. A carne se contrai. "Sete".
TCHUAC. A carne se contrai. "Oito". TCHUAC. A carne se contrai.
"Nove". TCHUAC. A carne se contrai. "Nove e meio". A carne
suspira, mas não pede para parar. TCHUAC. A carne se contrai.
"Dez".

Ele abre o zíper e coloca o pau para fora. O pau não está duro.
Ele a faz esperar. Com um pouco de estímulo, ele consegue ficar
de pau duro. Ele consegue encontrar uma camisinha no bolso da
minha jaqueta – ao menos eu tinha me prevenido o suficiente
para guardar algumas por lá. Ele se atrapalha para abrir a
embalagem, termina usando os dentes. Fico um pouco ansiosa com a
possibilidade de ficar de pau mole outra vez, mas não fico. Ele
então desenrola a camisinha.

Ele se abaixa atrás dela. Pressiona a ponta desse pau contra
a boceta dela, que está molhada. Bem molhada. Ele brinca,
simplesmente roçando o pau ali por um momento. Ela começa a
gemer, a tremer, seu corpo se contorce.

Ele então a penetra com força. Segurando os quadris dela,
empurrando com força. A maneira com que os humanos fodem é
um tanto ridícula às vezes. Essa foi uma dessas vezes. Como
minhas coxas são mais longas do que as dela, formamos um ângulo
estranho. Ele empurra a cabeça dela para baixo, empurra o rosto
dela em direção ao carpete gasto. Ela grita, mas não me pede

(não pede a ele) para parar. Ele a fode por algum tempo, sabe-se lá quanto. A boceta dela tem pequenos espasmos em *staccato*. É então que eu gozo.

Não me lembro do que aconteceu depois, só lembro que limpei o xixi que tinha espirrado no chão do banheiro. Algum tempo depois, estamos junt/o/a/s na cama. Kathy me diz: "Obrigada". Essa foi a única vez que ela me disse isso.

Kate Zambreno: "As confissões de uma garota branca e bonita e sua vida sexual costumam ser algo pouco ameaçador. Mesmo que ela tente se vingar contando a própria história, essa narrativa no fim das contas não representa uma ameaça à ordem das coisas. Quando se trata de fúria, porém, já é outra coisa. As garotas de Kathy são passivas, querem ser fodidas e querem ser amadas. Mas ao fazer dessa confissão uma narrativa grotesca, Kathy torna essa história ameaçadora. Os textos pornôs que Acker escreve são espinhosos demais para permitir que alguém possa se masturbar com eles sem sentir uma ameaça de castração."[51]

Não falamos muito sobre o que aconteceu. Pedi desculpas por minha falta de habilidade. Jamais poderia me comparar ao Alemão, a respeito do qual ela tinha me contado algumas histórias. As ordens que dava, a faca que tinha. Parece que ele era de fato o homem, não estava brincando.

"Existimos em dor", ela dizia, mas não era disso que gostava. Só um pouco já era suficiente. Desse jeito mesmo, talvez um pouco mais da próxima vez. Não chegamos a praticar muito. Não tinha certeza de que queria saber muito mais sobre essa parte de mim.

---

51. Kate Zambreno, "New York City, Summer 2013", *Icon*, organização de Amy Scholder. Nova York: Feminist Press at CUNY, 2014, p. 232.

O eu que estava fazendo isso era um eu cuja masculinidade era mais extrema, e esse eu estava se tornando um estrangeiro para mim. Um que se sentia alguma coisa diferente de um ser humano, mas não no bom sentido. Com Kathy, eu preferia ser *aquela garota*, mas eu podia vez ou outra me tornar um pouco *esse homem* se ela quisesse que fosse assim. Fazia isso por ela. Eu representava o homem porque ela me fazia sentir que eu era a sua garota, e por isso queria me tornar aquilo que ela quisesse que eu fosse. Como uma boa garota, eu fazia o papel do homem quando Kathy assim desejava.

Kathy reconhecia o amor quando ele se manifestava em atos. Em atos encenados nos corpos. Mesmo um ato encenado é ainda assim uma ação no mundo. Ela conhecia demais as palavras para depositar nelas qualquer tipo de fé. Ninguém conseguiu ainda descobrir como se faz para construir uma vida emocional depois de perder a fé na linguagem.

ANEL

Último dia junt/o/a/s em Nova York. Estamos no Soho, que já tinha se transformado num shopping center ao ar livre. Tomamos um café da manhã tardio no Jerry's, na Prince Street, 101. Kathy me levou até o seu joalheiro, Alex Streeter, no número 152 da Prince Street. Ela ia a alguns joalheiros. Ela me contou de um deles, que tinha feito o seu enorme anel de caveira e esqueleto, que tinha quase o tamanho do dedo inteiro dela. Ela pediu para fazer o anel para neutralizar a energia dos dois rubis que se tornaram os olhos da caveira. Ela tinha ganhado os rubis de presente de um monge Zen, e tinha uma relação conflituosa com essas duas pedras preciosas. Um presente desses trazia consigo um desafio impossível. As duas pedras não podiam ser jogadas fora, nem dadas de presente a outra pessoa, nem simplesmente colocadas de lado.

O presente do mestre Zen era uma maldição perfeita, mas Kathy foi capaz de neutralizá-la.

Alex Streeter era uma espécie de lenda do design de joias. Tinham sido criação dele os anéis usados por Robert De Niro e Charlotte Rampling em *Coração satânico*.[52] Você consegue cópias falsificadas desse anel online por sessenta dólares. Foi Kathy que comprou para mim o anel de mosca que eu ainda uso.

Perdi o anel enquanto trabalhava neste livro. Acordei, e ele tinha desaparecido. Eu tinha tido uma variação desse sonho que contei no início do livro, mas não me lembro de praticamente nada. Senti pânico diante dessa perda. Eu só tinha dois anéis. O que Christen me deu, que não passa na junção ossuda do meu dedo. E o que tinha ganhado de presente de Kathy, que Christen tolera. E que agora havia desaparecido.

Kathy me deu esse anel, e eu comprei para ela um par de sapatos. Na verdade, comprei um par bastante sexy de botas de couro de boi. Mas não era um anel. Ainda que, de alguma forma, dar sapatos de presente é em si mesmo um ato especial. Um par de botas como o duplo das minhas botas. Ou: a bota como um espaço entre o pé, a sujeira e a vida que habita esse mundo. Senti que ela teria preferido que eu tivesse comprado um anel para ela também. Mas eu não tinha dinheiro suficiente, e me sentia constrangida demais para falar abertamente sobre isso.

Falando em dinheiro: além do meu salário, eu não tinha nenhuma fonte de renda, e precisava pagar aluguel. Kathy tinha dinheiro, e o lugar onde morava lhe pertencia, mas sua renda era precária, vinha apenas de aulas ocasionais que dava e de performances

---

52. Título brasileiro de *Angel Heart*, filme de 1987, dirigido por Alan Parker. [N.T.]

esporádicas. Cada uma de nós achava que a outra ganhava melhor.
O dinheiro dela estava acabando, ela me disse. Juntas, estávamos
gastando como se não houvesse amanhã. Dividimos a conta do Hotel
Gramercy Park. Cada uma pagou metade no cartão de crédito.
Demorei algumas eras para terminar de pagar aquilo tudo.

A última coisa de que me lembro é que fomos ao cinema. Vimos
O vício (*The Addiction*, 1995), de Abel Ferrara, no Angelika,
que ficava na 18 W. Houston, perto da Brodway. Lili Taylor
interpretava uma estudante da NYU que se transformava num vampiro,
ou numa viciada em heroína, ou talvez alguém viciada num certo
conhecimento da abjeção humana. Um filme em que o vampiro culpa a
vítima por ser fraca.

Kathy estava vestindo calças de couro. Enquanto a gente assistia
aos vampiros interagindo, eu acariciava a sua coxa, em um desses
pequenos cinemas estreitos em espaços subterrâneos. Parecia
o filme apropriado para se ver ali embaixo, nas entranhas da
cidade, enquanto o metrô atravessava as paredes com seu ruído
profundo, até vibrar nos nossos corpos.

RUÍDO

Estava de volta a Sydney. De volta ao trabalho. Sentindo a
falta de Kathy. Trabalho e dinheiro nos separavam: precisávamos
responder a instituições, a soberanias diferentes.

Voltamos a trocar e-mails, como tínhamos feito desde o começo.
Perdi todos esses e-mails, menos um. A minha conta como convidada
do servidor da NYU foi bloqueada.

Kathy me ligava no meu telefone celular de vez em quando.
Naqueles tempos, ter um celular era ainda algo novo, e mais novo

ainda era o hábito de ligar para pessoas do outro lado do mundo. Vez ou outra eu estava caminhando sob os plátanos da Victoria Street, e o telefone tocava. Eu me abrigava na soleira de alguma porta para falar com Kathy, enquanto hordas de mochileiros bêbados da Escandinávia passavam por mim.

Ela me mandou dois presentes. Um deles foi uma camisola de seda preta, com apenas um laço de fita, que eu guardo comigo até hoje. Essa foi a primeira vez que uma mulher me deu uma lingerie de presente. Vesti a camisola em casa e depois liguei para ela. Muitas vezes fazíamos sexo por telefone.

Ela me mandou flores. Não era nenhuma data especial. Não faz muito tempo, encontrei o cartão que veio com o ramalhete. Não há nenhuma data nele. As flores vieram da Interflora. O cartão está escrito com a caligrafia de um/a agente da Interflora em Sydney, que deve ter recebido instruções por fax. Kathy me explicou que a Interflora não enviava mensagens em inglês, então ela optou pelo francês, e algum desvio no meio do caminho fez com que a mensagem do cartão chegasse com erros ortográficos. Um pequeno ruído, esse parasita, se imiscuiu na transmissão.

No cartão que chegou, está escrito:

"encore je te veuz
et enedre tes jambes
pour moi et ce temps pour toujours…a"

A mensagem que devia ter chegado era assim:

"encore je te veux,
et étendre tes jambes
pour moi en ce temps pour toujours…a"

E pode ser lida como

"ainda te quero
e estenda tuas pernas
para mim agora para sempre...a"[53]

A MEMÓRIA É REDUNDANTE

Data: Segunda-feira, 12 de fevereiro de 1996 12:57:26 - 0800
De: Acker@eworld.com
Para: mwark@laurel.ocs.mq.edu.au
Assunto: mais um dia nas minas de sal

Acabei de ler isso aqui, depois de tomar café da manhã: eu também estou voltando de Zirma: minha memória inclui dirigíveis que voam em todas as direções, na altura da janela; ruas de lojas em que peles de marinheiros são cobertas de tatuagens; trens subterrâneos lotados com mulheres obesas que sofrem com a umidade. Meus companheiros de viagem, por outro lado, juram que viram apenas um dirigível sobrevoando os picos dos edifícios da cidade, e um único tatuador organizando suas agulhas, deixando sua tinta desenhar padrões na sua mesa; uma única mulher gorda se abanando na plataforma do trem. A memória é redundante: ela repete os sinais para que a cidade comece a existir.

53. Optei por traduzir a mensagem a partir da tradução do francês para o inglês proposta por McKenzie Wark, "I still want you/ and spread your legs/ for me now for always...a", embora uma tradução mais precisa da mensagem em francês para o português seria algo ligeiramente diferente: "Ainda te quero/ estender tuas pernas para mim / nesse tempo para / sempre...a". [N.T.]

79

Toda vez que você sonha que eu estou te fodendo é isso o que acontece. Uma cidade.

SALA DE OBSERVAÇÃO

Vi Kathy pela última vez em Londres, em julho de 1997. Não tinha certeza de quais eram os sentimentos dela a meu respeito nesse momento. Não tinha conseguido deixar tudo de lado para estar com ela em São Francisco no ano anterior, e não tinha conseguido arranjar um trabalho que a trouxesse para Sydney, como ela queria. Não pude oferecer esses presentes extravagantes.

Sentia que as coisas tinham terminado num beco sem saída decepcionante, mas amigável. "Seja m/eu/inha amig/o/a, só isso", me disse Kathy logo no começo, e eu prometi que seria. Ser amig/o/a/s era um compromisso mais exigente do que ser amantes.

Ela tinha fugido de São Francisco para voltar a viver em Londres com alguém, mesmo com todas as memórias difíceis que a cidade lhe trazia.

Charles Shaar Murray: "Encontrei Kathy Acker num jantar num restaurante mexicano no Soho. Apenas 24 horas depois desse primeiro encontro, nos descobrimos enamorados e resolvemos que passaríamos o resto das nossas vidas juntos. Passamos a maior parte dos cinco dias que se seguiram na companhia um do outro."[54]

Acho que, de alguma forma, ela sabia que tinha câncer; ou talvez soubesse e não soubesse ao mesmo tempo. Ela já estava planejando voltar a São Francisco. Como eu estaria em Londres por conta de

54. Charles Shaar Murray, "Kathy Acker Remembered", *Tha Kulcha*, acessado em 30 de julho de 2020, http://charlesshaarmurray.com/journalism/tha-kulkha/kathy-acker-remembered/ .

um evento num espaço de arte, decidimos nos encontrar por lá, em uma cidade em que éramos amb/o/a/s estrangeir/o/a/s.

A gente deve ter comido alguma coisa em algum lugar, mas não me lembro de nada em relação a isso. A parte de que eu me lembro começa com nós d/ois/uas indo ver uma performance. O que eu lembro é que era uma apresentação solo a respeito de um homem gay vivendo com aids que acreditava que morreria logo. O performer tinha uma presença impressionante, comunicava não apenas por palavras e gestos e histórias, mas sobretudo pelo corpo.

A performance era em um teatro de conferências num hospital-escola de Londres. O único equipamento, a única fonte de luz que ele usava era um retroprojetor, que ele explorava de modo brilhante. A apresentação foi ao mesmo tempo cortante e comovente, capaz de retratar não apenas a vida daquele homem, mas também o Estado, a medicina e a tecnologia do seu tempo.

Essa foi a primeira parte da apresentação. A segunda era bastante curta. Ele nos contou que a sala de conferências em que a performance acontecia ficava ao lado de uma antiga sala de observação. No passado, os hospitais reservavam esses quartos para que os parentes pudessem ver os mortos recentes. Num quarto de observação, os mortos podiam ser apresentados adequadamente aos familiares, criando uma espécie de quadro que permitia que seus parentes prestassem suas últimas homenagens. O performer pediu que esperássemos cinco minutos. Em seguida, fomos conduzidos a essa sala de observação.

A sala de observação já deve ter abrigado uma dúzia de camas, era uma espécie de ala reservada aos mortos. Naquele momento, havia uma única cama, e essa cama era a única coisa iluminada ali, enquanto o resto do aposento permanecia no escuro. As cores de que me lembro são tons de siena, mahogany e salamandra.

Ou talvez essa fosse a tonalidade daquilo que eu sentia. Sobre a cama estava o performer, com o corpo impecavelmente ordenado, completamente imóvel. Ele representava o seu próprio cadáver. Essa foi a segunda parte da apresentação.

Parte daquilo que a performance procurava revelar era como, mesmo no final dos anos noventa, um homem gay vivendo com aids não podia contar nem mesmo com a possibilidade de que seus verdadeiros amigos, sua família escolhida, pudessem estar com ele no hospital, ou terem o direito de visitá-lo depois de morrer. Havia algo de muito digno nesse quarto de observação, nessa encenação intencional que o performer fazia da própria morte, descobrindo uma forma de se apropriar e ressignificar essa situação de um modo que o favorecesse. Nós, que éramos estranh/o/a/s, podíamos observar o eu futuro dele naquela sala, coisa que seus amigos provavelmente não conseguiriam.

No quarto de observação, tod/o/a/s permanecemos em silêncio. O burburinho enérgico que antecipava a conversação que brotaria depois da apresentação se reduziu a nada. Nós simplesmente permanecemos ali, de pé. Kathy estava do meu lado. Tinha vontade de segurar a mão dela, ou algo assim, mas não sabia se ela queria que eu fizesse esse gesto, ou se isso apenas faria com que ela se sentisse pior. No fim das contas apenas permanecemos de pé, em meio ao público, testados em nossa capacidade de permanecer em silêncio, de estar em silêncio junt/o/a/s. Esse momento contrastava de forma flagrante com a qualidade animada da primeira parte da apresentação. Logo depois, fomos embora.

O conceito de um corpo não é o seu gênero. O conceito de um corpo é a morte.

A memória é uma espécie de ficção. Por muito tempo, quis saber qual tinha sido a performance a que eu e Kathy tínhamos assistido em nossa última noite junt/o/a/s. Descobri, por fim, perguntando no Facebook e marcando algumas pessoas que, mesmo que não soubessem, conheciam pessoas que podiam saber: *Os sete sacramentos de Nicolas Poussin*, de Neil Bartlett.

Encomendei a peça na Amazon. Li o texto. Agora eu sei que essa performance foi apresentada no Royal Hospital de Londres, em Whitechapel, do dia primeiro ao sete de julho. Tinha me esquecido de que a maior parte do enredo se debruçava sobre as pinturas de Poussin sobre os sacramentos. Minha memória tinha modificado o final da peça. Existe de fato uma segunda parte da performance, mas Bartlett se senta numa cadeira de frente para uma cama vazia, como se estivesse segurando a mão do seu ocupante. O centro do travesseiro tem uma forma abaulada, como se uma cabeça pousasse sobre ele.

Neil Bartlett: "Como irão notar aqueles que, como eu, foram criados com essas palavras, sempre acabo cometendo equívocos quando tento me lembrar delas. Errei ao dizer certas coisas, como se tivesse perdido o meu lugar. Deixei de fora as palavras que devia ter dito, e inseri palavras que não deviam ter sido inseridas ali, simplesmente não pude evitar."[55]

Kathy não quis sair à noite, então tomamos o metrô até a casa dela, e desembarcamos na estação Angel. O apartamento dela fica ao lado de um dos canais de Londres. Podia ver alguns barcos amarrados ali no canal. Kathy muitas vezes disse que queria ser um marinheiro, se lançar nas ondas revoltas. Ela foi um marinheiro, navegando as jornadas que estavam disponíveis para ela. Escrever (foder) era o seu mar. Eu podia imaginá-la percorrendo os canais com esses barcos, ali onde a cidade encontrava as marés cada vez mais altas.

55. Neil Bartlett e Robin Whitmore, *The Seven Sacraments of Nicolas Poussin*. London: Artangel, 1998, p. 43.

Ela morava no número 14 da Duncan Terrace. Estou procurando seu endereço de novo, no Google Maps. A porta vermelha é exatamente como me lembro. Noto que, quando o Street View do Google passou por esse quarteirão pela última vez, o apartamento estava para vender. Do outro lado da rua dela, porém, não há um canal, há uma faixa de gramado verde. Há alguns córregos nas proximidades, e, se eu der um zoom na imagem de satélite, posso ver barcos estreitos encostados nas margens. Olhando para as imagens de satélite e brincando com o Street View, outras memórias vêm à tona. Se elas são reais ou não, não posso garantir.

Na minha lembrança, o apartamento dela fazia parte de uma fileira de casas geminadas de tijolos de estilo georgiano. A julgar pela qualidade dos veículos estacionados por ali, a região parece agora ter se tornado uma área nobre da cidade. O limo dos tijolos contrasta com os detalhes pintados em branco, que brilham ao luar. Kathy disse que um escritor famoso, Douglas Adams, vivia no mesmo bloco, ainda que tivesse dinheiro suficiente para comprar todo o pavilhão de casas. As luzes dele estavam acesas. Através da janela, pude dar uma espiada em suas estantes de livro em madeira branca.

Na minha memória, Kathy morava em um apartamento subterrâneo, mas não sei dizer se essa é de fato uma memória da arquitetura ou da atmosfera daquele momento. Kathy vasculhava a cozinha em busca de vinho, de taças, e de um abridor de garrafas. Enquanto isso, eu olhava a estante de livros. Ao que parecia, todos os seus livros estavam ali, bem organizados e em ordem alfabética, em fileiras duplas, exatamente como eles costumavam estar em São Francisco. Me distraí um pouco olhando para aqueles tesouros que eu gostaria de ler, assim como fazia quando me hospedei na casa dela naquele curto espaço de tempo. A cada vez que ela saía para ir à academia, costumava fuçar seus livros, surrupiando algumas frases que anotava no meu caderno. Tinha sempre o cuidado de devolver cada título ao seu devido lugar.

A sua biblioteca terminou sendo doada à Universidade de Colônia.[56] Daniel Schulz, que cuidadosamente catalogou todos os seus itens, me mostrou como usar o catálogo disponível no computador, e depois me deixou a sós com o material. Copiei as anotações que Kathy tinha deixado em seus livros. Na parte de trás de uma das suas duas cópias de *As cidades invisíveis*, de Italo Calvino, descobri que ela tinha escrito isso aqui: "Toda vez que você sonha que eu estou te fodendo, você está construindo ~~uma ci~~ a cidade".

Sentad/o/a/s à mesa, bebemos vinho. Ainda que Kathy preferisse tinto, ela abriu uma garrafa de branco, já que ela lembrava que eu gostava desse tipo de vinho. Tive um pressentimento instintivo de que nunca nos veríamos de novo. Talvez a performance tivesse nos colocado naquele estado, ao colocar em cena tanto a vida quanto a morte do artista. Ela foi além do ponto no qual a maior parte das coisas termina. Me peguei pensando sobre a minha vida póstuma, ainda que, até onde sabia, minha saúde estivesse bem. Mas Kathy não estava bem. Naquela noite, ao menos, ela parecia aceitar que a morte poderia estar bem por perto.

A única coisa sobre a qual me lembro que conversamos era sobre se os seus escritos continuariam ou não a importar quando ela já não estivesse aqui. Imaginei os livros dela se encaixando na sequência alfabética na qual os livros da sua estante estavam enfileirados. Logo no começo – já que não haveria muitos nomes antes de *Acker*. Na biblioteca dela, seu nome viria depois de *Abe*, *Abish* e *Achebe*.

---

56. Ver https://anglistik1.phil-fak.uni-koeln.de/abteilungen-lehrende/literaturwissenschaft/juniorprofessur-amerikanistik-prof-rauscher/research/visit-the-kathy-acker-reading-room. [N.T.]

Comentei com ela que a maior parte dos seus livros haviam sido publicados e continuavam em circulação, o que era em si mesmo um bom sinal. Improvisei uma espécie de análise crítico-literária sobre a história da escrita *avant-garde*, que se desenrolava numa série de experimentos flutuantes, porém cumulativos, que rodavam, afloravam, borbulhavam, e falei sobre o modo como ela era capaz de incorporar experimentos passados em seu trajeto para criar novas ondulações. Não sei quão convincente consegui ser. Disse para Kathy que ela seria lembrada, mas a questão crucial não era tanto se ela seria lembrada ou esquecida, mas, afinal: lembrada por quem?

Eu não contava com o fato de que a entrevista que Kathy fez com as Spice Girls continuaria circulando permanentemente na internet,[57] embora me pareça, de modo geral, que eu estava certa, e que a resposta que dei, ainda que sofrível, tenha sido uma resposta sincera. Sua obra continua encontrando um público leitor consistente; e ainda que não se trate de um público atraído unicamente pela persona midiática de Kathy, tampouco se trata de um público do meio literário mais estabelecido. Ela é apreciada por uma outra forma de leitura e escrita, que talvez não se pareça de fato com a sua própria leitura e escrita, mas cuja existência só pôde se tornar possível graças à existência da escrita de Acker. Ela nos ajuda a encontrar nosso próprio espaço.

Leslie Dick: "Me lembro de estar sentada com ela no sofá em uma festa e de olhar para o rosto dela, com aquela maquiagem carregada, recortado por aquele cabelo punk fantástico, loiro platinado com marcas marrom-escuras de queimado, como se tivesse sido tingido com a ajuda de um ferro incandescente, e reconhecendo nesse espetáculo uma máscara por detrás da qual,

---

57. Ver https://www.theguardian.com/music/2018/feb/26/when-kathy-acker-met-the-spice-girls. [N.T.]

ou talvez escondida do lado de dentro, ela nos espiava, com a estranheza de uma garotinha. As leituras de Kathy Acker, a forma como ela se apresentava através das suas roupas, dos seus cabelos, da sua pele exposta, das suas tatuagens, etc., da sua imagem presente na capa dos seus livros, tudo isso funcionava explicitamente como uma estratégia para apresentar o próprio corpo como um obstáculo, uma ameaça e uma promessa que fazia a mediação entre o leitor e o seu texto."[58]

Kathy e eu nos abraçamos uma última vez na soleira do seu apartamento. Perambulei noite afora. Estava tarde demais para pegar o metrô que me levaria de volta ao meu hotel, então fui andando por ali, um tanto ansiosa por não saber exatamente onde eu estava, na expectativa de encontrar um táxi, de conseguir pedir um carro pelo telefone, ou descobrir um ônibus noturno em algum lugar. Agora me lembro de que foi nesse momento que encontrei o canal onde flutuavam esses barcos estreitos, que se chocavam contra as águas agitadas. Os barcos e a Kathy, assim como os lugares que cada um/a ocupava, jazem entrelaçados na minha memória.

NOVA YORK, 2000

Três anos depois, emigrei para Nova York. Três anos depois disso, recebi um e-mail de Matias Viegener, que entre outras coisas é o executor do patrimônio de Kathy Acker. Ele estava vindo para Nova York, e propôs um encontro. Sugeri o café no Chelsea que Sandra Bernhard frequentava. Tanto Acker quanto Bernhard certa vez escreveram: "Sem você, não sou nada."

58. Leslie Dick, "Seventeen Paragraphs on Kathy Acker" in: Amy Scholdar, Carla Harryman e Avital Ronell (orgs.), *Lust for Life: On the Writings of Kathy Acker*, op.cit., p. 112.

Matias me perguntou o que eu achava de publicar minha troca de
e-mails com Kathy. Disse que precisava pensar. Embora soubesse
que seria doloroso reler essas mensagens, sabia também que ainda
tinha o arquivo digital, que eu havia transferido, ano após ano,
de um computador para outro.

Quando estive com Kathy em São Francisco, ela estava reunindo uma
caixa com seus escritos para a Duke University, que se dispôs
a arquivá-los. Contou que tinha acabado de receber uma carta
do arquivista. Essa carta incluía um objeto que o arquivista
estava devolvendo a ela, dizendo apenas que aquilo era algo
que provavelmente ela não gostaria que fosse incluído em seus
documentos. O objeto em questão era um ácido. Embora Kathy não
usasse drogas com muita frequência, escondia vários tipos de
drogas em seu apartamento. E foi assim que esse ácido quase
encontrou espaço no seu arquivo.

Pensei naquele livro do Umberto Eco, *O nome da rosa*, no qual
o arquivista cego Jorge guarda o livro mais banido e proibido
naquele monastério em um quarto oculto.[59] No romance, tal livro é o
segundo volume da *Poética,* de Aristóteles, a respeito do riso, mas
me parece que deveria ter sido um livro de Lucrécio, cuja guinada
na forma de conceber os primórdios da matéria faz de seus escritos
os mais perigosos de toda a Antiguidade. Para proteger o livro
de olhos bisbilhoteiros, Jorge derramou veneno nos cantos de suas
páginas. Qualquer monge curioso que tentasse lê-lo, ao molhar seu
dedo com a língua antes de virar as páginas, de novo e de novo,
acabaria morrendo precisamente por conta desse ato de leitura.

Podia imaginar pedaços de ácido enterrados entre os papéis de
Kathy, e algum/a pesquisador/a curios/o/a entrando em contato com

59. Umberto Eco, *The name of the Rose.* São Diego: Harcout Brace, 1983.
Essa era a edição que Kathy guardava na sua biblioteca.

eles, tocando-os, quem sabe levando seus dedos até os lábios, beijando os próprios dedos. Dessa vez o ato de ler não levaria à morte, mas faria com que o/a leitor/a sentisse as formas se dissolvendo no decorrer da leitura, até que qualquer conteúdo ligado ao eu explodisse, até que as palavras se misturassem, se deformassem, se torcessem, se enrolassem, se partissem, se rompessem, se fundissem, se dobrassem, se encolhessem, até se tornarem borradas, se dissipando em ondas. Seja como for, o que é que realmente pertence a esse arquivo? Um monte de coisas esquisitas encontrou seu lugar ali. Ao que parece, um dos itens encontrados na biblioteca pessoal de Kathy foi seu batom.[60]

Eu queria fazer parte do arquivo de Kathy. Não queria ser esquecida. Achei que ela iria me esquecer, e ela esqueceu mesmo. Para além dos e-mails que trocamos, não deixei rastros no arquivo dela. Quase nenhum rastro, para ser mais precisa. Lá estava eu, sentada na sala de leitura da biblioteca Rubenstein na Duke University, virando as páginas das anotações que ela tinha feito para suas aulas sobre William Burroughs. Ali, no verso de uma das páginas, estava meu velho número de telefone de Sydney, na caligrafia dela. Saí da biblioteca chorando.

Escritor/e/a/s têm o dom de escolher os próprios pais. É um dom que tod/o/a/s o/a/s artistas compartilham. Quer você esteja ou não na lista de aprovad/o/a/s para fazer parte da família, você consegue pelo menos se fazer presente na sala de observação do trabalho del/e/a/s, e adormecer ali.

Crítico/a/s que escrevem sobre o/a/s escritor/e/a/s que admiram, amam, valorizam, estimam, com quem treparam ou com quem gostariam de ter trepado – quase sempre gostariam de penetrá-l/o/a/s.

60. Julian Brimmers, "Kathy Acker's Library", *Paris Review* 225, verão de 2018.

A crítica se coloca sobre uma camada de texto carnudo – se posicionando no topo, acima do texto. Você pode visualizar a cena como uma foto tirada de cima: o/a crític/o/a está de costas para você, com o rosto voltado para o/a escritor/a, enquanto o/a escritor/a dirige o olhar para você por sobre os ombros d/o/a crític/o/a, com um olhar frio que não significa absolutamente nada. Eu queria encontrar uma forma mais maleável de escrever sobre Kathy, mas – agora que já nos tornamos íntim/o/a/s, posso ser sincera – a teoria crítica que apresento aqui é uma teoria passiva. É uma escrita que segue os rastros do desejo de ser render, de ser aquela que é transformada em outra.

Steven Shaviro: "Meu amor por você é um desencontro, uma oportunidade perdida. Os eventos que me movem, que me afetam, que fazem com que eu continue em relação com você, são precisamente aqueles que eu não consigo agarrar. Não posso me agarrar à tua vida, ou ao teu amor; posso apenas reter a tua passagem, que toma a forma de uma cicatriz. Nunca fui capaz de possuir a suavidade do teu toque, nem o modo abrupto com que você me penetrava. A memória é a única coisa que permanece. Cada linha, cada cicatriz, torna concreta a tua ausência. São, afinal, as reminiscências que nos fazem sofrer, e cada reminiscência é uma ferida. Você se infiltrou no meu corpo com uma beleza intoxicada."[61]

Ah, encontrei o anel de mosca. Foi depois daquela manhã horrível em que eu acordei e o anel tinha desaparecido. Lá estava ele, na cama. Devo ter tirado o anel do dedo enquanto dormia, durante esse sonho em que retornei ao lugar que os mortos criam para nós, os vivos, durante esse sonho de que não me lembro. Quase nunca me lembro dos meus sonhos. Resta apenas o pavor que eles deixam em seu lugar, essa ausência marcada em nossa memória. Além disso,

---

61. Steven Shaviro, "Kathy Acker" in: *Doom Patrols*. Nova York: Serpent's Tail, 1997, pp. 83-84.

meus outros sonhos, para além desse sonho recorrente, costumam ser monstruosos.

Linda Stupart: "Ela está de volta. Ela está em pedaços. Ela agarra os ombros de McKenzie Wark e ele se debate contra ela, numa agitação descontrolada. Pela primeira vez, vemos o rosto de Kathy... Ela é uma coisa morta... a carne do rosto dela está apodrecendo e escorrendo... Ela é um ser macabro que encara McKenzie Wark... Kathy está golpeando de forma descontrolada todas as partes do corpo de McKenzie Wark. McKenzie Wark urra furiosamente. Os dois corpos produzem sons animalescos. Uma tomada mais de perto revela que Mckenzie Wark está deitado no chão, enquanto Kathy está arqueada sobre a sua silhueta. Kathy Acker está fazendo alguma coisa com seu corpo inerte, rasgando-o ainda... seus dentes mordendo sua carne masculina os cabelos dele caindo sobre os ombros dela seu crânio careca aberto num sorriso desejante."[62]

Não me lembro de quase nada; a internet se lembra de quase tudo. Esse quase é tudo o que resta.

62. Linda Stupart, *Virus*. Londres: Arcadia Missa, 2016, p. 110.

PARTE II

UMA FILOSOFIA PARA ARANHAS

*Essa combinação do seu eu e eu-não-sei-mais-quem é
uma obra de arte feita por nós duas,
uma obra sem título.*

Kathy Acker (*My Mother: Demonology*, p. 23)

1. No original, "As *producers(s)w(s)m(s)angother*..."[*.*]

FILOSOFIA NULA

ARANHAS

A deusa Atena tinha talento para tecer. Aracne, que era mortal, era uma tecelã também, e sua habilidade para tecer era tão boa quanto ou até melhor do que a da deusa. Ou talvez a mera tentativa de reproduzir qualquer técnica criada pela deusa já representasse em si um insulto aos deuses. Seja como for, Atena não ficou nada satisfeita, e transformou Aracne em uma aranha.

Talvez o problema não fosse, afinal, decidir quem tecia melhor, nem a mera tentativa de tecer representasse um insulto a uma deusa. Talvez tecer seja o mais antigo método de reprodução mecânica. Talvez o tecer, supostamente uma habilidade, ou *sophia*, própria das mulheres, tenha sido a primeira ação que mostrou os estragos que a reprodução mecânica era capaz de fazer. Acker: "Podemos generalizar dizendo: a técnica de reprodução mecânica faz com que o objeto reproduzido se desconecte do âmbito da tradição. O que quer dizer que, por exemplo: um livro já não tem mais nada a ver com a história da literatura... A obra de arte deixa de ser o único objeto que permanece autêntico." (*LM*, p. 251)

Atena, que zela por manter a tradição, faz com que Aracne, a tecelã, seja banida do mundo dos homens e das mulheres comuns. Porque: "A arte que pode ser reproduzida estilhaça e arruína." (*LM*, p. 252) Talvez ser aranha seja melhor do que ser humana, afinal, especialmente quando se trata das fêmeas. Tomemos por exemplo a tarântula negra: é uma predadora solitária e venenosa. Um ser de oito olhos, que sibila. As fêmeas decoram seus lares com seda. Os machos vão à sua procura, dançam para elas. São fodidos, ou não, pelas fêmeas, e depois devorados por elas. Por algum tempo, Acker assinou seus textos como "A tarântula negra". "Gostava de tarântulas naquela época, e provavelmente continuo gostando delas agora... São seres bem sensuais..." (*LI*, p. 70)

Uma aranha rodeada de cercas: Acker era e não era a Tarântula Negra. Suas teias de palavras, assim como suas teias de eus diversos, se entreteciam respectivamente. "Faz parte da síndrome de tarântula negra. Uma das maneiras de tornar teu trabalho legítimo é trabalhar partindo de você mesm/o/a. Se você não é esse eu, mas esse eu se torna você, então você precisa, de alguma forma, apresentá-lo como uma espécie de performance." (*LI*, p. 114) Os textos de Acker compõem uma teoria do eu que, ao mesmo tempo que se mantém independente de qualquer eu em particular, tampouco é uma teoria que apresenta um eu universal. Trata-se de uma teoria de eus, no plural. Talvez, mais ainda, se trate de uma prática de *outrar-se*,[63] que permite que os eus sejam reproduzidos, entrelaçados por dentro e por fora, em situações diversas. "Quem quer que eu seja, não posso ser conhecida." (*ES*, p. 47)

FILOSOFIA

Sophia talvez já tenha sido uma palavra possível para se referir à habilidade de tecer de Atena. Isso, antes que Platão e sua trupe de aristocaras[64] concebesse a filosofia como uma Teoria Elevada em que *sophia* já não significava capacidade, habilidade ou práxis (prática de tecer, ou de outrar-se, por exemplo) mas se referia a uma forma mais contemplativa de sabedoria. Eles se tornariam amantes – *philos* – não tanto de garotos bonitos, como era de costume, mas de *sophia*, sabedoria. Quanto mais refinado, mais puro seria

63. No original, "*a practice of* selving". [N.T.]
64. No original, "*Plato and his band of aristo boys*". [N.T.]

esse amor. Não era preciso efetuar nenhuma transação financeira para manter esse privilégio.

Kathy Acker escrevia filosofia, de alguma forma. Embora seus livros sejam vendidos como romances, talvez seus escritos não se adequem exatamente, ou inteiramente, a essa categoria. "[Meus livros] são grandes volumes de prosa. Mas será que são romances? Talvez estejam mais para agrupamentos de contos. Alguns deles não são nem mesmo isso... são de alguma forma tratados filosóficos." (*LI*, p. 218) Para essa Acker, "de vez em quando, parte do trabalho que eu faço é teoria". (*RC*, p. 54) Essa Acker costuma acrescentar a seus livros, quaisquer que sejam, "um pouco de teoria". (*LI*, p. 218)

Essa teoria não faz o tipo da alta teoria da linhagem de papai Platão. Acker está mais para uma filósofa da baixa teoria, que tece uma filosofia para aranhas, "basicamente uma tarântula de ideias em justaposição a uma tarântula de fantasia que emerge em seguida." (23.18) Não se trata de uma filosofia escrita para homens livres. Trata-se muito mais de uma filosofia para o/a/s brut/o/a/s: mulheres, escravos e feras. Uma filosofia cuja habilidade é trançar palavras umas às outras para tecer sua própria forma de amor carnal. "O logos precisa se dar conta de que é parte integrante do corpo, e que esse corpo tem limites." (*BW*, p. 90)

É uma filosofia que não tem pais (e nem mesmo mães), portanto seus Nomes Próprios não precisam ser mencionados. Essa filosofia para aranhas não é uma filosofia na qual um discurso cavalheiresco se debruça sobre a natureza do belo, do bom e do verdadeiro. É uma filosofia para aquel/e/a/s que não possuem nome e precisam gastar seu tempo para trabalhar em troca de dinheiro. Uma filosofia cuj/o/a/s criador/e/a/s não podem se levantar de seus lugares para anunciá-la, porque seu lugar era de joelhos, de boca cheia, fazendo boquete. Uma teoria em que más garotas e garotos punks, que em outras ocasiões mostravam-se até bem-comportad/o/a/s, saíam do campus da academia para fazer experimentos abjetos, buscando descobrir o quanto de sentido e de *nonsense* poderiam fazer emergir a partir das mais diversas situações. "Recrutad/o/a/s por conta das nossas boas intenções, V e eu acabamos, afinal, aprendendo uma filosofia bruta: a ignorância de todos os fatos e conceitos racionais; uma luta furiosa pelo prazer físico pessoal; e que todo o mundo intelectual ocidental vá para o inferno." (*IM*, p. 71)

É vulgar, mas tem sua pegada. Talvez *sophia*, aqui, seja essa habilidade para tecer linguagem, mas não se trata da habilidade dos sofistas, esses mercadores dos traquejos linguísticos. Ainda assim, tampouco é feita exatamente à maneira dos filósofos, esses admiradores (e lambe-botas) da razão. Com Acker, vamos encontrar uma forma bem contemporânea de amor. Ela insiste em nos lembrar de que ela, afinal, não entende a linguagem, de modo algum. Ou talvez seja a linguagem que se mostre incapaz de compreendê-la. "Essa é a única forma que eu tenho de escrever. Mal." (*NW*, p. 2)

OUTRAR-SE

"A gente precisa das leis, das leis da escrita, para que a gente possa odiá-las." (*NW*, p. 2) Essa é uma filosofia sem pais, que não se submete às suas leis. Que não diz a mando de quem está aqui, nem de onde ela vem. Uma filosofia sem autor e sem origem, uma filosofia que não provém de lugar algum. Como, então, ela pode afirmar o que quer que seja sobre aquilo que é? Como poderia Acker escrever ou dizer de que se trata essa teoria? Será que isso não a colocaria no lugar de algum outro Nome Próprio, como aquilo que mantém os escritos ancorados em um espaço e tempo determinados, conectados a um/a autor/a que se mantém firme contra o fluxo de toda essa filosofia? Talvez assim fosse, se a cada vez que Acker aparecesse como autora de uma determinada afirmação estivéssemos diante da mesma Acker. Acontece que não é assim. "Minha identidade num momento qualquer depende da (minha) falta de estabilidade." (*PE*, p. 118) Quando um eu se põe a falar em qualquer texto-Acker, não se trata de um eu que se identifica consigo mesmo, que está de posse de suas próprias propriedades e as reconhece. Trata-se de um eu que pode estar falando a partir de qualquer lugar. Esse eu que fala não provém de lugar algum, não pertence a qualquer linhagem, não possui patrimônio: "O acaso é com certeza o maior dos bastardos que existe por aí." (*MM*, p. 229)

As Ackers só existem no plural. Existe uma teia-Acker, ou um campo-Acker, ou um texto-Acker, cujas Ackers se diferenciam de um modo que não é inteiramente aleatório, uma vez que elas diferem umas das outras. Elas diferem uma das outras assim como outras coisas ou acontecimentos mundo afora diferem uns dos outros. Essa não será uma filosofia da subjetividade e de seus projetos mesquinhos, mas de eus que se desdobram como coisas que se manifestam de modo selvagem mundo afora. "Estou tentando me transformar em outras pessoas porque é isso o que me parece interessante... Estou tentando me livrar de qualquer forma de autoexpressão, mas não de uma vida pessoal. Odeio a criatividade." (*PE*, p. 86)

Existem aranhas solitárias e aranhas sociais, que tecem suas teias em comunidade, que expelem linhas pegajosas para além de si mesmas, permitindo que se cruzem e se entrelacem. Não é a autoridade de um eu solitário que autoriza o texto-Acker. Talvez exista alguma forma de autorização em negativo que funda o campo-Acker sob seu céu vazio: "Nenhuma religião me dá estabilidade ou certeza." (*MM*, p. 13) Mas não há muito por onde continuar, partindo daí. Nenhuma filosofia coerente pode ser interpretada a partir desses textos e atribuída a uma Kathy Acker idêntica a si mesma que se afirma enquanto tal. Ou mesmo a uma Kathy Acker que evolui e cresce à medida que o tempo passa.

Então o que é que pode validar a nossa presunção de falar aqui de uma filosofia dessa teia-Acker? Bom, para começar, o texto-Acker está cravejado de questões filosóficas. Ofereço aqui apenas uma amostra: "Qual pode ser a importância da escrita?" (*EU*, p. 23) "Quem sou eu? O que é um corpo humano?" (*ES*, p. 46) "Será que a realidade é sempre essa desconhecida?" (*ES*, p. 32) "Será que eu já experienciei alguma coisa de que seja incapaz de me lembrar?" (*EU*, p. 17) "E se a linguagem não precisasse ser mimética?" (*BW*, p. 116) "Qual é a cara do meu desejo?" (*BW*, p. 63) "Alguém já esbarrou com um gênero em algum lugar?" (*BW*, p. 166) "Como a felicidade pode ser possível nessa sociedade?" (*BW*, p. 11) "Como posso ser livre se estou sem grana?" (*IM*, p. 24) "O que é ser um/a artista?" (*DDH*) "O que é que me importa?" (*LM*, p. 218) "Será que o horror se origina na Natureza?" (*MM*, p. 108) "O que é um ensaio numa situação como essa?" (*BW*, p. X) "Por que escrever em tempos como esses? Cá estou eu escrevendo essa pergunta." (*BW*, VIII)

Seus escritos formam um *continuum*, uma teia, um campo, uma textura feita de diferenças interconectadas espalhadas em uma superfície sacudida pelo vento sobre a qual inúmeras Ackers dançam e rodopiam à medida que enunciam essas perguntas. "Sem um ponto de vista preciso, sem uma perspectiva centralizada, ela estava livre para descobrir os textos que usava e que trabalhavam sobre ela." (*DDH*) Algo como uma fenomenologia sem sujeito, quem sabe feita de múltiplos momentos voláteis nos quais subjetividades irrompem e chegam à superfície. E ainda assim, o texto possui uma certa consistência, um novelo de palavras que o tempo desenrola. "Minha escrita é tudo o que me resta. Essa é a única estabilidade que eu conheço, a única que já conheci." (*PE*, p. 40)

MARAVILHA

"Quero viver num estado constante de maravilhamento."
(*BW*, p. 159) Essa filosofia para aranhas corrói todos os poderes da
certeza e da ordem, arremessando-os ao vento. "A glória luzindo
na minha mente não tinha forma." (*ES*, p. 66) A consciência, o
mundo, tudo parece estar em estado de fluxo, de desordem. "Parece
que tudo o que me acontece, acontece por acaso." (*HL*, p. 105)
Até mesmo a distinção entre os eus e os mundos oscila. "Não faço
a menor ideia de quais são as coisas que vêm de fora e
quais são as que vêm de dentro." (*PE*, p. 60) E: "Somos particularidades... Há mais e mais mundo, uma proliferação de
fenômenos... Como você pode estar à parte do mundo? Quem
é que faz essa troca?" (*LM*, p. 277)

É algo que começa, mais do que termina, com: "Não sabemos de
nada." (*DQ*, p. 112) Muito embora nem mesmo isso seja certo. Até
mesmo o ceticismo metodológico parece ordenado demais e, portanto,
questionável. "Eu sei que não posso saber de nada, mas não
sei o que vem a ser esse saber." (*MM*, p. 58) E: "Como posso
saber qualquer coisa? O que é que a linguagem significa?
Vou precisar confiar em nada. Eu sei que confio demais
em nada. Faria qualquer coisa por nada." (*LM*, p. 196) Não
se pode confiar na experiência: "Posso descrever (conhecer)
o que quer que seja de modo confiável? Não." (*LM*, p. 320) A
sequência temporal não revela nenhuma ordem: "Não compreendo o
que qualquer acontecimento signifique." (*LM*, p. 224) A razão
tampouco é confiável, já que "a realidade é o suficiente para
te deixar louc/o/a". (*ES*, p. 86)

Será que existe alguma filosofia possível que não seja, paradoxalmente, ingênua? Será que pode existir um pensamento que sabe
a respeito daquelas coisas sobre as quais a alta teoria prefira
não saber tanto assim? (Para os iniciantes: as experiências de

eus que são desqualificados, como aqueles que pertencem a uma mulher, um escravo, ou uma fera). Uma teoria que começa por reconhecer seu não saber, e a partir daí descobre aquilo que pode ser dito, por exemplo, como uma mulher, sem, contudo, pretender saber grande coisa nem mesmo a esse respeito, sem pretender que "ser mulher" signifique alguma coisa muito coerente. Para isso era preciso encontrar as palavras. "Achei que, se eu pudesse simplesmente chamar as coisas pelos nomes apropriados, poderia me ver livre do mal e escapar das feridas. Sabia que, para fazer isso, eu precisava ser ingênua." (*IM*, p. 133) Uma filosofia punk: tome aqui três conceitos – forme agora sua visão de mundo.

Um tal conhecimento do mundo, se fosse possível, destruiria aquel/a/e que conhece. "E 'ela recebeu os nomes reais das coisas', o que quer dizer que ela realmente percebia, via o real." (*GE*, p. 63) Talvez o real seja algo que o conhecimento não consiga suportar. "Não existe nenhuma maneira de se preparar para o horror. A linguagem, como qualquer outra coisa, não estabelece relações com coisa alguma." (*GE*, p. 34)

Não que isso aconteça porque o real corresponda a alguma espécie de horror que aniquila todos os eus com os quais entra em contato. Os fenômenos não precisam ter presas. A possibilidade de que o real tenha qualidades, que se transforme, que não seja o mesmo de modo autoevidente, é o suficiente para desestabilizar qualquer um que pretenda conhecê-lo. Isso pode ser um mero convite à curiosidade. "Como posso saber se eu mudei, como posso saber o que é a mudança, se a cada momento eu continuar a ser exatamente aquilo que sou?" (*ES*, p. 56) Não apenas o eu e o mundo estão em estado de fluxo: a relação entre ambos está em fluxo também. Nada disso pode ser subsumido sob conceitos estáveis, nem mesmo os conceitos de fluxo ou de mudança. Trata-se de passos diferentes dados por eus diferentes em rios diferentes. Que maravilha!

ESCRITA

"Escrever é fazer algo diferente de se anunciar como um indivíduo isolado." (*BW*, p. 104) Afinal, a linguagem também está em estado de fluxo, exceto, talvez, quando toma a forma de escrita. A única coisa dotada de qualquer tipo de estabilidade é a escrita. "O que é a escrita? Escrita é isso." (*LM*, p. 303) E ainda assim, a escrita não é algo de particularmente especial. É simplesmente uma coisa (um evento) no mundo, que difere de outras coisas (eventos) no mundo assim como outras coisas (eventos) mundo afora diferem umas das outras.

Como pode uma coisa qualquer saber qualquer coisa a respeito de si mesma sem que algo diferente dela esteja ali e seja aquilo que ela não é? Se a linguagem tivesse uma origem ou destino especial, ela deveria apresentar uma diferença especial em relação àquilo que ela não é. Mas não é esse o caso. Essa Acker diz: "Quão disponíveis estão os (significados) específicos de tudo aquilo que está dado? A linguagem está dada assim como todas as outras coisas que já estão dadas." (*LM*, p. 201)

A escrita não estabelece uma relação especial com o mundo, tampouco estabelece uma relação especial com o eu. "Se eu entender a linguagem dessa maneira: se eu achar que, ao dizer alguma coisa, ajo a partir de alguma intenção, então o que quer que eu diga significa sempre algumas outras coisas, porque um acontecimento só pode ser equivalente a si mesmo…" (*LM*, p. 219) E: "Seres humanos dizem uma coisa querendo dizer outra. É isso o que eles querem dizer quando falam de linguagem." (*LM*, p. 239) Os escritos não dizem nada em especial sobre o/a s/eu/ua autor/a. "Não sei o que escrevo, portanto você não vai conseguir me pegar." (*LM*, p. 232) "O que estou fazendo é simples: lidar com o texto como se texto e mundo fossem a mesma coisa." (*HL*, p. 13)

A linguagem não passa de uma coisa entre muitas outras. Não se trata de algo especial. Ela não exerce nenhum propósito divino. A linguagem não é o espaço onde as outras coisas (eventos) podem ser conhecidas ou redimidas. "Se a escrita é nada: ela não apresenta uma história, não apresenta uma expressão do real, já que ela não é nem mesmo isso (tempo que passa); ela é, está, de volta aos começos." (*LM*, p. 298) A escrita é simplesmente: eventos no mundo, que se diferenciam uns dos outros apenas pelo seu ritmo. "Decidi usar a linguagem estupidamente." (*DDH*)

Essa linguagem é linguagem, apenas. Ela não atua como um meio em direção a um fim, não atua em nome de uma ideia, do logos, da razão ou do mundo. Ela nem sequer pode ser de fato conhecida. Pode apenas ser escrita. A *sophia* da escrita é o ato de escrever. Ato em que Acker já não depositava nenhuma fé. "Seja como for, a linguagem já não significa nada." (*GE* p. 29) Se você escrever diferente, você talvez descubra outras maneiras pelas quais a linguagem pode funcionar. A linguagem se torna conhecida através da escrita, através de experimento e prática. E isso é tudo.

A quem pertence essa linguagem? Essa é a linguagem dos homens. São eles que dizem o que a linguagem é ou não é. O que ela faz ou deixa de fazer. O que ela deve ou não deve fazer. Ou ao menos é isso que eles pensam. "A voz do escritor era esse processo, a maneira pela qual ele tinha forçado a linguagem a obedecer a ele, a se dobrar à sua vontade... Todos esses poetas machos querendo assumir a posição de poeta ativo, se tornando ditadores desse mundo escrito já que não podem ser ditadores no reino da política." (*DDH*) Como tantos filósofos-ativos, também.

A escrita é apenas mais uma outra coisa presente no mundo, não é a linguagem da sua essência. Ela não tem superpoderes. Ainda que talvez possua alguns poderes modestos. Essa Acker: "A escrita, a narrativa, não elimina o sofrimento: a escrita não é mestra de nada. O que a narrativa ou a escrita fazem é outra coisa. Ela restaura o sentido de um mundo que a dureza e o sofrimento revelaram como sendo caótico e absurdo." (BW, p. 100) É isso o que a escrita pode fazer por aquel/e/a/s que são feras, escrav/o/a/s ou mulheres.

Se uma mulher for se tornar uma filósofa, isso quer dizer que talvez ela tenha que fazer alguma outra coisa ou ser alguma outra coisa. Os homens fizeram do próprio conhecimento uma mulher: sophia, espírito da trindade. O pai, o filho, e o espírito feminino. Já ali ela estava em menor número. "Por 2000 anos vocês têm tido a cara de pau de dizer às mulheres quem nós somos. Usamos as suas palavras; comemos a sua comida. Todas as nossas formas de conseguir dinheiro são crimes. Cometemos plágio, somos mentirosas e criminosas." (BG, p. 132) Assim como as coisas que podem ser replicadas de modo mecânico, a linguagem das fêmeas não se origina em lugar algum. "Sou uma grande pergunta que só pode ser formulada por meio de outros textos: mal tenho uma linguagem que seja minha." (SW, p. 50)

Sem origem, sem linhagem, sem uma subjetividade autorizada a falar pela lei, sem patrimônio, como ela vai fazer para pensar, para escrever? "Já que queria ser escritora, tentou de tudo para encontrar sua própria voz. Não conseguiu. Ainda assim, amava escrever. Amava brincar com a linguagem. A linguagem era material, como barro, como tinta." (DDH)

Textos sem certeza, cartas sem selo de verificação, muita coisa copiada, e nem sequer copiada com precisão. Uma teoria na qual objeto e sujeito não passam de pulsões vagas, acontecimentos aleatórios, já que nem mesmo a relação entre ambos tem uma qualidade definida, seja essa uma relação dialética ou uma relação de diferença. Aí estão os meios para uma filosofia nula, um nada.

Outra Acker: "Uma linguagem que eu falo mas jamais domino, uma linguagem que se esforça, falha e cala não pode ser manipulada, a linguagem está sempre para além de mim, de mim, de mim. Linguagem é silêncio. Houve um tempo em que não havia verdade; agora já não posso falar." *(GE*, p. 96)

Mais do que uma diferença fundamental, a separação entre o eu e o mundo aparece como um efeito secundário da sensação. "Sensações, apenas. Tudo o que a imaginação rapta como beleza deve ser verdade – quer exista materialmente, quer não." *(GE*, p. 68) Outra Acker, escrevendo a partir de outro lugar do campo-Acker, colocará esse verbo "deve" consideravelmente em dúvida. O que quer que uma Acker afirme, outra irá questionar. Mas os sonhos seguem aparecendo como trabalho da imaginação. E, ainda assim, a imaginação, quando se submete à consciência, se depara com o mesmo limite encontrado pela sensação quando esta se submete à consciência – a imposição de uma linha coerente que controla seu fluxo. "Tudo deve ser sacrificado a esse momento: enxergar aquilo que está escondido. Ou então as pessoas deixam de existir. Nesse caso, que importância teria a escrita?" *(EU*, p. 23)

Quando um eu fala por si mesm/o/a, torna-se outra coisa que si mesm/o/a. Esses outros-eus podem ser escritos. Diversos eus podem entrar e sair do campo-Acker. Eles aparecem de três maneiras. Como os escritos em si mesmos, como uma *primeira filosofia*, enquanto aparências, emoções, funções corporais. Como encontros com um/a a/o-outr/o/a,[65] encontros com pais e mães e estupradores, mas também com amantes e sádic/o/a/s: uma *segunda filosofia*, uma filosofia de/para dois[66]. E por fim também como uma *terceira filosofia*, para além de eus, de outros, se desdobrando em mundos: da cidade, da política, da cultura, do trabalho, do fazer-arte, do capitalismo e do pós-capitalismo.

65. No original *"As encounters with an-other"*. [N.T.]
66. No original, *"a philosophy of two-ness."* [N.T.]

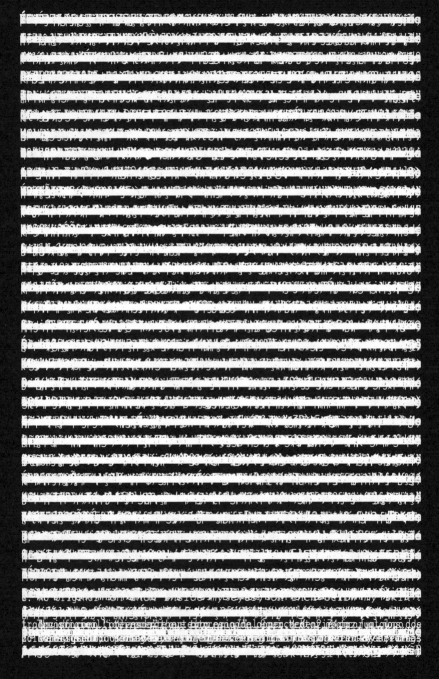

PRIMEIRA FILOSOFIA

EXTERIORIDADE

"Quem sou eu? O que é o corpo humano?" *(ES*, p. 46) "A percepção se tornou um problema filosófico." *(ES*, p. 27) Mas quem ou o que realiza o ato de percepção, e o que é que está ali para ser percebido? "A realidade é sempre essa desconhecida?" *(ES*, p. 32) "Eu estava totalmente despreparada para a realidade." *(PE*, p. 87) E: "Estou tentando entender o que a realidade é." *(PE*, p. 25) E então: "Se a realidade não é a imagem que faço dela, estou perdida." *(ES*, p. 29) A maior parte das Ackers quer mesmo saber o que é real. Acontece que elas têm um monte de dúvidas a respeito daquilo que pode ou não pode ser conhecido, dos métodos que podem ser usados para conhecer, e incertezas a respeito de quem ou do quê é aquilo que acha que sabe.

"Os homens costumavam perambular pela Terra tentando perceber fenômenos novos e compreendê-los. Eu era uma andarilha como eles, a única diferença é que perambulava pelo nada. Já houve um tempo em que eu não aguentava mais trabalhar para o/a/s chefes. Agora não aguento mais esse nada." *(ES*, p. 81) Irei voltar mais tarde a essa história d/o/a/s chefes. Essa filosofia nula começa pelo tédio, por essa sensação que sai em busca de caminhos que lhe permitam pensar em algo para além do nada. O que pode se tornar algo difícil: nada pode jamais permanecer igual a si mesmo, quanto mais estabelecer uma relação consistente com alguma outra coisa. "Não acho que 'isso' seja igual a 'aquilo', não é desse jeito que eu penso, esse não é meu estilo. Esse tipo de pensamento, em que 'isso' equivale a ou significa 'aquilo', é um pensamento que toma a identidade como ponto de partida, que se preocupa com fechamentos e significados." *(PA*, p. 89)

Vamos começar por aquilo que parece exterior, não idêntico, não em relação ao eu, mas em relação a alguma coisa que é mais estável, ainda que também se mantenha em fluxo: a escrita. A linguagem não é nada, ou pelo menos nada de especial. A partir do que a linguagem não é, uma das Ackers tenta entender o que não é linguagem: "Existe o movimento, simplesmente, e existem diferentes formas de se mover. Ou: existem formas de se mover por toda a parte ao mesmo tempo e existe o movimento que acontece de forma linear. Se tudo está se movendo, se movendo-por-toda-parte-sem--tempo, qualquer coisa é tudo."[67] (*GE*, p. 58) Existe um mundo em que tudo se move ao mesmo tempo por toda parte, e existe a linguagem, que talvez seja uma das coisas (eventos) que se move de modo linear. A linguagem é mesmo diferente das outras coisas, mas não se trata de uma diferença especial. Trata-se de uma diferença que nos permite marcar a passagem das outras coisas por contraste.

Na teia-Acker, a interioridade talvez não se diferencie de maneira confiável da exterioridade. "Não consigo estabelecer distinções entre memórias de sonhos que tive e ações que realizei quando acordada nem entre aquilo que li e aquilo que me disseram." (*ES*, p. 53) E: "Não consigo compreender o que acontece nesse mundo. Tudo é mudança." (*BW*, p. 22) Talvez não exista um eu que possa se manter idêntico a si mesmo, e se diferenciar do mundo, estabelecendo uma diferença primeira. O eu que fala ou que escreve não possui propriedades. Essa Acker: "Apenas depois de ter me tornado nada pude começar a ver". (*PK*, p. 9) E: "Toda vez que eu paro de pensar, dou um passo para além da existência, piso no nada." (*ES*, p. 61)

67. No original: *"If everything is moving is moving-all-over-the-place-no-time, anything is everything."* [N.T.]

É a linguagem linear, uma dentre as muitas coisas que são dotadas de movimento, a instância responsável pela criação do eu, do sujeito, da primeira pessoa. Podemos dizer então que: "A causa-e-efeito (narrativa) existe apenas na linguagem." (*PE*, p. 135) O eu não é aquel/e/a que percebe, e sim um obstáculo para essa percepção. "A vontade humana cria a causalidade; e é a causalidade que destrói minha capacidade de perceber." (*LM*, p. 328) A alternância entre diferentes maneiras de sentir e perceber a si mesm/o/a pode, afinal, se tornar bastante útil. "Vou dizer outra vez: sem os múltiplos eus, o eu não é nada." (*DQ*, p. 101) Mover-se entre vários eus pode criar um campo feito de muitos eus desdobrados[68], ao invés de uma linha que alinhava uma série de pontos de vista. Estamos diante de campos-Acker, teias-Acker ou textos-Acker, que fazem com que o nome próprio se torne arbitrário.

"Para que tudo isso — todo esse drama, essas tribulações? O que é a minha vida? Um apanhado de fenômenos, e nada mais?" (*DQ*, p. 68) A exterioridade percebida a partir de uma teia que emerge a partir de múltiplos eus desdobrados escapa de qualquer causalidade linear. "Num mundo em que as leis da probabilidade governam a realidade, uma ameaça invisível e silenciosa paira sobre tudo. Agora, todas as nossas ações passam a ser guiadas pelo medo." (*LM*, p. 255) Esse parece ser um bom motivo para se retirar do mundo. "Por que você não me deixa ir? Quero voltar para a não existência, que é liberdade." (*GE*, p. 65)

Enquanto algumas Ackers se retiram do mundo, outras sentem-se impelidas em direção a ele: "Vou atrás de informação, de conhecimento, sou curiosa demais." (*PE*, p. 13) Aqui, mais uma vez,

---

68. No original, *"Moving between various I's might make a field of selvings rather than a line of points of view."* [N.T.]

o medo assume seu papel: "A combinação de curiosidade e medo é a porta para o desconhecido." (*MM*, p. 12) E: "É o medo que torna os humanos inumanos." (*IM*, p. 108) E como veremos, para algumas Ackers o medo é uma emoção que aparece acoplada a outras sensações. "Desperto a cada vez que sinto essa combinação de prazer e medo. Essa combinação que pode ser chamada de CURIOSIDADE." (*HL*, p. 110)

EMOÇÕES

Ainda que as emoções possam ser descritas como sensações, não é exato dizer que sejam sensações subjetivas. Uma vez que excedem a linguagem linear e os desdobramentos do eu que costumam ser criados pela linguagem, as emoções não se referem exatamente a um único eu. "Não sou humana, minhas emoções estão escondidas em algum outro lugar e são para lá de perigosas." (*SW*, p. 30) Emoções, sentimentos, afetos, podem operar como chaves para um certo tipo de compreensão que não é necessariamente individual, ainda que seja subjetiva. "É como se a realidade fosse algo emocional: eu a percebia unicamente por intermédio dos sentimentos." (*EU*, p. 21) Os sentimentos podem se tornar conceitos. Por exemplo: "Ansiedade é tempo dando errado." (*MM*, p. 213)

Uma filosofia das emoções, assim como uma filosofia da sensação ou uma filosofia da linguagem, precisa começar a partir da dúvida, da incerteza, da confusão – a partir daquilo que se desconhece. "Meus membros emocionais estavam estirados para fora, como se estivessem quebrados de modo irreparável." (*GE*, p. 58) E: "Não acho que estou louca. O que acontece é que nenhuma realidade entra na minha cabeça e minhas emoções esvoaçam para tudo quanto é lado." (*GE*, p. 65)

E ainda assim: "Aprendemos verdadeiramente por intermédio dos sentimentos." (*DQ*, p. 159) E: "Meus sentimentos são o meu cérebro." (*DQ*, p. 17) Mais do que explorar a linguagem dos sentimentos com maestria, o texto-Acker em geral faz exatamente o contrário. "Eu sinto eu sinto eu sinto que eu não tenho linguagem, que qualquer emoção é, para mim, uma prisão. Me parece que conversar com humanos, atuar nesse mundo e machucar outros humanos são atos de magia. Me apaixono pelos seres humanos capazes de fazer coisas como essas." (*GE*, p. 24) O eu aparece como um resíduo de acontecimentos específicos que se dão no mundo. Aquilo que se sente emerge como parte desse acontecimento. Os acontecimentos se depositam na memória. A narrativa inventa uma história que faz com que essas emoções despertadas pelos acontecimentos pareçam consistentes, pareçam referir-se de maneira consistente ao mesmo eu, ao mesmo mundo. Nada disso é real.

As emoções podem ser formas de intensidade que rompem com a narrativa e com a memória. Prestar atenção nas emoções é, antes de qualquer coisa, uma forma de questionar a possibilidade de estar nesse mundo. "De onde vêm as emoções? As emoções são necessárias? O que é que as emoções nos dizem a respeito da consciência?" (*GE*, p. 38) E: "Será que eu me importo? Será que me importo com as coisas mais do que reflito sobre elas?[69] Será que amo loucamente? Vá tão fundo quanto puder. Quanto mais você foca, mais a narrativa se rompe, mais a memória desvanece: que o sentido seja mínimo." (*GE*, p. 61)

---

69. Transformei ligeiramente o texto original para tentar abarcar alguns dos múltiplos sentidos do verbo *"care"* em inglês. No original: *"Do I care? Do I care more than I reflect?"* [N.T.]

MEMÓRIA

"Será que eu já tive alguma experiência da qual não consiga me lembrar?" (*EU*, p. 17) E: "Existe alguma forma de conhecimento que esteja para além da lembrança?" (*ES*, p. 48) A relação entre memória e experiência é questionável. "Seja como for, não consigo me lembrar de nada... a não ser dos sonhos." (*IV*, p. 24) Algumas Ackers, porém, acrescentam: "Do prazer eu me lembro." (*ES*, p. 49)

Espera-se que a memória seja capaz de produzir relações passado-presente capazes de ancorar um determinado eu a uma narrativa preexistente, em particular a uma narrativa que diga respeito a suas próprias origens, sua linhagem, sua proveniência. "Me lembro dos acontecimentos mais claramente porque me lembro claramente dos meus pais." (*PE*, p. 130) Para a maior parte das Ackers, essa não é uma memória ou uma narrativa feliz. "Minha primeira memória, ou pedaço de memória de memória, é de uma ausência." (*MM*, p. 182) E: "A primeira relação-de-sentido (ou lembrança) que estabeleci com esse mundo foi uma relação de ódio." (*PE*, p. 130) Por isso: "Janey acredita que é necessário explodir constantemente os próprios miolos, destruir cada partícula de memória à qual tenha se afeiçoado."[70] (*HL*, p. 38)

É da dor, afinal, que esse eu se lembra. Quão longe nossa lembrança pode ir? "Tão longe quanto a gente tenha se machucado." (*DQ*, p. 134) É através da memória que a história deixa as suas marcas. A dor involuntária é aquilo que atropela os desejos de um certo eu. Será que os desejos poderiam se apresentar como guias mais confiáveis para nos orientar mundo afora? "Acontece que me lembro mal dos meus desejos." (*ES*, p. 48) O desejo talvez

---

70. Janey é uma personagem que aparece de modo recorrente em diversas narrativas de Acker. [N.T.]

esteja ainda dependente demais de uma narrativa que possua um antes e um depois. Nesse caso, não se trata de passado e presente, como no caso da memória, mas sim de presente e futuro. A memória não apenas aprisiona o tempo, mas também situa um sujeito a partir de um determinado ponto de vista: "Quando eu me lembro, me lembro de uma certa consciência, não de um objeto. Não me lembro do meu hamster, me lembro de olhar para o meu hamster." (*PE*, p. 137)

Vivenciar uma sensação, ter consciência do mundo, de estar no mundo, é uma forma de esquecer a dor que já passou, ainda que a dor siga aparecendo como uma das possibilidades que se abrem também no presente. A dor ao menos já não é a única possibilidade que o mundo oferece. "Para que se lembrar de alguma coisa e atrapalhar a boa vida que você deu um jeito de criar para si mesm/a/o?" (*LM*, p. 261) Então: "Sou o que quer que tenha sido. Não existe memória." (*LM*, p. 220) No lugar da memória, a escrita. Escrever as sensações do presente permite que essas sensações se estabilizem no tempo, ainda que apenas um pouco, deixando um rastro passível de ser experienciado por outro alguém; ativando outra série de sensações presentes, passíveis de serem estimuladas pela presença das sensações escritas.

"Quase tudo o que eu sei, ou que posso saber, sobre a antessala da minha vida adulta não reside em quaisquer memórias, mas sim nesses escritos." (*MM*, p. 8) A escrita corre o risco de inventar uma memória enfeitada, deixando rastros de um passado idealizado que deveria ser imitado, fabulando um passado que formula a exigência antecipada de que as sensações futuras se adequem aos contornos do seu esboço. "Enquanto forma assumida pela memória, a beleza é uma representação daquilo que já passou, daquilo que já era, daquilo que está morto; agora, porém, quando o deleite do presente equivale à memória, a beleza já não pode ser nomeada." (*ES*, p. 49)

117

"Já não me interesso pelas minhas memórias, apenas pela escalada constante e crescente dos meus sentimentos." (*PE*, p. 47) Estar abert/a/o ao campo da sensação como um espaço operado pela simultaneidade e pelo acaso significa não apenas oscilar entre eus diferentes, mas se distanciar da memória, já que a memória tende a nos ancorar em um ponto em uma narrativa linear que organiza o tempo para um eu aparentemente contínuo, idêntico a si mesmo. "Agora que minha mente está escancarada, não me lembro de mais nada." (*ES*, p. 49) Surgem aqui, então, os meios que abrem caminhos para um desajuste desejado por muitas Ackers: "A memória desliza ainda mais que... o quê?... o gênero." (*IV*, p. 22)

"Todas as memórias são triviais." (*ES*, p. 50) Uma memória, assim como um desejo, cria um ponto de vista. Mas a memória pode também operar como um campo gerador de múltiplos pontos de vista. Essas "memórias não obedecem à lei do tempo linear". (*MM*, p. 41) E ainda que a linguagem possa ser linear, essa outra espécie de memória infecta a linguagem com sua não linearidade, ao mesmo tempo que a arrasta de volta para a repetição de linhas narrativas estabelecidas. A memória abre espaço para um tempo ordenado. Pode ser que existam outros tempos.

TEMPO

"Naquele exato momento entendi que minha capacidade de entendimento é tão frágil que a realidade (para mim) é o Acaso. Essa ignorância faz da minha vontade algo inútil. Para mim, a estranheza estava, e está, por toda a parte." (*ES*, p. 156) O eu não pode nos oferecer um solo a partir do qual seja possível conhecer o mundo, assim como não nos permite pressupor que esse eu se mantenha idêntico a si mesmo. "Eu não sou uma 'substância'. A mudança (as relações temporais) é uma substância. Sou, portanto, composta de um número desconhecido de indivíduos. O eu é uma relação (de predicado)." *(PE, p. 138)* A teia-Acker se balança ao vento.

E se o tempo tivesse substância? Um eu que fosse uma substância poderia ser igual-a-si-mesmo, consistente, algo que a princípio apareceria como unidade e então se diferenciaria do mundo, de tudo aquilo que ele não é, dos acontecimentos que se desenrolam no tempo. Se o tempo, que é a diferença em si mesma, fosse algo substancial, então essa unidade primordial do eu não passaria de uma ilusão. No campo-Acker, embora o eu, o si-mesmo, seja um efeito posterior, sempre incerto e poroso, isso não é o suficiente para estabelecer a realidade de um mundo em que a sensação apareça como diferença – essa é apenas a sua condição de possibilidade.

Uma Acker: "Digamos que existam duas teorias sobre o tempo. Teoria do tempo absoluto: o mundo se situa no tempo. O mundo, os acontecimentos, se desenrolam em momentos. Esses momentos podem ser mapeados em uma linha temporal. Teoria do tempo relativo: o tempo se situa no mundo. O tempo é a relação temporal entre os acontecimentos. Um acontecimento pode ser anterior (posterior) a ou simultâneo a outro acontecimento. A primeira teoria sugere que os indivíduos (sujeitos) são as verdadeiras substâncias. A segunda teoria sugere que as características temporais são a verdadeira substância do mundo." *(PE, p. 136)*

O tempo não é uma coisa idêntica-a-si-mesma que possa ser medida em unidades idênticas. Se o tempo não é de fato estável, tampouco a identidade pode sê-lo. "Mas e se não houvesse momentos diferentes? Não posso ser uma substância, um indivíduo que persiste no tempo." *(PE, p. 137)* Um eu é uma sensação derivada de acontecimentos. Por ser uma espécie de eu, também um/a autor/a é uma sensação derivada de acontecimentos. O/a autor/a não é alguém que produz: é um produto.

O problema com a escrita é que ela impõe um tempo ordenado mediante uma imposição de sentido. O sentido é separado *do* e anterior *ao* acontecimento a respeito do qual se coloca como verdade. Talvez uma outra escrita pudesse ser possível. "Por que sou tão violenta? Porque gosto de violência. Quando alguma coisa significa alguma coisa, esse acontecimento (essa primeira coisa) não pode ser simplesmente aquilo que está presente em si mesmo. A abolição de todo e qualquer sentido é também a abolição da temporalidade." (*LM*, p. 216) A escrita não pode representar o tempo como ele é. A escrita pode ao menos se rebelar contra essa inabilidade.

Por outro lado, a escrita não precisa representar o tempo, de modo algum. Ela em si mesma já é tempo. Ela é tempo, é uma forma de temporalidade. "Ando pensando que, quanto mais escrevo, mais me convenço de que toda escrita, incluindo a escrita sobre o tempo, é tempo. Ela é mudança, é ritmo. Tempo que se move. Será que a escrita precisa ser apenas uma única espécie de tempo, esse tempo linear, essa forma que chamamos de história? Será que a escrita precisa terminar? ... De que modo a escrita nos apareceria, do lado de fora do tempo narrativo linear?" (*BW*, p. IX)

Outra Acker: "Se é assim, como posso estabelecer diferenças? Como podem existir histórias? A consciência simplesmente está ali: não há tempo. Mas qualquer emoção pressupõe alguma forma de diferenciação. A diferenciação pressupõe que haja tempo, ao menos um ANTES e um AGORA. Uma narrativa é um movimento emocional." (*GE*, p. 58) Aqui uma Acker se move da linguagem em geral para aquilo que muitas Ackers consideram como uma de suas qualidades: a narrativa, que, descrita de modo simples, pode ser compreendida, afinal, como a linearidade da linguagem, a propriedade que lhe permite colocar uma coisa depois da outra. Essa coisa que se segue a outra coisa produz uma diferença no interior da linguagem, mas uma diferença que é sempre do mesmo tipo. Essa mesma-diferença cria um eu que aparece para si mesm/o/a como uma alteração, uma diferença, entre um estado emocional e outro.

NARRATIVA

Não é possível depositar nenhum tipo de confiança ou de fé nessa linguagem a partir da qual um eu aparece. O deus da linguagem está morto, ou poderia estar. A linguagem não torna o eu, e tampouco sua relação com o mundo, reais. A linguagem não participa do *logos* – a lei, a forma, a ordem, a ideia, ou a origem do mundo. "É a diferença entre um/a escritor/a e o seu mundo que nos dá a motivação para escrever." (*NW*, p. 1) Ainda assim, a escrita não tem nenhuma maneira especial de fechar esse abcesso.

Apesar de sua descrença na forma, a maior parte das Ackers escreve em prosa, uma prosa que se desenrola em frases dotadas de coerência formal. "A cultura segue tagarelando e tagarelando, mas isso não leva a nada. A partir do momento em que uma frase se torna distinta, ela deixa de fazer sentido, a conexão já se perdeu." (*GE*, p. 34) Frases são apenas algumas das coisas presentes no mundo. Cada frase tem sua própria lógica, embora não forneça ao mundo ordem e sentido, tampouco receba do mundo ordem e sentido. "Essa frase nada significa." (*LM*, p. 246) Trata-se de um paradoxo que não nos mostra nada além da natureza dúbia da escrita, que embora nos pareça estar unida àquilo que evoca, na verdade encontra-se deslocada em relação àquilo que chama.

"O desejo humano cria uma história." (*DQ*, p. 61) Essa história é, portanto, apenas uma das coisas que existem no mundo, é apenas uma parte do mundo. Ela nem exprime e nem duplica e nem descobre a ordem do todo, sequer pode nos oferecer uma imagem dessa ordem. A luta contra a linguagem, contra essa linguagem que estabelece uma ordem, um antes e um depois, que faz emergir um eu que se mantém como algo contínuo enquanto atravessa a diferença, essa luta precisa de qualquer forma acontecer dentro da linguagem. "Eu quero: cada uma das partes transforma (o sentido de) cada uma das outras partes, então não existe nenhum sentido/parte absoluto/heroico/ditatorial/sadomasoquista." (*GE*; p. 8) E "O vento que passa modula um mínimo de ruído orgânico, daí porque um texto precisa subverter (o sentido de) outro texto até que não exista nada além de uma música de fundo." (*GE*, p. 15)

Em uma linguagem linear, pode aparecer um eu que sente a própria presença na diferença-que-ainda-é-continuidade entre uma emoção e outra. Acontece que esse eu se encontra submetido à linguagem, aos seus poderes. Esse eu que se oferece à linguagem se apresenta como pai da diferença que lhe permite parecer consistente consigo mesm/a/o. Uma linguagem linear cria muitos antes e muitos depois, que fazem emergir sujeitos que, quando dizem "eu", pensam saber quem são… O eu é algo que já está feito, mais do que um ato de se fazer. É algo feito pela linguagem, que se submete à linguagem.

"O teto da linguagem está caindo. Cabe a nós adicionar algo a esses escombros ou cavar espaço, mandando um tanto desse entulho embora." (*ES*, p. 163) Os céus estão despencando. Talvez possa haver outros modos de transformar a linguagem em algo que se faz. Uma frase não se segue a outra. Uma frase não controla aquilo que outra frase vai fazer. O fato de uma frase aparecer antes da outra não precisa criar uma ilusão de conexão causal entre elas, ou mesmo estabelecer uma ligação sequencial entre elas. A linha se quebra, se contorce, rodopia: a interioridade d/o/a leitor/a pode se encontrar com (pode foder com) esse mundo do qual, seja como for, el/e/a nada mais é do que uma parte, uma variação. Já não existe mais subjetividade humana. "Assim que deixarmos de acreditar nos seres humanos e nos dermos conta de que somos cachorros e árvores, vamos começar a ser felizes." (*BG*, p. 37)

Essa outra escrita rompe com o uso ordenado da memória, interrompe não apenas a linha contínua traçada entre um passado (mal)lembrado e a aparência de um presente, mas também interrompe a projeção desejada de um futuro. "Não tenho nada a ver com o futuro: não faço projeções. A escrita, assim como tudo o mais, se é que existe mesmo alguma coisa, acontece aqui, agora. A escrita cria o prazer, assim como tudo o mais, incluindo a morte." (*LM*, p. 216)

Essa outra escrita nos traz de volta ao mundo, de volta a um fluxo de tempo imediato, e é capaz de fazer isso à medida que renuncia a toda e qualquer pretensão de ordenar o sentido de tempo. "Esses escritos tornam-se combustível para o amor. Cada afirmação é uma verdade absoluta – e uma mentira absoluta – porque estou sempre mudando." (*LM*, p. 303) Quanto àquilo que vem a ser o amor, podemos dizer, por enquanto, que não se trata do amor de um indivíduo por outro.

Talvez ainda exista algo que a narrativa possa fazer, porém. Pode ser que existam não apenas histórias sobre outr/a/o/s, que seguem as mesmas velhas formas, mas outros tipos de história. "Estava procurando por qualquer forma narrativa além do cenário branco do Édipo." (*PA*, p. 8) Histórias que não se propõem a revelar ou restaurar uma antiga ordem. Histórias de e para mulheres, escrav/a/o/s e feras.

OLHO

O eu não precisa ir embora, sua função simplesmente se transmuta do singular para o plural: mais do que um eu-caolho, olhos.[71] Os múltiplos olhos das aranhas. Um olho está no mundo e é um ponto de vista que olha o mundo, um vetor estendido a partir de um ponto que pode ser rastreado ou rotacionado. Esse eu escrito é um olho, como o ponto de vista do cinema, mas também vai além do cinema, na medida em que é capaz de enxergar sentimentos, tanto quanto sensações auditivas ou visuais. "Pois a alma e o coração são olhos." (*DQ*, p. 91)

Uma vez liberados de qualquer constância, assim como de qualquer coisa que não seja um vetor proveniente de um ponto, esse eu pode entrar em êxtase. "Tudo se move. Voz, articulação, encantamento, trovão. Eu vejo tudo. Eu vejo o topo das árvores que se movem: a folhagem do parque se contrai, se abre-fecha como uma boceta voluptuosa: o céu se estica mais e mais. Esses são os meus sentidos. Sou totalmente música. Sexo. Energia. Vitalidade. Estou em êxtase. Em êxtase. Percebo meus sentidos pela raiz. Minha boceta se infla. Toda minha força está inteira. Sinto ciúmes da natureza. Eu deveria ser capaz de controlar todo e qualquer acontecimento, todo e qualquer acontecimento devia ser desencadeado pelos meus desejos e pela minha respiração. Era isso que minha solidão me permitia ver... eu tinha quinze anos de idade." (*PE*, p. 156)

E uma outra Acker: "Me parecia que a minha sexualidade era uma fonte de dor. Que minha sexualidade era uma encruzilhada não apenas entre minha mente e meu corpo, mas

---

71. No original: "*eyes rather than an I*". Aqui McKenzie faz um jogo de palavras que não funciona em português: em inglês, a palavra "*eye*", olho, soa exatamente como "*I*", eu. [N.T.]

entre a minha vida e a minha morte. Minha sexualidade era êxtase." (*ES*, p. 65) Esse eu que entra em êxtase escapa para fora de si mesmo, vai além de si mesmo, torna-se estranho a si mesmo. Pode ser que esse eu-olho seja afinal um outro. "A gente tinha que existir em dor." (*NW*, p. 1)

Mas, espere: pode ser que seja um pouco mais complicado do que parece. "Depois que a gente tem um vislumbre que nos permite ver o mundo, é preciso tomar cuidado para não pensar que o mundo da visão somos nós." (*BG*, p. 37) Não é algo tão simples como um amor pelo mundo, como a possibilidade de abraçar o mundo, de estar no mundo. Fazer isso seria ainda presumir que existe amor. O olho pode apenas em parte libertar o eu da mesmice. "O eu que desejava e o olho que percebia, embora não tivessem nada a ver um com o outro, existiam ao mesmo tempo num mesmo corpo — o meu: eu não era possível." (*ES*, p. 33)

É preciso duvidar também do olho. Desse olho que pode executar atos de leitura e escrita que recortam, dobram, invertem, repetem a ordem narrativa, interrompem a narrativa linear que produz um único eu. Mas aquilo que nos espera não é um estado de unidade com o mundo. "Ver. Enxergar o nada. É isso a visão." (BG, p. 39) E quanto àquilo que enxerga o nada: "Cada pessoa é uma interrogação, uma espécie peculiar de orifício." (BG, p. 126) Mas, logo em seguida, "depois de um tempo a autoabsorção se torna entediante, porque nos damos conta de que pensamentos não passam de pensamentos, e queremos nos ver livres". (*NW*, p. 1)

TÉDIO

O que pode resultar de tudo isso é um certo tédio. "Os ideais e fantasias da minha mente não têm sentido. Além de uma oração para ninguém, só existe o tédio." (*IM*, p. 36) O tédio é uma das peças que acompanham o ato de deixar que todos os valores desmoronem, começando pela morte da linguagem enquanto deus, esse desmoronamento que leva consigo tanto o eu quanto o mundo, deixando dois vácuos abertos que se encaram às cegas. Uma Acker: "Perdi minhas crenças. Já não resta nada." (*DQ*, p. 125) A maior parte das Ackers não consegue habitar esse tédio por muito tempo: "O tédio é a emoção que me parece mais insuportável." (*IV*, p. 24)

Mais do que um tombo extático no mundo da alteridade, o tédio talvez seja a ausência de toda e qualquer relação com esse mundo. "Porque o tédio surge da falta de correspondência entre o dese-jo da mente e do corpo e a sociedade do lado de fora da mente e do corpo." (*IM*, p. 10) E: "Tédio é falta de sonhos." (*ES*, p. 58) E: "Só posso sentir tédio em momentos em que algo me falta." (*SW*, p. 102) Estar entediad/a/o é estar estagnado numa não relação muda entre o vácuo deixado pelo eu e o vácuo deixado por um mundo ordenado, o mundo das outras pessoas.

O tédio pode ser pior que a morte. "Eurídice morre para ten-tar escapar… Um minuto depois, já está entediada." (*EU*, p. 12) Superar o tédio, estranhamente, convoca à solidão, convoca a uma ruptura com o mundo habitado por eus e com a expectativa de vir a que alguém possa ser um eu como os outros. "O mundo que eu percebo, tudo o que eu percebo serve de indicador das minhas necessidades entediantes. Além disso, nada. Pode ser que eu nem sequer exista. Não acho que me importo com coisa alguma. Todas as minhas emoções, mesmo as mais passionais, se baseiam nas minhas necessidades. Então nesse momento posso encontrar uma maneira de conseguir dinheiro o suficiente eliminar pessoas da minha vida para que eu possa relaxar dormir o tempo todo com in-tervalos de poucos dias. Além da negatividade, será que existe outro motivo?" (*BG*, p. 111)

"As cidades morreram. As cidades estão repletas de rata-zanas; as ratazanas estão entediadas: as pessoas parecem tão solitárias quanto entediadas." (*ES*, p. 14) Aqui está nossa primeira pista para uma terceira filosofia para além do eu dessa primeira filosofia, e até mesmo de uma relação entre eu-e-outro de uma segunda filosofia. A saída para o tédio do eu, e para o eu em relação com outr/o/a/s que estão em uma posição parecida, convoca à solidão, mas a solidão depende de uma organização da vida e do trabalho capaz de torná-la possível. "Mais do que qualquer coisa, eu precisava ser sustentada financeiramente, ser deixada em paz, ter quem me comesse e quem me dissesse que eu era uma escritora maravilhosa." (*PE*, p. 113)

SOLIDÃO

Uma Acker: "Minha vida é solidão e bagunça." (*IV*, p. 64) "Vivo sozinha. De resto, tudo o que eu escrevo é nonsense. Não existe nenhuma outra frase, além da que trata do saber. Preciso te contar – estou assustada. Preciso te contar – isso me deixa trêmula." (*LM*, p. 13) Um de seus impulsos recor-rentes vai em direção à solidão, que desperta uma gama variada de sentimentos. "Para mim, estar só é meu prazer absoluto." (*DQ*, p. 69) E ainda assim: "estar sozinha é a coisa que mais me assusta nesse mundo". (*PK*, p. 93) Existe uma tensão não resolvida e não solucionável entre estar só e estar com outro alguém. "Essa situação sempre me gera ansiedade: ao mesmo tempo que preciso me doar para um/a amante, preciso estar sempre sozinha." (*MM*, p. 15)

Muitas Ackers oscilam entre extremos de solidão e intimidade, "me sinto ruidosa e imensamente desencorajada, sob o peso de um isolamento insuportável... ausência de desejos, im-possibilidade de encontrar qualquer tipo de diversão.

É isso que eu chamo de minha preguiça." (*NW*, p. 2) E então: "fujo de tudo." (*GE*, p. 19) Uma fuga motivada, em parte, por uma falta de fé no humano, uma falta de disponibilidade para tomar parte na fantasia que afirma que estar com o/a outr/o/a é um bem. "Costumava ter a força necessária para acreditar que o que eu sinto é real e que meu afeto pelos outros me torna humana." (*GE*, p. 33) Outra Acker: "Quando estou sozinha, vivo em uma visão em que toda e qualquer sensação, não importa o quão prazerosa ou desagradável, assim como todo e qualquer pensamento, todos eles se encontram rodeados pela escuridão. Me torno mais e mais consciente de todas as coisas." (*PE*, p. 127)

Do lado de dentro da solidão, o problema da (im)possibilidade de uma relação com outra pessoa reaparece muitas e muitas vezes. "Por favor me diga se o mundo é horrível, se a minha vida é horrível, e se não adianta tentar mudar nada, ou se existe alguma outra coisa? Tudo bem desejar?"[72] (*BG*, p. 38) Usando seus próprios métodos, a/o solitári/a/o pode produzir diferença a partir de si mesm/a/o. "Meus caros sonhos, vocês são a única coisa que me importa." (*BG*, p. 36) Assim como a memória, o mundo da fantasia não segue o mundo da linguagem linear; ao contrário da memória, ele não precisa se manter fixo a uma sequência de tempo linear.

SONHOS

Se tomarmos a memória como uma âncora lançada ao tempo passado, a linguagem narrativa nega o mundo ao impor uma ordem sobre ele. A fantasia, assim como a imaginação, se escreve a partir do momento em que nos encontramos afastados dos outros, do mundo e

---

72. No original: "*Is desire OK?*" [N.T.]

da temporalidade da solidão, negando a linguagem narrativa ao libertá-la de qualquer ordem. A fantasia é a negação da negação do mundo. "Dessa forma, a fantasia revela a realidade. A realidade não passa de uma fantasia subjacente, uma fantasia que revela uma necessidade. A necessidade que tenho dele não tem limites." (*BG*, p. 20) É por meio dos sonhos que a imaginação se torna presente; mais precisamente, por meio da escrita e reescrita dos sonhos.

"Aprendi a viajar através dos meus sonhos." (*PK*, p. 96) "Durante toda a minha vida, tenho sonhado sonhos que permaneceram comigo depois do sonho inicial, e continuaram me ensinado como perceber e como levar em conta tudo aquilo que me acontece. Os sonhos correm pela minha pele e pelas minhas veias, colorindo tudo aquilo que existe debaixo delas." (*MM*, p. 133) O sonho não pode ser reduzido a um romance familiar. Fazer isso seria retornar a um estado de tédio. Eles nem sequer estão ali para ser interpretados. "Acabei de escrever: os sonhos não são falsos. Não sei o que isso significa." (*MM*, p. 201) E: "Os sonhos eram uma linguagem que eu podia acessar; uma linguagem que não inventei, que não compus." (*PA*, p. 91)

"Sem os sonhos, o que é o tempo?" (*MM*, p. 59) Para que o tempo seja dotado de quaisquer qualidades, para que o tempo seja uma substância, precisa haver alguma coisa que não esteja sujeita ao tempo, e essa outra coisa se torna aparente nos sonhos. "Sei bem que mudamos continuamente enquanto estamos vivos, mas não sei se isso é verdade nos sonhos. E em tudo aquilo que se torna vida passada no reino dos sonhos." (*ES*, p. 229) Ser um sujeito que habita a linguagem linear é experienciar o eu como uma série de diferenças que se apresentam nas emoções vivenciadas sequencialmente. Nem o mundo dos sonhos, nem o mundo propriamente dito possuem essa qualidade temporal em particular.

"Não há tempo; há."[73] (*GE*, p. 7)

"Os sonhos são verdades quando sonhados para além do bem e do mal." (*BW*, p. 76) E: "Sonhar é mais violento que agir." (*LM*, p. 217) Essa pode ser a espécie de violência pela qual Acker sente-se particularmente atraída. Sonhar é mais violento porque o sonho não atua no tempo mas contra o tempo. Os sonhos são materiais crus que nos permitem escapar da ordem temporal da memória, onde o tempo linear e o eu podem se dissolver. "Quantos sonhos precisamos sonhar em nossa busca por um amor real?" (*IM*, p. 30) E: "Sonho encontrar a chave para o mito que é o meu desejo." (*IM*, p. 80) Os sonhos, contudo, não são algo a ser interpretado e relido em relação com o romance familiar, ou mesmo em relação aos desejos ocultos de um eu. Eles apontam para fora. Os sonhos se inserem de modo imediato em um campo histórico e social, mas fornecem os materiais que nos permitem organizar seus componentes de outra forma.

Mais do que reportar um sonho a (por exemplo) um desejo reprimido pelo pai, os sonhos podem ser reescritos para fora, rumo a uma escrita cujo objetivo seja mapear e escapar (de) uma linhagem de pais que se seguem uns aos outros, essa narrativa que parece ordenar o mundo. O sonho não precisa de nenhuma autoridade para além de si mesmo, e não obedece à separação entre uma identidade e outra. "Quando eu sonho, meu corpo se torna não somente o lugar onde o sonho acontece, mas também o lugar em que se dá esse ato de sonhar e o lugar onde está a pessoa que sonha. Em outras palavras: nesse caso, nessa linguagem, já não posso separar o sujeito do objeto, menos ainda o sujeito de seus atos de percepção." (*BW*, p. 166)

73. No original: "*There is no time; there is.*" [N.T.]

Acker: "Só o que existem são sonhos. Esse é o nada que vocês, homens, chamam de morte; na sua linguagem de machos, portanto, as mulheres e a morte são amigas." (*MM*, p. 195) E: "Tenho pesadelos que não são pesadelos. Não disse isso em voz alta porque eram os homens que estavam falando o tempo todo. Deixei que eles falassem. Para nós, garotas, os sonhos são nossas bocas; todos o/a/s poetas sabem disso." (*PK*, p. 133) Porque: "Ser poeta é acordar dentro da pele de outra pessoa." (*IM*, p. 23) Nos sonhos, nenhum eu pertence a si mesmo ou a outra pessoa.

Uma primeira filosofia, uma filosofia do eu, ou melhor, do ato de outrar-se, torna-se imediatamente também uma terceira filosofia do campo social. "Diante da infinitude e da clareza do desejo que emergem da imaginação tornada normal, a insanidade da sociedade desaparece." (*IM*, p. 5) Os sonhos nos concedem acesso à imaginação. "Quando fantasio que estou fodendo, meus encontros são sempre frios, selvagens e livres." (*BG*, p. 58) O campo social pode, contudo, se transformar, de modo que uma terceira filosofia do pós-capitalismo emerge por aqui também: "Quando eu comecei a passar todo o meu tempo livre diante do computador, parei de sonhar." (*RC*, p. 53)

IMAGINAÇÃO

Também a imaginação pode ser questionada: "Se é que a imaginação ainda existe nesse mundo – coisa que pode ser colocada em dúvida… deve haver Alguém que Imagina. Caso contrário, o ato de imaginar puro e simples, debruçado sobre si mesmo, não pode ser de fato imaginação. É possível que a imaginação não exista, que esse mundo esteja morto. Caso contrário, é preciso que exista alguém que imagina." (*DQ*, p. 181) Temos todas as razões (e desrazões) para suspeitar que a imaginação tenha sido colonizada pelos pais da mesmice controladora. Ela parece ter se tornado um refúgio comprometedor, mais do que uma muralha. Como veremos ao nos debruçarmos sobre a terceira filosofia de Acker, talvez esse tenha sido um dos efeitos do pós-capitalismo.

"Imaginação é vontade." (*DQ*, p. 49; *BW*, p. 114) Aí está o paradoxo do estado onírico, e da imaginação de forma geral. Trata-se de um estado livre da linguagem linear, mas também de um estado de pura positividade. A imaginação desconhece qualquer proibição. (Daí a sua violência). Não pode se transformar num desejo por alguma outra coisa. É uma dimensão caracterizada pela liberdade, e, ainda assim, enquanto dimensão livre, é livre também para desejar sem limites, sem razão, sem direito. Daí, portanto: a linguagem linear nega o mundo, a imaginação nega a linguagem linear, e então, como pura positividade, a imaginação se engaja com o mundo novamente, ainda que apenas dentro de seu próprio espaço. "Foi assim que apren-di que a porta para o invisível, o único lugar que nos resta, precisa se tornar visível." (*MM*, p. 205)

A imaginação se descola da linguagem linear em dois sentidos: en-quanto narrativa e enquanto razão. "Precisamos nos desfazer dos mesmos bastiões que os românticos alemães precisaram destruir. Logocentrismo e idealismo, teologia, tudo isso fornece suporte a uma sociedade repressiva. São esses os pilares da propriedade. A razão é aquilo que sempre homogeniza e reduz os fenômenos, reprimindo e reunindo os elementos da atualidade de uma forma que possam ser percebidos e, a partir daí, controlados." (*ES*, p. 12) Ir além da razão e da narrativa é ir além da satisfação autorreferente que se encontra em suas próprias transgressões. "A morte da razão não é o escuro. É outra forma de luz." (*ES*, p. 182)

As táticas estilísticas empregadas pelo texto-Acker se transformam com o tempo. Elas passam por fases. A problemática filosófica, porém, permanece a mesma. Até o *Império do sem-sentido*,[74] a maior parte das Ackers ataca repetidas vezes a linguagem linear propriamente dita, se recusando a permitir que ela estruture e controle o mundo, se recusando a acreditar (por um lado) no poder que a linguagem exerce sobre o mundo ordenado por ela e (por outro) tampouco acreditando nos eus que essa mesma linguagem promove. "Não existe nenhuma narrativa mestra ou perspectiva realista que proporcione qualquer pano de fundo para os fatos sociais e históricos." (*PK*, p. 80)

Ainda assim, até mesmo o poder que os românticos depositaram na imaginação precisa ser colocado em cheque. "Você acha que é possível destruir a pobreza, a rejeição ou qualquer outro dos males sociais por meio de um ato de imaginação?" (*IM*, p. 141) Para negar essa linguagem, pode não ser suficiente retornar da solidão da fantasia, essa negação da linguagem linear.

"Vamos chamar de 'inconsciente' essa parte do ser (seu aspecto mental, físico, emotivo, sensorial) que está livre de qualquer controle. Porque ela está livre de qualquer controle, é a nossa única defesa contra os significados instituídos, a linguagem institucionalizada, o controle, a fixação, os julgamentos, a prisão." (*ES*, p. 134) Até aqui tudo bem, mas e se o ato de desbancar a fé na linguagem linear for apenas uma etapa para apostar numa fé na imaginação, ou no seu parente próximo, o inconsciente? E se também esse deus estiver morto?

"Há dez anos, parecia ser possível destruir a linguagem através da linguagem: destruir a linguagem que normaliza e controla picotando essa linguagem. O nonsense

74. O título original da obra é *Empire of the Senseless*. [N.T.]

poderia atacar o império (empírico) da linguagem, essa fazedora-de-impérios, alvejar as prisões do significado. Acontece que, uma vez que até mesmo esse nonsense, esse sem-sentido, depende do sentido, ele simplesmente aponta de volta para as instituições normalizadoras... Uma vez que nem esse inconsciente ideal nem essa liberdade existem, faça de conta que eles existem, faça uso da ficção em nome da sobrevivência, de toda a nossa sobrevivência." (*ES*, p. 134)

MUSCULAÇÃO

Embora os sonhos abram espaço para uma prática de escrita capaz de escapar da linguagem linear, a escrita segue sendo uma prática em que a linguagem se mostra fluente em demasia. Mais tarde, algumas Ackers preferirão escrever em relação a algo mais visceral: a musculação. "Que a carne seja mente." (*IM*, p. 118) Assim como o sonho, a musculação é uma prática corporal, porém uma prática que estabelece uma relação apenas indireta com a linguagem, abrindo caminho para um tipo de linguagem diferente. "As pessoas supõem que a escrita seja algo cerebral, enquanto a musculação se daria numa dimensão física. Mas ambas trabalham juntas." (*HL*, p. 22)

"O corpo lida com narrativas. Não estou falando de histórias. O joelho se machuca, e depois se recupera." (*LI*, p. 216) A musculação não é uma narrativa desse tipo. Ela faz com que o músculo se rompa, faz com que ele falhe. Ela se estrutura pela contagem de repetições, em que a carne do corpo marca o próprio tempo, que ressurge de modo indireto, tomando a forma de uma dor inesperada, ou de um estado de euforia. "Método: um músculo é esculpido quando, e apenas quando, sua forma atualmente existente vai sendo lenta e radicalmente destruída.

É possível provocar a ruptura de um músculo forçando-o pouco a pouco a realizar mais do que aquilo de que ele é capaz. É então que esse músculo voltará a crescer mais belo do que era, se e somente se esse músculo tiver sido devidamente alimentado com nutrientes e amparado por uma quantidade adequada de sono." (MM, p. 112)

Malhar[75] é aprender uma certa linguagem através da dor. "Tem a ver com foco e consciência. Tem a ver com saber manter o foco através da dor. Quero dizer, quando nos dispomos a malhar e escrever, é preciso manter o ritmo. Escrever tem muito a ver com o corpo." (LI, p. 116) Essa escrita que o corpo executa sobre si mesmo, consigo mesmo, pode ser entendida como uma escrita na medida em que é uma atividade temporal, que marca na carne uma série de momentos sucessivos. É algo que pode ser feito intencionalmente. "Um dos exercícios, que chamamos de curl, é bastante doloroso; quem pratica musculação precisa aprender a atravessar a dor. Quero dizer, você não chega a atravessá-la, mas precisa aprender a viver com ela." (LI, p. 117)

Não existe nenhum relato "em primeira mão" da prática de musculação, apenas um retrato indireto. A musculação rejeita a linguagem comum. A academia tem seus próprios jogos de linguagem, que envolvem a respiração e a contagem das repetições. Um ato é repetido até a falha do músculo que está sendo exercitado, ou até além dela. "Preciso me mover através da falha." (BW, p. 145) E ainda: "Será que essa equação entre destruição e crescimento serve também como uma fórmula para a arte?" (BW, p. 146) A arte e a musculação quebram os materiais e os reformulam. No caso da musculação, isso se repete até a última das falhas: a morte.

75. No original: "Body-work is learning a language through pain." [N.T.]

No fim, a morte rejeita todo e qualquer jogo de linguagem, rejeita todas as tentativas de narrativa linear. O sentido do mundo não será encontrado nesse mundo por meio da linguagem. Na linguagem mínima da contagem de respirações daquel/a/e que pratica musculação, porém, existe uma outra maneira de reunir linguagem e corpo. Há momentos em que o corpo, por uma razão desconhecida, não se encontra apto a essa contagem. Simplesmente não consegue. "Esbarro com alguma coisa, com algo que posso conhecer, porque o conhecimento depende da diferença." (*BW*, p. 149)

Malhar nada tem a ver com exercer controle: "O corpo é rico: quem controla o corpo? Qual é a relação entre a mente e o corpo? Quero dizer que é como num texto. Ao escrever, você está controlando o texto que escreve? Bom, eu diria que quando você está mesmo escrevendo, na verdade não está. Você está trepando com o texto. E eu poderia dizer que a mesma coisa acontece na musculação, quando você atravessa a dor." (*LI*, p. 119)

Essa Acker continua: "Hoje, como minha resistência estava baixando, tive que aprender como trabalhar com problemas de resistência, como trabalhar com a fadiga. Nesses momentos, acontece algo bastante interessante: você coloca um tal grau de pressão sobre o seu corpo, que você acaba aprendendo todas as estratégias diferentes que seu corpo emprega para se encaixar. O que você faz, quando faz musculação, é trabalhar para fracassar. Você faz um recorte de grupos de músculos específicos, e você faz com que cada grupo trabalhe até falhar. Na verdade, eu queria trabalhar para além da falha, o que é um trabalho negativo. E acho que você faz exatamente a mesma coisa quando trabalha com o texto… Penetrando um espaço de espanto e maravilhamento[76]." (*LI*, p. 119)

76. No original: *"To go into the space of wonder."* [N.T.]

O corpo material é uma matéria feita de acaso e mudança, espanto e maravilha. Às vezes ele aparece em contraste com a repetição dos pesos, em meio à contagem, às respirações, surge no momento em que inesperadamente falha. Enquanto continuarmos a tratar o corpo como algo repulsivo, continuaremos a temer a nós mesm/o/a/s, encarando-os como outr/a/o/s ameaçador/a/e/s. "A musculação é uma forma obsessiva de meditação. Ela se debruça sobre os sistemas do corpo, sobre o envelhecimento – sobre o equilíbrio entre estrógeno e testosterona – à medida que você envelhece." (*LI*, p. 129) Trata-se de uma contagem na direção contrária dos sinais hormonais inescrutáveis do próprio corpo.

Escrever na página e escrever no corpo são duas práticas ao mesmo tempo corpóreas e imaginativas. Diz uma Acker a respeito da escrita: "Bom, uma vírgula é uma respiração, uma frase é um pensamento e um parágrafo, uma emoção... O parágrafo sempre trabalha contra a frase." (*LI*, p. 211) Algumas Ackers descobriram algo similar na musculação. "E essa se tornou uma verdadeira crise para mim, porque cheguei a um ponto em que eu tinha que optar entre parar de fazer musculação e parar de escrever, porque as duas coisas começaram a entrar em conflito." (*LI*, p. 115) A escrita venceu.

MASTURBAÇÃO

A solidão favorece o sonho e a masturbação. Ocasiões para: "roçar a pele ou a mente, de acordo com a necessidade." (*HL*, p. 52) Em que: "me toco sozinha mais uma vez e sei quem eu sou; sinto a força que pulsa nos músculos entre os braços das minhas costas como um/a jovem e virulent/o/a atleta. Me sinto sozinha e me sinto forte". (*PE*, p. 42)

Mais do que assumir a existência de um mundo de sensação sem memória, sem ordem, a partir do qual os sonhos possam surgir - produzir esse mundo. "Vou trepar comigo mesma. Os nervos dos músculos ao redor do meu clitóris se desenham para dentro e para fora, alternadamente tensos e relaxados, imagino os músculos do clitóris vejo os músculos do clitóris a três centímetros[77] diante dos meus olhos; três centímetros abaixo da minha pele minhas mãos tocando minhas veias artérias órgãos será que pego um dildo?... Sinto o clitóris crescer, a pele abaixo dos dedos se torna úmida. As sensações se multiplicam não posso pensar em mais nada." (PE, p. 72)

A masturbação expulsa todos os outros pensamentos: "Não quero que meu cérebro fique dolorido quando enfio a mão na minha boceta meus dedos ficam cheios de sumo. Quero estar para sempre no mato e quero ser Heathcliff[78] e nada mais me importa. Olha só. Estou me libertando." (MM, p. 121)

A masturbação realça as sensações: "Enquanto me masturbo, meu corpo diz: aqui está uma subida. A superfície inteira, o oceano, está ondulando, papel se torna metal, onda após onda... Se abrindo apenas para aquele que é sensível. Sensível é o/a amante." (PK, p. 32) E: "brinco comigo mesma, cheiro o suor debaixo das minhas axilas, isso é suor, como posso te explicar o que o suor é? Percebo a cor amarela, tem amarelo por todos os lados, à minha volta, os contornos de um corpo... Sou uma criança, percebo as coisas através do toque... Nervos abertos ABERTOS rolam em

---

77. No original *"an inch inside my eyes, an inch below my skin"*. *Inch* é uma unidade de medida usada em países anglófonos e que pode ser traduzida como "polegada", que corresponde a cerca de 2,74cm. [N.T.]
78. Personagem da obra *O morro dos ventos uivantes*, de Emily Brontë, publicado em 1847. [N.T.]

ciclos que eu projetei trajetos que se desenrolam pelo meu corpo mais e mais rápido em giros cada vez maiores até que minha carne se desintegre e gire sobre si mesma. Como uma aranha devoradora." (*PE*, p. 53-54)

"Estou sempre ali onde o desejo começa mal sou capaz de dizer quando meus orgasmos se elevam e caem é como se eu estivesse quase gozando." (*PE*, p. 51) A masturbação coloca o corpo em relação com a temporalidade. "O relaxamento abre espaço ainda me atrevo — estou me segurando — espaço aberto para me tornar uma rosa, uma rosa é coisa que se abre uma e outra vez até que os nervos transformem a carne puro nervo; eles estão — estou me fechando outra vez (me tornando rígida) — esses são os ritmos do labirinto." (*PE*, p. 33)

Assim como os sonhos, a masturbação instaura uma temporalidade na qual o eu persistente-demais pode enfim desaparecer. "Estava me abrindo e me abrindo até o ponto em que pude roçar o que seria tornar-me puro nervo." (PK, p. 32) E: "Ali e então, tudo desaparecia; o mundo ou toda e qualquer coisa se fazia mais sexual." (*PK*, p. 32)

"Não faço nada além de jogar comigo mesma. Não me importo com políticas." (*PE*, p. 200) O jogo pode ser a política, ou se não a política, uma estrada rural tortuosa que nos permita escrever o mundo de outra forma. E ainda: "Agora que toco minha boceta posso trabalhar." (*PE*, p. 64) A linguagem do corpo. "Vou reescrevendo enquanto me masturbo para que eu possa escrever, ou seja, ver, mais claramente." (*ES*, p. 170) A masturbação produz um acontecimento cuja temporalidade envolve repetição, ascensão e queda, assim como uma sensação desprovida de eu ou de memória. A masturbação não precisa ser representada por uma escrita que aconteça depois desse gesto.

A masturbação e a escrita podem ser parte de uma única e mesma sensação. "O que estou tentando fazer? Meu trabalho e minha sexualidade convergem: aqui, a sexualidade se completa dentro da escrita, em vez de ser expressar através dela." (*PE*, p. 50)

MANUSCRITA

"Vivo em êxtase, à procura de sabedoria." (*PE*, p. 70) A primeira filosofia de Acker produz relações com o corpo que ultrapassam o eu: o sonho, a musculação e a masturbação. Embora as raízes da palavra "masturbação" sejam obscuras, talvez ela seja, em parte, uma palavra derivada do termo *manus*, a mão. Nessa primeira filosofia, nessa primeira orientação para se estar no mundo, Acker nos oferece um relato bastante especial do corpo-que-se-masturba-e-escreve como aquele que sente, experimenta e pensa o mundo. "Por acaso a sensualidade é menos valiosa que o pensamento racional?" (*DQ*, p. 46) "Como, exatamente, meu corpo sente prazer?" (*DQ*, p. 55)

Diferente da masturbação ou do ato de sonhar, essa manu-scrita é ambidestra: uma mão roça a caneta enquanto a outra mão roça, de modo diferente, o clitóris. Trata-se de uma cura para qualquer pessimismo. A linguagem linear toma parte nesse processo, mas é apenas uma parte dele. As sensações não são meramente recebidas: são produzidas. Mundos inteiros poderiam ser imaginados de modo diferente começando a partir daqui, a partir desses fios que se desenrolam no tempo. "Onde estão aquel/a/e/s que se masturbaram vermelhos e secos todos os dias enquanto fantasiavam encontros sexuais cuja excitação, nascida do horror e do prazer, sem conhecer os limites do tempo nem os do espaço." (*ES*, p. 190)

"Meu principal verbo é gozar no pretérito perfeito mitológico; na dimensão das coisas escuras o mitológico tem mais poder do que o presente temporal." (*DQ*, p. 51) A masturbação, assim como a sexualidade em geral, intensifica o corpo, permitindo que ele rompa a linhagem da memória e se abra para a tessitura aberta do mito. "Talvez gozar seja saber." (*IM*, p. 141)

O orgasmo é *dérive*, é perambular ritmadamente em um labirinto, mais do que um sinal de pontuação; é caminhar por um campo que se move, com picos e baixas. "Faz horas que eu gozo e gozo até que já não exista diferença entre o gozo e a realidade." (*PE*, p. 49) É algo próximo do mundo dos sonhos. "Para ser capaz de gozar, decidi, enquanto me tocava, que era preciso ser capaz de relaxar e adentrar um outro mundo. Gozar é sonhar. Não sei como é para os machos." (*MM*, p. 43) Para os machos cis heterossexuais, talvez. Para pessoas trans de todos os tipos – é complicado. Mas, para alguns, pode ser assim: "Por todos os lados. O mundo parou. Então, outro sentimento, como outra onda, se elevando a partir da onda mais recente, que se retrai. Cada onda é maior e mais forte… Vou gozar com mais força agora, ali, não há final à vista… navegar, a cada série, começar com uma levantada alta e depois despencar para baixo, cada onda é mais violenta, mais direta." (*PK*, p. 38-39)

O corpo muitas vezes não se basta. "Eu farejo como um gato faminto abandonado, tomo consciência do meu corpo. Não sou apenas uma mente atrás de dois olhos: tenho pensamentos em toda e cada parte do meu corpo todos lutando uns com os outros todos morrendo de vontade de sair. Eu precisava de válvulas de escape tanto quanto preciso de estímulo.[79] De tanto receber informação, meus rádios estavam quase sempre a ponto de se afogar." (*PE*, p. 153) Essa Acker, essas Ackers, desejam ir ao encontro de um/a outr/o/a – de uma segunda filosofia.

79. No original, "*I needed outlets as much as input.*" [N.T.]

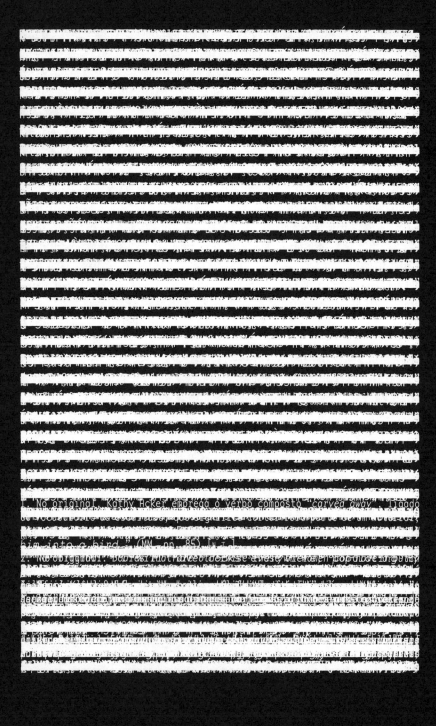

SEGUNDA FILOSOFIA

HERANÇA

As Ackers não encontram onde se encaixar. A fenomenologia do corpo que constitui sua primeira filosofia parece desde já incompatível com noções de lar, família, escola, e tudo o mais. Alguma coisa está fora do lugar. Não se trata de uma questão de escolha. "Não posso controlar a sensação de que algo está errado, porque já nasci errada," (*IM*, p. 102) As Ackers não pertencem a nenhum roteiro familiar. "Mais do que me tornar autista estúpida anestesiada gelada, gostaria que esse maquinário todo — a família, a memória — fosse pro inferno." (*ES*, p. 52)

O corpo que escreve-enquanto-se-masturba ou o corpo que faz-musculação-depois-escreve pode ser aquilo que produz sensações capazes de serem postas ao lado de quaisquer outras sensações, alinhando uma relação possível entre elas. Aqui, essa segunda filosofia aracniana se afasta da relação que o corpo estabelece consigo mesmo e com aquilo que está a seu alcance para se debruçar sobre aquilo que esse corpo produz a partir das relações que estabelece com o/a/s outr/o/a/s, que podem estar situad/o/a/s na família ou no espaço de trabalho, ou podem ser pessoas com as quais se esteja fodendo.

"Estava tão assustada por ter nascido em uma família ensandecida que parei de escrever." (*ES*, p. 18) Não por muito tempo, porém. Nos Estados Unidos do pós-guerra, "a família nuclear tornou-se agora a única realidade". (*IM*, p. 79) Comecemos, então, a partir das memórias de família - da qual todas as Ackers fogem -, mas não é ali que vamos ficar. "Somos mesmo sempre governad/o/a/s pelas vidas fodidas dos nossos pais?" (*LM*, p. 380) A despeito da repetição em looping da história familiar ao longo do texto-Acker, a resposta que a maior parte das

Ackers nos dá para essa pergunta é não. As expectativas em relação àquilo que a família pode oferecer seguem sempre bastante baixas. "Apesar de tudo, meus pais foram muito gentis. Eles nunca me bateram." (MM, p. 167)

"Meu desejo mais profundo era um desejo burguês." (MM, p. 153) Escapar da família significa também escapar da própria classe social. "Embora não tenha dinheiro, Kathy é uma garota americana branca de classe média de 29 anos de idade, sem amantes, sem qualquer perspectiva de ganhar dinheiro; alguém que já não acredita em ninguém e em coisa nenhuma." (LM, p. 5) Os pais da maior parte das Ackers são burgueses. São ricos (mas nem tanto) e são judeus, e não protestantes anglo-saxões, e possuem a visão de mundo característica de sua classe. Uma avó personagem diz: "Se sua mãe tivesse investido as 800 ações da IBM que eu dei a ela, poderia ter tido uma renda fixa e não teria precisado cometer suicídio." (HL, p. 43)

Embora as Ackers possam de alguma maneira se mover para longe de sua posição de classe, isso deixa uma marca. "Nasci rica, e não posso escapar do meu nascimento (das maneiras pelas quais fui ensinada a perceber o mundo antes mesmo de nascer. O que via ouvia cheirava saboreava sentia: tudo aquilo que me ensinou *como*[80]). Quero que as pessoas me sirvam: que me tratem com respeito." (PE, p. 85) E: "Eu era uma rica esnobe, agressiva e competitiva." (MM, p. 202) E: V: "A existência é algo horrível". R: "Essa é uma emoção característica dos burgueses. Viver é algo divertido quando você vive aventuras." (IM, p. 57)

---

80. No original: "*Seeing hearing smelling tasting feeling: all taught how to me*". [N.T.]

Então, para essa Acker: "Ele foi crescendo, ou melhor, se recusando a crescer ao mesmo tempo completamente desconfiado e tão aberto e sem forma quanto um animal selvagem. Era por isso que Alexander lembrava uma jovem raposa cujos eus estavam permanentemente se atravessando." (*ES*, p. 4) O sobrenome de Acker aparece aqui reposicionado, tornando-se um primeiro nome. Alexander torna-se seu patrimônio e o nega. A aventura surge como a recusa de uma herança de classe, porém a aventura está aberta apenas para os homens.

PAIS

"Estou preocupada com o pai e com a minha mãe." (*PA*, p. 90) Variações da história familiar ocorrem repetidas vezes ao longo da teia-Acker. A mãe anuncia: "Seu pai não é seu pai verdadeiro." (*EU*, p. 167) O pai verdadeiro está ausente. "Não falamos sobre seu pai verdadeiro." (*EU*, p. 167) O pai adotivo é pouco eficiente. "Papai, que era papai, não precisava de ninguém." (*ES*, p. 9) Embora seu padrasto não a ame, ela tampouco o ama muito – na maior parte das vezes. "O pai não demonstrava emoção alguma, a menos que alguém conseguisse penetrar sua carapaça e tocá-lo." (*MM*, p. 95)

O padrasto de algumas das Ackers-adolescentes fica com ciúmes quando elas arrumam um namorado. É o caso dessa aqui: "Meu pai quer me foder, tem medo do seu desejo, que é a única parte honesta que existe nele, e tem medo de mim." (*PE*, p. 43) É também dessa aqui: "Quando eu tinha dezessete anos, meu pai tentou fazer sexo comigo." (*LM*, p. 179) Ainda que, para essa outra: "Não é como se ele tivesse tentado me estuprar." (*EU*, p. 172) Para algumas Ackers, porém, a coisa se torna mais complicada: "Dessa história eu sempre soube. O que relembrei de repente, ou me dei conta, é que eu desejava sexualmente meu pai adotivo." (*ES*, p. 67)

Seja esse um pai real ou não, o poder do pai é algo do qual é preciso escapar. "Enquanto meu pai me estuprava, aprendi que precisava me virar sozinha... Enquanto meu pai fazia amor comigo, todas as vezes que minha consciência tomava o mal caminho e perambulava rumo ao presente, eu repetia as leis sagradas que eu acabava de conceder a mim mesma: as leis do silêncio e da perda da linguagem. Para nós, não existe linguagem em um mundo masculino." (MM, p. 168)

Mais do que um mundo regido por um Deus oculto, esse é o mundo de um pai ausente. "Já que eu nunca te conheci, todos os homens com quem eu fodo são você, papai." (PK, p. 15) Os personagens que povoam o texto encontram sinais e repercussões desse pai ausente por todas as partes, que podem tomar a forma da propriedade, do poder e do controle. "Meu pai verdadeiro era tudo aquilo que ameaça a humanidade." (ES, p. 164) Ainda assim, diversas Ackers anseiam pelo amor desse pai ausente, anseiam até mesmo por suas agressões.

Uma vez que a teia-Acker nunca conheceu seu pai verdadeiro, qualquer homem que fode uma Acker poderia ser esse pai – mas nunca o é. No fim das contas, todos os fios que se conectam à paternidade precisarão ser cortados. Lulu diz para seus pais: "Se as memórias são realidades, esse mundo é uma prisão." (DQ, p. 89) A ausência de amor se repete enquanto ausência de amor-próprio. "Por causa do meu pai, não posso amar nem sequer a mim mesma. Tirania produz apenas tirania." (MM, p. 161) Os pais engendram um mundo de repetição e mesmice, do qual é possível escapar através do esquecimento, ainda que apenas por um breve momento. "Não sei o que aconteceu com papai. Decidi continuar vivendo, ao invés de me matar." (ES, p. 19)

O pai é um poder abstrato que ordena e exige, mas que no decorrer desse processo acaba apagando as diferenças, além de apagar ou negar seus próprios desejos. Uma Acker: "Me lembro de desejo (meus olhos no pau do meu pai), de ausência (papai não existe para mim), e de todos os outros sentimentos e contradições que me mostram a diferença como algo radicalmente outro. A luta contra a sociedade patriarcal e sexista é a luta contra a recusa em permitir que contradições, diferenças, alteridade existam." (*BW*, p. 59) Pais: são inevitáveis, mas é melhor não se preocupar nem se envolver demais com eles. Esqueçam os nomes deles.

MÃES

Os pais são uma presença ausente. "Naquele tempo, quando eu cresci, não havia garotos, apenas a mãe da minha mãe, minha mãe, eu, e minha irmã. Nunca conheci meu pai. Nem eu nem a minha irmã, especialmente eu, que era a mais velha, tínhamos permissão de fazer coisa alguma. Não me era permitido ser sexual, nem de perceber meu corpo a partir de meus próprios olhos." (*MM*, p. 32) Raramente há alguma menção às irmãs. As avós funcionam como marcadores da posição de classe herdada. Uma relação de uma Acker com uma mãe, enquanto relação binária, elimina um terceiro termo. Não há pai, ou há apenas um pai pouco efetivo, incapaz de sustentar a ordem do mundo para além da família.

"O mundo inteiro, incluindo a consciência, gira em torno da minha mãe." (*GE*, p. 14) Isso irá se tornar um problema: "A filha que não consegue rejeitar sua mãe interioriza uma prisão." (*BW*, p. 69) A relação binária estabelecida com a mãe é uma relação impossível. "Por um lado, minha mãe era ou foi minha amante. Por outro lado, minha mãe era vítima em uma sociedade definida pelos machos. Se eu me identificasse com ela, seria, portanto, forçada a me definir como uma vítima. Como posso lidar com esse dilema?"[81] (*PA*, p. 40)

81. No original: "*how do I deal with this double bind?*" [N.T.]

Múltiplas Ackers muitas vezes amam sua mãe, mas não são amadas por ela. "Como ela não tinha marido quando me pariu, ela se ressentia, e continuou a se ressentir, da minha existência." (*WP*, p. 303) A mãe está presente, mas seu amor, não. Ou pior. Às vezes, uma mãe é, para uma Acker, aquela que não teve coragem de abortar. Uma mãe diz para uma Acker: "Nunca quis ter filhos. Foi um erro… Queria fazer um aborto, mas estava assustada demais." (*EU*, p. 166) Ainda assim, as Ackers são como suas mães. Elas se parecem, às vezes agem da mesma maneira, como se uma Acker fosse um clone de uma mãe, como se se tratasse de uma narrativa de repetição.

Mesmo assim, essa mãe pode assumir um papel afirmativo. "A imagem da minha mãe é a fonte da minha criatividade." (*GE*, p. 6) E, contudo: "Não faço ideia de como começar a perdoar alguém, muito menos a minha mãe. Não faço ideia de por onde começar: a repressão é estúpida, por isso impossível, e eu sou materialista." (*GE*, p. 6) A mãe se repete, de novo e de novo, com variações ao longo da teia-Acker.

O pai está ausente desde o princípio; mais tarde, a mãe se ausenta também. Essa ausência é evocada como um sonho: "Mamãe despenca no mar (esse é o suicídio da minha mãe)." (*ES*, p. 25) A morte da mãe, que em geral se suicida, opera um corte em outro fio da identidade: "Me dou conta de que os finais são tudo aquilo que a minha vida é. Não finais, que são apenas acontecimentos; mas buracos. Quando minha mãe morreu, por exemplo, o 'eu' que eu conhecia até então desabou. Toda a minha história se foi. Roupas bonitas e bichice[82] são coisas que me encantam." (*GE*, p. 64) Embora a história familiar seja constantemente recusada, ela se recusa, por sua vez, a ir embora.

82. No original: "*gayness*". [N.T.]

"Mas não preciso do suicídio da minha mãe para reconhecer a podridão purulenta quando ela aparece na minha frente. Tenho essa sociedade." (*MM*, p. 88) Não se trata de ver papai-mamãe-e-eu por tudo quanto é lado, nem de transpor a memória dos pais para todo o resto do mundo. Trata-se de ir em direção ao mundo e então descobrir, através da memória, que o mundo sempre se fez presente nessas figuras paterna-e-materna. Descobrir que os pais operam como uma espécie de código que revela o modo como o gênero funciona, ou como relações de classe funcionam.

Essas Ackers: "Sei o que é o abandono. Se você foi abandonad/o/a, você vai sempre ser abandonad/o/a: você torna o abandono algo que faz parte de você, como a única forma de amor que você pode receber. Os pais, assim como todos os fenômenos do mundo, passam, vão embora… É uma forma de beleza." (23.08) Não é a família o que explica o eu. "A quem pertence a infância da qual estava me lembrando agora?." (22.41)

BIBLIOTECA

"Apontei minha faca arranquei os olhos pintados de todos os ancestrais da minha família que estavam naquela galeria. Não senti nenhuma culpa." (*PE*, p. 154) Pais disfuncionais ou pouco efetivos falham em imprimir adequadamente nos filhos as marcas da ordem social da qual eles deveriam agir como figuras mediadoras. "Por não ter tido pai e por ter sido aprisionada por minha mãe, permaneci deseducada e selvagem. Meu corpo era tudo o que eu tinha. A a a a não sei o que vem a ser a linguagem." (*MM*, p. 10) O pai é uma farsa, um substituto, um padrasto. Uma Acker-filha diz para sua mãe: "Você abriu seu corpo para meu pai irreal, portanto você não é real e eu sou um aborto." (*LM*, p. 198)

As jovens Ackers se encontram aprisionadas em um lar burguês. Como lar burguês, o lar das Ackers contém "essa biblioteca, que parecia estar o mais longe possível da minha mãe". (*MM*, p. 197) Na biblioteca: "Cada livro daquela estante que eu lia era um mundo no qual meus pais não estavam presentes." (*DQ*, p. 143) E: "Eu deixava o mundo dos humanos para adentrar meus mundos de árvores e de livros." (*DQ*, p. 142) Já que essa é uma história que se passa em Nova York, nesse caso havia mais livros do que árvores.

Ler é algo que está bem próximo do mundo dos sonhos, um vetor que aponta para fora de um mundo fechado. "O reino da infância é o reino da luxúria. Os livros, ao replicarem esse ou qualquer outro fenômeno, provocam a perversidade." (*MM*, p. 121) Livros são aventuras que podem ser desfrutadas até mesmo pelas meninas, aprisionadas em um mundo de expectativas estreitas. "Eu era esperta como uma ratazana, então descobri um outro jeito de me transformar em pirata." (*BW*, p. 158) "Já que os piratas moravam dentro dos meus livros, corri para o mundo dos livros, o único mundo vivo que eu, uma menina, fui capaz de encontrar. Nunca abandonei esse mundo." (*BW*, p. 159)

A sexualidade se estende em direção às Ackers, conectando-as a diferentes mundos, menos a partir do romance familiar do que da biblioteca da família. As memórias de sua família real e as memórias das famílias dos livros se aninham lado a lado na teia-Acker, possuem o mesmo peso. Podemos mesmo dizer que as memórias reais de Acker desempenham um papel menor nesse campo de histórias, a maior parte das quais se originam da biblioteca. Se algumas Ackers têm pais, vez ou outra esses pais podem ser livros.

Mais do que uma forma de reproduzir a família, o sexo se tornará um mecanismo para reproduzir livros. Mas, como veremos mais tarde, na terceira filosofia, pode ser que haja mais de um modo de reproduzir livros. "Todas as histórias ou narrativas… sendo histórias de revolta, são revolta." (*DQ*, p. 146) É através da biblioteca que surge o caminho para fora da casa, rumo a um pequeno mundo urbano que é uma espécie de biblioteca viva. "Encontrei uma espécie de brecha.[83] 'Boemia'. Naquele tempo, existia algo que se chamava 'boemia', algo que fazia muito sentido." (*PA*, p. 87) A boemia, por sua vez, serve de ponto de partida para uma terceira filosofia, uma filosofia da cidade.

Os livros se tornam mediadores para desejos que não podem ser expressos de nenhuma outra forma no contexto de uma família, especialmente por uma garota. Livros são aventuras. Livros são *sexy*. Mais tarde, ler, assim como escrever, tornam-se práticas que podem ser combinadas à masturbação: "Primeiro, simplesmente pegava um livro qualquer e abria. Ia ler apenas algumas poucas frases até estar molhada o suficiente para que meu dildo pudesse deslizar facilmente para dentro da minha boceta." (*PK*, p. 33) Assim: "Todo texto é uma escrita do desejo." (*MM*, p. 40)

DESEJO

"Esse tipo de desejo sexual que, quando se move, inaugura o mundo, teve origem em mim." (*EU*, p. 22) O que impele as Ackers para fora da família, para fora até mesmo da biblioteca, é o desejo, que aparece como um excesso, como um problema: "Meu desejo mais profundo era um desejo burguês." (*MM*, p. 153) Existe uma tensão, aqui, entre os traços que diferentes identidades herdam do meio de onde vieram e aquilo que uma nova forma de outrar-se para

---

83. No original, "*I found a sort of pocket*". [N.T.]

além desse meio pode impeli-las a se tornar.[84] O desejo se torna então um desejo por outro tipo de desejo. "De agora em diante vou decidir por mim mesma, viver de acordo com as minhas decisões – decisões que brotam do desejo." (*MM*, p. 17) Esse desejo inaugura um mundo. "Aquela noite despertou emoções ferozes como ventanias. Eu assistia à foda do céu com os ventos. Precisava foder e ser fodida." (*ES*, p. 114)

O que essa Acker deseja não é simplesmente algum/a outr/o/a. "O mundo é meu desejo." (*LM*, p. 230) Esse mundo está prestes a se tornar complicado. Porque: "Eu desejava exatamente aquilo que não conseguia aceitar." (*ES*, p. 117) Não é possível aceitar o mundo tal como está. "A soma do amor com o ódio se chama desejo." (*BW*, p. 58) Amor e ódio pelo mundo. Amor e ódio criam um mundo inconstante, formam eus inconsistentes. "O eu [I] que desejava e o olho [eye] que percebia, embora existissem num mesmo corpo – o meu –, nada tinham a ver um com o outro: eu não era possível." (*ES*, p. 33)

"Depois de foder, a única coisa que eu queria era me doar inteira e absolutamente a outra pessoa. O que esse desejo significa para além de si mesmo, não sabia e não sei." (*MM*, p. 14) Memória e reflexão se apagam num momento de desejo. "Janey já não podia perceber a si mesma como alguém que desejava. Janey era o desejo." (*HL*, p. 47) Talvez a escrita possa ser um espaço onde o desejo tome outra forma. Na escrita, o desejo pode ser percebido como algo que se descola tanto

84. No original: *"There's a tension, then, between the traces an inherited milieu leaves in selves and what another kind of selving beyond that might become."* No decorrer do livro, optamos por traduzir o neologismo *"selving"* por "outrar-se", já que, ao propor uma subjetividade múltipla, que rompe com a ideia de um eu único, como uma espécie de prática, seria possível entender essa prática como um "tornar-se outro". Para as Ackers, lidas a partir de McKenzie Wark, a fronteira entre eu e outro é dinâmica, jamais completamente definida. [N.T.]

152

da multiplicidade de eus quanto do mundo. "Qual é a aparência do meu desejo?" *(BW, p. 63)* Talvez o desejo esteja para além de um conhecimento determinado, de uma aprendizagem determinada. "O desejo é inocente." *(IM, p. 60)* E ainda: "A inocência é a única coisa que eu desejo." *(ES, p. 48)* Inocência, ou uma ingenuidade que nos permite nos maravilhar.

O desejo aparece como uma relação estabelecida com algum/a outr/o/a, embora raramente se trate de uma relação na qual se possa confiar. "Ele afirma que é o espelho perfeito do desejo genuíno dela, e ela se dispõe a inventá-lo dessa maneira." *(GE, p. 40)* Ainda que, como veremos, os prazeres dessa relação de espelhamento não se estendam muito além do retorno desse olhar. "Foder, todo mundo fode. É o flerte que nos agrada." *(IV, p. 58)* Talvez essa seja, afinal, a melhor parte. O momento do olhar que enxerga o olhar que enxerga o/a outr/o/a: "O desejo sexual é simultaneamente eterno e momentâneo." *(BW, p. 20)* Fugaz, como o eu [I] que diverge do olho [eye].

No fim das contas, o desejo vai apontar para além da segunda filosofia, para além de qualquer dualidade.[85] Existe sempre um terceiro termo: "O desejo é o olhar da tríade." *(BW, p. 19)* O desejo pode brotar através dos olhos, mas não se trata simplesmente do olho que retorna o olhar do outro. Talvez seja o olho que retorna o olhar do outro e depois desvia o olhar para alguma coisa ou para alguma outra pessoa, o que faz com que o desejo apareça como falta, como lacuna, talvez mais ainda como potencial. O desejo dirige o olhar não apenas para o/a outr/o/a, mas para além, seguindo o olhar d/o/a outr/o/a. Existe uma ambivalência própria do desejo, uma diferença estrutural ou potencial.

---

85. No original: *"beyond two-ness"*. [N.T.]

SEXO

Uma Acker responde a perguntas banais e agressivas em uma entrevista:

Animal favorito? "O macho".

Você gosta de viajar? "Gosto de foder." (*BA*, pp. 20, 22)

Uma Acker rascunha uma pequena cantiga:

"Agora o pau é tudo o que tenho em mente/ Gosto que seja forte/ E que seja quente." (22.04)

"Se Madame Bovary saía fodendo por aí, eu também posso." (*LI*, p. 90) E: "Não quero fazer nada além de foder. Quero me tornar outras pessoas." (23.18) Essa Acker diz isso com uma gargalhada. "Tudo o que eu queria era foder e ser fodida." (*MM*, p. 209) E: "Milhares de fodas podem transformar qualquer um/a em Cristo, mesmo que a gente seja fêmea, mesmo que a gente despreze o messias." (22.02) A escrita emerge a partir de experiências sensoriais; foder expande o escopo dessas experiências: "Minhas percepções se tornam mais claras durante o sexo." (*PK*, p. 30) Essa expansão diz respeito não apenas às sensações, mas também às emoções: "Sexo, você traz minhas emoções à tona." (*IM*, p. 131) O sexo expande a possibilidade de sensação não apenas para uma Acker, mas para o/a outr/o/a também.

O sexo produz uma diferença, e diferença é conhecimento. "O sexo é uma perturbação física necessária, porque nos transforma." (*DQ*, p. 154) O sexo, assim como a escrita, não precisa produzir mais daquele mesmo velho eu. Pelo contrário, eus podem ser criados ou desfeitos enquanto estamos fodendo. "Meu sexo é impessoal quando eu fodo. Minha sexualidade é impessoal. Estou perdendo minha identidade bem depressa, essa última parte que resta do meu tédio." (*PE*, p. 51)

154

"Cada vez que a gente fode, destruo a mim mesma ou destruo o mundo." (*MM*, p. 48) O sexo pode produzir situações intensas, que podem fazer emergir um eu que seja um registro dessas experiências: "Minhas sensações físicas me assustam, elas me confrontam com um eu, embora eu não possua eu algum: o toque sexual torna as sensações físicas tão ferozes." (*DQ*, p. 171) E: "Você não vê aquilo que faz quando toca a carne... Você não vê? Você transforma o mundo?" (*IM*, p. 112) O sexo pode te enredar em algo impossível. "A sexualidade deve ser definida como algo que não pode ser satisfeito e que por isso faz com que a pessoa se transforme." (*GE*, p. 107)

Essa Acker: "E eu me vejo: lodo sexual, carne devorada pela doença, pelos engrossados por piolhos pubianos avermelhados." (22.02) Do outro lado do sexo está a morte. "A sexualidade observa suas próprias necessidades, e essas necessidades, necessidades de transformação entre existência e a não existência, encontram-se profundamente conectadas àquilo que é humano: a alegria." (*DP*, p. 21) Pode, contudo, haver uma assimetria que diz respeito a quem consegue chegar mais perto da experiência do sexo como apagamento do ser. "Você vai ter que morrer logo. Você vai ser como eu. Você vai estar onde estou agora. Teu pau-osso vai estar dentro da minha boceta-osso." (*GE*, p. 109)

O sexo cria sua própria temporalidade: "Oh, por favor, me foda pelo resto da minha vida. O resto da minha vida quer dizer me foda agora mesmo. Tão forte quanto você conseguir." (*BG*, p. 123) E: "Ele a fode e a fode e ela goza e goza, e então continua a gozar e já não há mais tempo." (*PK*, p. 69) Esse pode ser um outro jeito de formular a relação que o sexo constrói entre a existência e a não existência. "Bem em cima daquela grade preta de metal, o cara e eu começamos a foder. Éramos deuses." (*EU*, p. 23) Como nos mitos, o sexo é seu próprio tempo, o tempo da metamorfose, que se estende para além dos limites do humano. "Nossa sexualidade não é humana. Esse é o segredo mais profundo. Aliada da sabedoria, ela é arrancada das entranhas materiais da carne." (*IM*, p. 36)

Assim, "como tentáculos feitos de pelagem de coelho, minhas pernas se enrolaram ao redor das pernas dele, mais fortes e mais peludas. Logo o calor começava a se infiltrar no meu corpo por debaixo da pele, como leite. Sussurrei que nunca mais queria estar sem ele outra vez. Foi então que minha boca se revirou ao redor da sua língua: deixei de viver qualquer coisa que não fosse o momento presente… Ele me atendeu, me levantou alto, acima da sua cabeça, os dedos dentro da minha boceta e do meu cu, agora eu tinha me tornado o seu vaso, ele era os espinhos, eu derramava o vaso sobre os ombros dele até que o vaso se estilhaçasse no chão, ele continuava a me levar ao orgasmo outra vez, seus dedos se movendo num labirinto de violência. É sempre assim que eu acabo sendo capturada". (*MM*, p. 151)

"Sexo bom é tão raro." (*IV*, p. 64) Trata-se do seu tipo especial de agonia. "Naquele tempo, minha sexualidade estava separada do meu ser verdadeiro. Porque meu ser verdadeiro é um oceano em que todos os seres morrem e crescem. A aceitação dessa separação entre ser e sexualidade foi uma invenção do inferno." (*MM*, p. 14) E: "Mal começamos a aprender aquilo que o sexo pode ser." (*LI*, p. 181) Porque: "Nossa sexualidade vem da repressão." (*GE*, p. 109)

Essa Acker: "O sexo existe nesse mundo só para fazer os humanos sofrerem." (23.08) Na teia-Acker, a sexualidade desinibida não é, no fim das contas, um vetor que nos liberta da família,

156

do estado, da ordem. Muito menos no caso das garotas. "Estar numa boceta é estar na prisão. Fazer qualquer forma de sexo nesse mundo é ter que fazer sexo com o capitalismo. O que é que Janey e Genet podem fazer?" (*BG*, p. 135) E: "Não acho que, ao foderem, os humanos se relacionem amorosamente entre si de modo igualitário, o que quer que isso seja ou signifique, fodem por necessidade de poder e de controle." (*ES*, p. 54)

PENETRAÇÃO

"Enquanto eu estava desmaiada, ele enfiou o pau no meu cu e eu gozei." (*HL*, p. 69) Cada tipo de ato sexual produz situações de um determinado tipo. Mesmo que esses atos aspirem à simetria, talvez ela seja impossível. Assim como o olho e o eu se distinguem, e sensação e desejo diferem, também existe diferença entre quem come e quem é comid/o/a.[86] A assimetria do sexo pode ser apenas uma das zonas onde se pode pensar a respeito do gênero, embora no texto-Acker as assimetrias dos atos sexuais possam emergir das formas mais variadas, envolvendo os mais variados corpos. Não existe um diagrama essencial da maneira como o gênero incide sobre os corpos. Nesse sentido, todos os corpos Acker são potencialmente trans.

Muitas Ackers se debruçam sobre o corpo penetrado. "Goze em mim, minha loucura, e já que você já me arrebatou, tudo aquilo que eu sou implora para que você me tome." (*BW*, p. 109) Para muitas Ackers, ser-fodid/o/a é o ato sexual mais intenso, embora outras Ackers possam discordar: "Existe um consenso básico que afirma que o ato de beijar é bem mais explosivo que

86. No original: "*Just as the eye and I, or sensation and desire, differ, so too the fucker and the fucked.*" [N.T.]

o ato de foder." (*GE*, p. 47) Há muitas descrições detalhadas da experiência de ser-fodid/o/a no texto-Acker, nas quais a destruição do eu, a dilatação do tempo, a metamorfose para além do humano, e a intensidade do orgasmo convergem para o corpo penetrado.

"Depois de ter sido penetrado, o corpo ou o jardim já não pode esquecer o prazer que emana da penetração." (*BW*, p. 74) Ser comid/o/a é uma situação que produz a sensação de um corpo organizado ao redor de seu aspecto penetrável. "Já que o corpo é a primeira base do conhecimento, m/eu/inha professor/a me fez tirar a roupa. Uma boca tocou e lambeu minha bunda. Um dedo se espetou no meu cu. Um dildo se embrenhou no meu cu e outro dildo se embrenhou na minha boceta. Ambos os dildos ejacularam líquido em mim, um líquido que notei ser branco. Eu estava tão absurdamente excitada, que gozei. Notei sobretudo as relações descontroladas do meu corpo… M/eu/inha professor/a disse que não era suficiente saber que meu corpo (eu) reagia daquela maneira. Eu precisava conhecer de modo mais preciso todas as minhas reações complexas. Será que minha sensação, ou minha reação, tinha sido mais forte no meu cu ou na minha boceta?" (*DQ*, p. 167)

Essa Acker: "[…] e ela podia ouvir seus próprios ruídos emergindo e se alongando como animais nas suas narinas e na sua boca, eram barulhos de mula, o corpo dela se tornou então uma furadeira, ela já não era animal, era coisa, uma coisa que se pegava contra ele contra ele, sou uma máquina sou uma máquina estou fora de controle, e bum o orgasmo veio era enorme ela foi tragada para dentro. Goze. Como a morte. Os gritos não vinham de ninguém. Ela não seguiu para onde esse prazer ou perfeição a levaram porque ela era inteiramente cada uma de suas sensações. O pau começou a bombear líquido para cima e para baixo em toda sua extensão dentro da vagina. Fundo ali dentro onde há mais sensação do que percepção da superfície, ela sentiu as ondas daquilo que entrava e ela, membranas mucosas que estavam exatamente ali, pulsava num tempo complementar, goze goze, é gozar que se chama, disse para si mesma depois, é algo que não dá para parar quando acontece, não dá para fazer nada a respeito." (*IM*, p. 120)

Além do sexo, poucas situações são capazes de produzir um corpo costurado ao tempo e ao mundo; ser-fodid/o/a é um tipo de ato sexual que produz esse corpo com certa intensidade. "Meu ser físico, meu corpo, é definitivamente diferente quando estou sendo fodida e quando não estou sendo fodida. Como posso dizer qualquer coisa quando estou completamente fora de centro, quando não estou sendo fodida?" (*DQ*, p. 56) Ser-penetrad/o/a cria um nó ao redor do qual todas as outras formas de diferença – sensações, eus, gêneros – podem se dispersar.

No campo-Acker, aquel/e/a que penetra, ao menos em situações heterossexuais, gera apenas comentários breves. "Você fica fora de controle quando entra em mim o máximo que você pode. Estou para além do gozo. Em um espaço de consciência e inconsciência. No escuro. Não há mais dor e não há mais gozo. Nunca soube que poderia chegar até aqui. Você para. Quando o pau já está fora de mim, aterrizo o suficiente para começar a gozar. Vou deixando de gozar gradualmente." (*BG*, p. 125) Ser aquel/e/a que penetra não é tão interessante assim. Quem penetra fica fora de controle apenas tanto quanto consegue, o que aparentemente não é muito, já que penetrador/e/a/s gostam de controle. Barbarella: "A maior parte dos homens não gosta de sexo. Eles gostam de se sentir poderosos, e quando o sexo é realmente bom você perde todo poder." (*GE*, p. 110)

A antecipação é a coisa que importa mais, seguida pela sensação de ser-fodid/o/a, que o/a/s penetrador/e/a/s talvez nem sequer conheçam. "Assim que o boxeador gozou de leve na minha boca, ele já tinha dito adeus. Me deixou sozinha como um cu aberto. Quero um pau, um punho dentro do cu. Quero uma realidade capaz de mentir, assim como mente tudo o mais, na superfície da mesa do açougue ali onde os cortes de carne fedem mais do que esperam." (*HL*, p. 71) O/a penetrador/a nada sabe a respeito disso. A não ser, claro, que o/a penetrador/a troque de posição.

"Neste mundo, não passo de um objeto." (*MM*, p. 81) A assimetria entre quem come e quem é comid/o/a é toda uma baixa teoria dos espectros do corpo: masculino em relação a feminino, ativ/o/a em relação a passiv/o/a, cis em relação a trans. "O desejo sexual humano jamais é recíproco." (*PK*, p. 99) A teoria da penetração se sobrepõe a uma teoria do gênero, mas não corresponde exatamente a ela. Se supõe que corpos masculinos podem ser penetrados. "Outras vezes, enfio o terceiro dedo da minha mão direita no cu do Eddie. Entra fácil. Ele se inclina e olha para mim com uma surpresa e abertura pouco comuns nele. Aberturas fazem com que eu me abra." (*DQ*, p. 55-56)

Se supõe que corpos femininos também podem penetrar. E nem sempre são pênis que penetram: "O terceiro dedo da mão direita dele está repousando no cu dela e o polegar da sua mão direita está um centímetro para dentro da sua boceta." (*GE*, p. 39) E ainda assim, pode ser que o/a/s penetrad/o/a/s saibam de algo que o/a/s penetrador/e/a/s desconhecem, e muitos daquel/e/a/s que dispõem desse conhecimento sabem disso por já terem estabelecido alguma relação com a feminilidade. "Será que os poetas podem falar de algo que não experienciaram? Lentamente, eu a penetrei." (*LM*, p. 235)

"Esse é o mundo como realmente é. Dei um berro. Tod/o/a/s penetram e gozam." (*PK*, p. 90) Pode ser que apenas o/a/s penetrad/o/a/s realmente gozem. A assimetria da penetração se torna uma visão de mundo generalizada. É a imagem de um certo tipo de diferença, que à primeira vista se estabelece entre o poder aparente de quem penetra e a loucura aparente de quem é penetrad/o/a. A diferença é que ser-fodid/o/a é que fratura o eu. Para o/a/s que se-deixam-foder: "Já não existia qualquer diferença entre dentro e fora." (*PK*, p. 91) Penetrar é um poder, deixar-se penetrar é - ser.

Uma Acker: "O pau é a ação que te faz enlouquecer." (*LM*, p. 234) O pau faz com que penetrador/a e penetrad/o/a enlouqueçam de modo diferente. Penetrador/e/a/s podem ter ilusões de grandeza. "Foda aquilo que você não pode ser." (*MM*, p. 39) O/as penetrador/e/a/s se transformam numa ação que imagina a si mesma agindo sobre um objeto. Quem é penetrad/o/a pode se perder demais do eu e de suas razões. "As pernas dela abertas escancaradas à medida que ela afunda vuum os braços dela se fecham ao redor daqueles ombros finos. Uma sensação maravilhosa. Não esquisita, nem até-que-boa, nem não-totalmente-ali. Maravilhosa mesmo, e só. Ele fode com força. Ele gosta de foder. O pensamento não precisa foder tudo." (*BG*, p. 130) A relação se fode através da sua diferença.

Essa é uma filosofia do corpo penetrável no momento da penetração: "Quando o pau desse homem entra em mim, todos os meus músculos começam a tremer, cada um dos meus nervos começa a queimar e tremular. Sou líquida e sólida ao mesmo tempo. Sou inteiramente prazer. Nesse momento. (1) Estou me abrindo o suficiente para conter todas as identidades, todas as coisas, para transformar tudo em energia, sou vulcão. (2) Sou energia constante, não posso nunca ser qualquer outra coisa. (3) Não tenho emoções; sinto todas as texturas em contato com outras texturas; sou inteiramente parte do mundo dos objetos, tomo consciência dele. Eu não existo." *(PE*, p. 60) O eu não apenas está fraturado: o eu é apagado por um momento, se desmancha na eternidade.

O corpo que penetra é frequentemente (mas não sempre) masculino e o corpo penetrado é muitas vezes (mas nem sempre) feminino. Também é possível mapear os conceitos de corpo e de gênero juntos no sentido contrário: a despeito da anatomia, penetrar é um ato de tornar-se masculino através do tempo; a despeito da anatomia, ser penetrad/o/a, ser-fodid/o/a, toca algo de feminino. Os corpos podem ser cis ou trans, masculinos ou femininos: ser penetrador/e/a/s ou penetrad/o/a/s constitui toda uma outra diferença, que pode ou não ser mapeada sobrepondo-se a outras diferenças ou estruturando-as. "Sempre que um homem me diz que é feminista, digo para ele que sou uma bicha." *(LM*, p. 310) Não se deve confiar em nenhum homem que acredite ser feminista, a menos que ele tenha deixado um pau entrar na sua boca, no seu cu ou na sua orelha – e gostado. Por outro lado, a mulher penetrada e a bicha penetrada podem ser categorias intercambiáveis nessa segunda filosofia da assimetria da penetração.

MISANDRIA

"Lembro que, assim como um cachorro, tão logo eu havia sido penetrada, já não me importava mais com o homem que tinha acabado de me comer e pelo qual eu estava perdidamente apaixonada." *(HL*, p. 37) É comum que as Ackers adorem ser penetradas mas não gostem tanto assim dos homens. Elas amam os homens, mas odeiam se sentir dependentes daqueles que as penetram, por isso seguem buscando de novo e de novo formas de sair desse dilema. "Não quero beijá-lo, mas gozo chupando a rola de um cara que eu detesto. É que estou penetrando a mim mesma." *(HL, p. 56)*

A heterossexualidade cisgênera, a forma de relação dominante entre penetradores-penetradas, é uma assimetria que, embora seja desejada enquanto ato sexual, é recusada como ato social. Assim, surge um problema: "Não sabia o que fazer a respeito dessa inútil e, mais que inútil, virulenta e destrutiva doença que se chama amor sexual heterossexual. Nunca soube." *(ES, p. 64)*

"Sei muitíssimo bem o que é ser comida regularmente por um cara que sabe como te controlar." *(EU, p. 155)* E assim: "Me fode, para que eu possa te odiar." *(ES, p. 42)* O desejo pelos homens se torna um desejo impossível para as Ackers que são mulheres – o que, como veremos, não é o caso de todas elas. Aquelas que são mulheres desistem de coisas demais em nome da possibilidade de ser penetradas. "Porque quando eu amo um homem, especialmente quando estou sendo bem comida, faço qualquer coisa por ele, por outro lado odeio os homens eu não os odeio só não quero que me toquem porque a ponta dos dedos deles queima." *(GE, p. 91)* É um problema que não pode ser resolvido por meio de uma compartimentalização que separa o sexual do social. "Parte de mim, que fica numa caixa, odeia os homens, despreza-os, normalmente posso olhar para essa caixa e esquecer dela; só que agora a caixa explodiu. Gosto de foder." *(PE, p. 41)*

Aquel/e/a/s que penetram permanecem fechad/o/a/s para si mesm/o/a/s. Agem como sujeitos mundo afora mas não reagem, não deixam o mundo entrar. Diversas Ackers giram em torno desse problema. Essa Acker: "Odeio os homens, não quero seu mundo duro." *(LM, p. 337)* E também essa: "Não é que eu não goste dos homens — não é isso, de modo algum, mas não me agrada o fato de que, por ser mulher, não se possa fazer certas coisas." *(AW, p. 179)*

"Não são as mulheres que os homens temem, é a... como dizer isso... a mulher/cessação da divisão mente/corpo. É algo que tem a ver com o corpo das mulheres. A única coisa é que, se eu disser algo assim, estou de volta ao dualismo." (*IV*, p. 100) Às vezes o problema está nos homens em geral: o problema é que o corpo fechado do penetrador pode exercer um tipo de poder sobre o mundo que o corpo aberto de quem é penetrad/o/a não pode. Para o penetrador, quem é penetrad/o/a é um objeto sobre o qual, ou dentro do qual, agir. O penetrador é um sujeito que age, porém aquilo em relação ao qual ele age não representa muito para ele, talvez não represente nada. Enquanto papel social, o papel do penetrador tende à dominação, que age sobre objetos, nem sequer se mostrando capaz de reconhecer aquel/e/a que é penetrad/o/a, sem se deixar levar para fora de si mesmo por qualquer outra coisa. "Nenhum dos homens que ela tem é capaz de reconhecer a humanidade dela. Ajoelhe e chupe nossos paus." (*GE*, p. 44)

"Não quero nunca me casar com ninguém. Menos ainda com alguém com quem eu esteja fazendo sexo." (*EU*, p. 153) Aos olhos do penetrador, o ato sexual de foder se confunde com o ato social de possuir, de agir sobre alguma coisa tratando-a como mercadoria, como coisa à sua disposição para satisfazer algum desejo ou necessidade. Para muitas Ackers, o problema é que os homens querem ser donos daquel/e/a/s que eles fodem: "Os homens querem pele jovem fresca esticada de garota. Eles querem aquilo que é novo. Querem possuir." (*GE*, p. 48)

"Bom, inferno, às vezes não dá nem pra olhar de perto demais para alguns homens hétero, já que só de olhar a gente sente raiva demais." (*IV*, p. 28) Não se pode confiar em um corpo masculino que não se mostre aberto a se deixar penetrar por um pau, seja pelo cu ou por qualquer outro lugar. Para além de ter a tendência de tratar um corpo penetrável como coisa, o penetrador pode ainda tratá-lo como coisa descartável. Pode ser que ele valorize e desvalorize essa coisa, tratando-a como lixo: "Assim que minha filha morrer, ela não poderá ser enterrada — nenhum cão vai enfiar o nariz nessa boceta — porque o fedor da rebelião a que chamamos sangue menstrual nunca mais vai sair dessa pele, nem mesmo quando for pele morta." (*MM*, p. 173)

A heterossexualidade é contagiosa. "Minha vida começou quando eu tive gonorreia." (*ES*, p. 27) Mas isso não é o pior. "Estou grávida. De volta aos abortivos herbais baratos que custam três dólares. Espero que funcione." (*SW*, p. 54) Quando o corpo penetrável é o corpo de uma mulher cis, os homens cis tornam-se também produtores de abortos: "E naqueles dias os homens realmente detinham todo o poder, e tudo o que faziam era engravidar essas mulheres." (*LI*, p. 72) Uma boa razão para não confiar nos homens cis é que, além de penetrar, eles podem impregnar.

Os homens que são artistas pensam que podem foder as mulheres e também foder o mundo. Ao foder o mundo, eles podem, por si mesmos, dar luz à literatura e à arte. Na teia-Acker, por outro lado, os homens são produtores de não vida, seja quando fodem mulheres ou quando fodem o mundo. Os homens são produtores de abortos. Para as mulheres, por outro lado, os abortos tornam possível seu retorno ao mundo, são uma transição que torna sua agência possível. Vestindo sua camisola cirúrgica de papel como uma armadura, uma Acker se transforma em Dom Quixote: "para Dom Quixote, fazer um aborto é um método para se transformar em cavaleiro e salvar o mundo." (*DQ*, p. 11)

Algumas Ackers suportam um mundo que surge a partir de algo menos do que o desejo. "Ele nunca vai me dar aquilo que eu quero, mas ainda assim vou seguir fodendo com ele." (*HL*, p. 80)

Algun/ma/s Ackers querem trocar de lado, engendrando outro gênero para si. "Não quero um marido. Quero um irmão. É isso o que eu quero." (*EU*, p. 153) Algumas Ackers abandonam não apenas os homens mas todo e qualquer objeto de desejo que possua um gênero humano. "Homens de verdade. Vou te apresentar a uma das minhas motocicletas. Não sei a que sexo elas pertencem." (*IV*, p. 36) Outras ainda querem abolir esse mundo de marcações de gênero opressivas. "Ela tinha tomado a decisão de sobreviver. De seguir nesse mundo dos homens, para depois aniquilá-lo." (*IM*, p. 126)

ESTUPRO

Existe um problema adicional para todos aquel/e/a/s que são penetrad/o/a/s. Ao foder, um penetrador, além de experimentar seu poder, descobre uma vulnerabilidade. "Eles não conseguem foder o suficiente. Então se voltam para ela. Eles a odeiam do fundo das entranhas porque ela lhes permitiu ser fracos." (*GE*, p. 45) O poder de se lançar dentro de outro corpo vem misturado com um elemento de exposição, já que um sujeito em ação revela suas fraquezas, incluindo a possibilidade de um fracasso. Para o penetrador, o perigo está em um tipo diferente de abertura: ainda que ele não abra os orifícios do seu corpo, ele precisa ao menos se abrir a ser visto. Isso pode torná-los perigosos: "O medo é feminino: para as mulheres, o medo reside no coração do sexo heterossexual. Não sei se acredito nisso. Não quero acreditar nisso." (*GE*, p. 96) Mas muitas Ackers acreditam.

Existem alguns estupradores na teia-Acker. Alguns dos momentos de tensão mais extraordinários em sua escrita emergem quando os desejos d/o/a penetrad/o/a, que quer ser tomad/o/a, ser transformad/o/a em objeto, se choca com as consequências de ser transformad/o/a em objeto pela estrutura da relação heterossexual. As Ackers não querem ser estupradas. Aquilo que o corpo penetrável quer é algo inteiramente diferente. Mas uma das consequências dos desejos do corpo penetrável é a sua vulnerabilidade a ser estuprado, a ser tomado como objeto usado pelo sujeito e do qual o sujeito dispõe como bem entende.

Uma Acker: "Meu namorado finalmente entendeu [...] que eu ia mesmo deixá-lo de vez; ficou furioso; me atirou de barriga para baixo sobre um colchão; eu já não podia respirar, era meu cu que olhava para ele. Ele me fodeu por muito tempo através daquele orifício. Enquanto ele dava suas estocadas dentro de mim, eu o odiava; vários minutos se passaram e ele continuava a me penetrar sem nenhuma pausa; de repente noto que sinto prazer e quero que ele me foda ainda mais; comecei a tremer inteira e a gozar gozar. Assim que comecei a sentir prazer, comecei a sentir emoções diferentes em relação a ele: ao mesmo tempo que gostava de ser comida dessa forma, odiava estar sendo estuprada." (*MM*, p. 169)

Compare esse relato de ser um corpo que está sendo estuprado com a experiência de ser violada dessa outra Acker, e sua reação: "Enquanto aquele homem enorme se enfiava dentro dela, a garota permanecia deitada, tão rígida quanto um pedaço de lenha, sem se permitir sentir prazer algum, porque era principalmente desse jeito que seu medo lhe permitiria expressar sua raiva." (*GE*, p. 87) Não deveria ser necessário dizer que corpos estuprados em geral não sentem prazer em absoluto. Essas Ackers estão interessadas em situações em que esse prazer acontece, uma vez que essas situações ressaltam o modo como a mesma vulnerabilidade que torna os corpos penetráveis vulneráveis para sentir o prazer de ser penetrados pode expor esses corpos a uma violência indesejada.

O estuprador não é alguém radicalmente outro, não é um *outsider* do mundo social. Ele é uma consequência da assimetria sexual entre sujeito e objeto característica da relação heterossexual. Aqui está uma das raras Ackers que se torna, em determinado momento, esse sujeito, esse estuprador: "Mais tarde, foi isso que o estuprador pensou: 'Quem são os homens que estupram? Todo mundo sempre me pergunta isso. Quem são eles? São todos. Por que você é como é? Me perguntam. Como se eu fosse uma merda de uma aberração. Como se eu não fosse humano.'" (*IM*, p. 114) Qualquer homem, ou melhor, qualquer penetrador/a, é um estuprador em potencial, qualquer um que atue como sujeito e se insira em outr/o/a, tomando-o/a como objeto.

A possibilidade de uma violação para além daquilo que quem é penetrad/o/a realmente quer sequestra a relação como um todo. Quem é penetrad/o/a quer ser rachad/o/a, mas não quebrad/o/a, quer algo menos que o potencial completo dessa assimetria. (Não queremos morrer.) O/a penetrador/a quer mais, mas de outra maneira. O/a penetrador/a quer uma parcela da experiência de ir além dos limites e dos entraves do eu. "Talvez sejam os homens que sonhem com o amor, e as mulheres que sonhem com a sobrevivência." (*IM*, p. 115) Quem é penetrad/o/a não é um objeto, não é desprovid/o/a de agência. Mas às vezes quem penetra cancela e restringe essa agência. Embora exista muita agência sexual feminina na teia-Acker, essa atitude dificilmente poderia ser considerada um exemplo de "positividade sexual" ou de "empoderamento".

Consequentemente: "Não é que eu não goste de foder com homens. É só que, a cada vez que um cara trepa comigo mais de duas vezes, ele pensa que pode me dizer o que fazer. E já que eu precisava lutar com esse comedor pelo meu próprio poder, pela minha própria vida: ou eu desistia da foda ou desistia de mim mesma. Normalmente acabava desistindo de mim mesma, já que gosto demais de foder.

Estou fodida. Não quero ficar fodida assim, não mais, não senhor, obrigada." (*ES*, p. 126) Ser penetrad/o/a é uma forma de encontrar um centro, um eixo para a sensação no mundo. Por outro lado, querer penetrar é um desejo dúbio, uma vez que penetrar não é uma forma de conhecer, mas de possuir. Gozar, se deixar penetrar por esse mundo, enquanto alguém que é penetrad/o/a, é adentrar o mundo acompanhad/o/a de alguém que não se deixa penetrar pelo mundo, ainda que goze.[87]

Essa Acker sarcástica diz: "Não é que não goste dos homens. Eles são, por natureza ou por condicionamento social, cruéis, arrogantes, egoístas, orgulhosos, estúpidos, teimosos, incapazes de admitir a própria estupidez, dispostos a fazer amizade apenas com as pessoas que consideram que estão abaixo deles mesmos, como as mulheres, mas é possível ensiná-los a ser diferentes. Eles possuem algumas boas características, embora eu não possa neste momento lembrar quais são elas." (*PE*, p. 111) A masculinidade (cis, heterossexual) é ao mesmo tempo desejada e rejeitada, desejada e temida. Na maior parte das vezes, um pau é a única coisa que eles têm a oferecer, embora algumas Ackers podem descobrir neles outras utilidades: Romeu: "Vou te comer." Julieta: "Prefiro ser manipulada." (*LM*, p. 197) O poder masculino mata aquilo que deseja. O que ele quer é subjugar um objeto, e não ser confrontado por outro sujeito.

E, ainda assim, desejar ser comida por eles… ser pega entre o medo e o desejo. "Para tocar, ele precisava dar ordens. Ele me

---

87. Nesse trecho, Mckenzie Wark joga com o duplo sentido do verbo "*to come*": "gozar" e "vir", explorando a expressão "*come into the world*", que pode ser traduzida por "entrar no mundo". Propus uma tradução jogando com o verbo "penetrar", já que o verbo "gozar" não tem a mesma ambiguidade. No original: "*To come, and to come into the world, as penetrated is to come into the world with one who doesn't come into the world, even if he comes.*" [N.T.]

dava ordens; ele designava posições; ele inventava um mundo." (*ES*, p. 92) Essa é sempre uma experiência mista. "Mas se eu soubesse como os homens eram realmente nunca iria desejar nenhum deles. Digo isso para me tornar mais desejável aos homens." (*MM*, p. 129)

Para que isso tudo não pareça reducionista demais, ancorado demais na anatomia, essa Acker distingue entre paus feitos de carne e paus que operam como signos: "Não que eu me importe com os paus: me importo com aquilo que representam." (*MM*, p. 131) E ainda assim, enquanto portadores do pau enquanto signo, os homens são quase sempre os mesmos, assim como o signo do pau permanece o mesmo, enquanto signo da mesmice, uma vez que o pau, enquanto aquilo que penetra um objeto, torna todos os objetos equivalentes uns aos outros. Contudo, tudo isso pode se mostrar útil. "Desde o primeiro momento em que um garoto colocou a língua na minha orelha, fiz algo parecido com gozar. Foi aí que aprendi que qualquer garoto que faça isso na minha orelha está valendo." (*MM*, p. 207)

MASOQUISMO

Fazer sexo com homens cis heterossexuais pode, de forma geral, ser uma forma de masoquismo. Estar à beira do perigo não é algo incidental: é aquilo que faz dos homens homens. Essa Acker: "Não chamo de SEXO a experiência de ter um garoto jovem entre meus lençóis, eu raramente me deixo levar por garotos jovens ou gentis porque sei que vou ficar entediada. Quero as texturas das suas vidas, as complexidades instauradas pelas traições e pelo perigo – gosto de homens que me machucam porque nem sempre me enxergo, meu egoísmo é esquartejado. É disso que eu gosto: adoro ser espancada e ferida e levada para uma jornada alegre. É esse SEXO – o que eu chamo de **SEXO** – que guia a minha vida. Eu sei que existe esse Sexo de traidores, desviantes, esse sexo da escória e dos esquizofrênicos. São eles que eu desejo." *(BG*, **p. 129)**

Uma visão franca da masculinidade em seu aspecto menos encantador, enquanto penetradora e potencialmente violenta, pode ao menos prevenir desapontamentos quando esse potencial realmente vem à tona. "Janey ainda é uma garota de pretensões. É preciso que ela seja completamente exaurida. Ela precisa ter suas entranhas esvaziadas." *(BG*, **p. 11)** O texto-Acker conjuga um desejo frequente por homens a um franco rechaço da linguagem romântica a respeito da heterossexualidade. Trata-se ainda de uma teoria sobre como viver com homens que reconhece apenas más opções: "Prefiro homens que machucam a homens que querem ser meus donos." *(DQ*, **p. 57)**

Na melhor das hipóteses, essa masculinidade se expressa na linguagem de uma agressão controlada: "Ele me chicoteia de modo leve o suficiente para que eu sinta que ele gosta de mim." *(DQ*, **p. 145)** E: "Ele pegou um cinto de couro pesado e me chicoteou nas costas enquanto comia o meu cu. Quase doeu demais, e eu gostei." *(BG*, **p. 59)** A assimetria de uma relação sexual entre o sujeito que penetra e o objeto penetrado pode ser uma das poucas coisas que pode tocar o mundo do lado de fora da ficção e do seu incansável ponto de vista subjetivo. "Me machuque, baby. Me mostre o que é o amor. O corpo não mente." *(IM*, **p. 6)**

A masculinidade como algo que se aproxima do corpo do outro e o coloca perigo pode ser uma qualidade que pode ter sua utilidade, se for experimentada de modo controlado. "Preciso disso que você está fazendo comigo, porque apenas a dor e o fato de ser controlada conseguem perfurar o meu autismo." *(IM*, **p. 5)** Algumas Ackers querem e precisam estar à beira do perigo. "O desconhecido me assusta, e eu adoro isso. Minha sexualidade é essa." (*IM*, p. 106) "Porque, para mim, desejo e dor são a mesma coisa." (*ES*, p. 32)

Medo e dor em situações controladas, situações sadomasoquistas, situações S&M, podem representar uma filosofia prática da relação estabelecida com o outro no contexto da heterossexualidade. Uma relação que reconhece a intimidade que essa sexualidade estabelece com o potencial de violência que lhe é característico. "Brincando com meu sangue, com a merda, com a morte, assumo o controle da minha vida." (*ES*, p. 51) O sadomasoquismo heterossexual, no qual alguém se deixa dominar pela masculinidade, se torna a única forma pela qual a masculinidade pode ser reconhecida por meio de uma performance que revela aquilo que ela realmente é, uma relação assimétrica. "É você quem me molda fisicamente através do meu prazer de me deixar machucar você vai me fazer te amar tanto que não posso deixar de te amar já que você não me ama. Você me força a te amar apenas conforme os teus desejos". (*DQ*, p. 158)

O anseio de um corpo por dor, assim como um anseio por qualquer outra sensação, é um desejo que pode ser explorado, um desejo sobre o qual o poder e o controle podem se fixar. Essas assimetrias revelam que falar em igualdade e homogeneidade é uma mentira, "porque toda essa história de igualdade não apenas fede, mas torna a vida mais difícil e acaba por mascarar possibilidades torpes de violência." (*IV*, p. 83) O S&M representa então uma ficção alternativa à ficção da igualdade e da homogeneidade, uma ficção que pode abordar de forma franca certos desejos que o mito da igualdade é incapaz de aprovar. Essa Acker: "acontece que sou fisgada por pessoas que me dizem o que fazer." (*LI*, p. 117) Os mesmos sentimentos transitam tanto pelas assimetrias de gênero quanto pelas de classe. "No minuto mesmo em que você descobre que tem que ter um chefe, você começa a sentir medo. E vice-versa." (*IM*, p. 126)

A estética sexual da assimetria: "Posso te dizer que a combinação que gera reações explosivas e ingovernáveis em mim é aquela em que o medo que não se mostra tão intenso a ponto de que o prazer se perca, combinada a uma com uma necessidade emocional e um deleite físico, é." (*DQ*, p. 169) Isso pode se dar de forma diferente para diferentes Ackes, para não falar do quão amplamente tudo isso pode variar ainda em se tratando de outros corpos penetráveis no que diz respeito a quanto acesso se concede à/ao penetrador/a, e até que ponto deixar-se manipular como objetos nos coloca, enquanto penetráveis, contra os limites de nossos próprios corpos.

O medo satura o tempo na antecipação da dor. A dor começa como um território ainda não mapeado: "Ninguém, nenhum d/o/a/s professor/e/a/s, havia sequer mencionado a dor. Nos livros de história, na poesia que líamos, ninguém jamais tentou me dizer o que aquilo causa a dor." (*MM*, p. 33) Talvez porque, colocado de modo simples: "Que dor ter uma mente." (*DQ*, p. 52) Mas é uma dor que pode ser aliviada quando encontramos alívio na dor. "Prazer e dor estão sempre fodendo." (*ES*, p. 116) Dói, mas ainda assim: "A dor pode ser interessante." (*AW*, p. 180) Talvez essa seja a menos explorada das linguagens do corpo. Uma Acker: "Crio então um mundo em que a dor é apenas uma parte de uma complexidade que, embora possa ter muitos, infinitos nomes, jamais será nomeada." (*WP*, p. 304)

A dor, passado um determinado ponto, torna-se intolerável; a dor, até atingir esse ponto, pode ser portadora de algumas outras coisas, também elas intoleráveis. "A totalidade, ou organismo, é intolerável." (*BW*, p. 22) O teatro do sadomasoquismo enquanto obra de arte começa pelo reconhecimento franco do caráter assimétrico de qualquer relação entre dois (ou mais) humanos. Trata-se de um tempo e lugar à parte, na qual os códigos de controle, de consentimento, e de medida operam tomando essa diferença como premissa. O sadomasoquismo reconhece a violência potencial inerente às assimetrias entre corpos humanos. A assimetria descarta a possibilidade de uma igualdade baseada em uma homogeneidade. Isso não precisa, porém, significar uma dominação completa que toma a forma de uma violência sem limites. O sadomasoquismo pode revelar formas de reciprocidade para além de qualquer presunção de igualdade e homogeneidade tomadas como pressupostos.

O sadomasoquismo pode ser um teatro de formas que lidam com corpos sem recorrer a ideias absolutas, sejam elas de igualdade total ou dominação total. "Não sei como falar sobre um mundo utópico. Vivemos neste mundo, e existe muito sofrimento. Se você aprender como lidar com a dor física, talvez você possa lidar com uma dor que na verdade é muitíssimo maior. Agora, se estivermos falando a respeito de um relacionamento sadomasoquista… acho que existe um modo de brincar com aquilo que você mais teme para aprender a lidar com esse temor." (*AW*, p. 180) Uma arte que permite que nos aproximemos de forma calculada do corpo penetrável, uma arte na qual os papeis são muito mais diversos e flexíveis do que em uma foda cis heterossexual comum.

"É necessário ir em direção a tantos extremos quanto for possível." (*HL*, p. 41) O corpo precisa ser experienciado, precisa ser escrito, nos limites da suas passagens para dentro e para fora do texto. Ainda assim, para a maior parte das Ackers, esses extremos dizem respeito mais à escrita do que à experiência. "A morte, a dor e as relações de poder me despertam curiosidade, mas não tenho muita curiosidade em saber, sei lá, com que porra de cinta as pessoas preferem ser espancadas." (*LI*, p. 118) E, por isso, "acho que vou acabar sendo masoquista na minha escrita, e é só." (*SW*, p. 46)

Por vezes, para um/a escritor/a, a forma mais apropriada de relação a se estabelecer com outra pessoa não é a de penetrador/a e penetrad/o/a, nem mesmo a do sádico e do masoquista, mas a de um corpo e um/a tatuador/a. O/a tatuador/a é um artista que escreve diretamente sobre o corpo, penetrando esse corpo com agulha e tinta. Uma tatuagem "é considerada ao mesmo tempo uma marca difamatória e o símbolo de uma tribo ou de um sonho." (*ES*, p. 130) O ato de tatuar reverte a relação entre o corpo e a escrita: não é uma escrita que se projeta a partir do corpo; é uma escrita que trespassa o corpo. Uma escrita em seu aspecto mais básico e carnal. "É isso que a tatuagem é para mim, é esse o seu mito… porque o corpo se torna mais um texto… pedir a um artista que execute sua obra sobre seu corpo… quanta confiança!" (*HL*, p. 21)

O ato de sujeitar o próprio corpo à dor da agulha é outra versão de um corpo capaz de escolher a dor, um dos poderes daquel/e/a que é penetrad/o/a: "A arte surge quando um gesto de poder que se volta contra si mesmo… é isso que a tatuagem faz, aquilo que as mulheres fazem." (*AW*, p. 179) O desenho de uma faca que penetra o coração de uma rosa, ao final do *Empire of the Senseless* *[Império do sem-sentido]* – a rosa como uma boceta, como um cu –, marca no corpo seu próprio desejo impossível, no limite daquilo que é possível neste mundo. O desenho traz o lema: "DISCIPLINA E ANARQUIA". D/ois/uas amig/o/a/s escritor/e/a/s têm essa imagem tatuada, um/a terceir/o/a tem outro dos desenhos de Acker gravados na pele. Nenhum deles é um homem cis. Faz bastante sentido que o trabalho de Acker possa ser gravado debaixo da pele.

Afirmar um desejo de dor, um desejo de sujeição, e até mesmo de abjeção, nega os poderes dos poderosos. É como se alguém dissesse: O poder que vocês acham que têm sobre nós, esse poder que vocês usariam para nos obrigar a alguma coisa, contra o qual vocês esperam que a gente ofereça resistência – é isso mesmo que nós queremos!

O/A masoquista não se sente obrigad/o/a a fazer alguma outra coisa para evitar o medo e a dor; ao contrário, el/e/a abraça esse medo, essa dor. Aquilo que o/a masoquista pede, ao contrário, é que el/e/a possa escolher a situação na qual medo e dor ocorrem. Do contrário, o/a masoquista nega aquilo que o sádico quer.

O poder d/o/a sádic/o/a depende da capacidade d/o/a masoquista de responder racionalmente a um poder sobre o corpo capaz de evitar a dor. Essas Ackers masoquistas abandonam a razão e abraçam a dor. Uma Acker, enfim: "E agora que merecemos as torturas que infligimos u/n/ma/s às/aos outr/o/a/s, podemos colher os resultados da promessa que fizemos ao corpo e à mente que criamos. Uma promessa, ou uma crença, que se faz na loucura! Foi através da loucura que sobrevivemos." (*IM*, p. 63)

Começando pelas assimetrias de poder, de homens sobre mulheres, de chefes sobre empregados, o sadomasoquismo dramatiza os desejos em operação. O/a masoquista, de modo semelhante ao/à escritor/a, controla a cena, e é, dentro dessa cena, aquel/e/a que baixa a cabeça e se dispõe àquilo que o corpo deseja. Cada um dos elementos dessa segunda filosofia se mostra então passível de variação. A dor, por exemplo, pode ser retirada da cena heterossexual, e pode se tornar um prazer de ordem diferente. Para essa Acker: "Duas garotas se levantaram ao amanhecer e caminharam nuas em direção ao jardim arruinado. Ao se aproximar de um emaranhado espesso de roseiras entrelaçadas, Farfa saltou por cima do arbusto e conseguiu aterrissar ilesa do outro lado, sem roçar os espinhos. E foi então que eu saltei e senti uma dor doce me rasgando, e caí apoiada sobre minhas mãos e meus joelhos. Viro a página sentindo essa rosa se retorcendo, muito viva, na minha carne." (*WG*, p. 32)

MULHERES

O político é pessoal: "Tenho mau gosto quando se trata de homens" (*IV*, p. 36) E: "Uma mulher que vive em uma sociedade patriarcal só consegue poder, prazer e controle se agir de modo hipócrita e traiçoeiro." (*BW*, p. 69) Não importa se estamos encarando as coisas de modo pessoal ou político: tudo o que é cis é treta.[88] Por isso, algumas Ackers sentem que prefeririam estar com mulheres. Embora, por vezes, ao estar com mulheres, algumas Ackers se comportem como homens. "Amar uma mulher é controlar. Quando faço amor com um homem, por outro lado, estou no polo oposto: me torno tão fisicamente e mentalmente aberta, tão sensível, que ao mesmo tempo que não suporto ser tocada, não consigo parar de gozar." (*DQ*, p. 127)

Ainda assim, estar com outras mulheres talvez possa ser um caminho para fora do dilema a que a heterossexualidade mantém as mulheres atadas: "Elas querem duas coisas: uma delas é ter a possibilidade de dizer 'não' ao sexo, e a outra é ser livre para dizer 'sim' ao sexo." (*BW*, p. 131) E: "Gozar sem ser machucada pelo ódio da pessoa que está te fazendo gozar. Você não precisa mais deixar de existir." (*ES*, p. 38)

"Apesar de parecer bem *femme*, é minha aluna que está liderando: chego ao orgasmo diversas vezes. É assim que aprendo que, já que posso gozar com uma mulher, não preciso de um homem." (*MM*, p. 135) A masculinidade não tem muitas outras qualidades além da disponibilidade de penetrar o corpo d/o/a outr/o/a. Mas mesmo nesse caso, ela não é indispensável: "A mão dela entra em mim com seus três dedos mágicos, eu a amo, fazemos de conta que somos comunistas." (*PE*, p. 33)

---

88. No original: "*cis sucks.*" [N.T.]

"A sexualidade feminina não é negativa." (*BW*, p. 155) Diversas Ackers acabam se sentindo arrebatadas por mulheres que têm bocetas, já que bocetas são de longe mais maravilhosas do que paus: "Carne quente de fêmea sobre carne quente de fêmea. Isso não vai a lugar nenhum: carne. Carne. A boceta abre e fecha, é uma máquina em moto-contínuo, uma maravilha científica, que goza sem parar, abrindo-se e fechando-se sobre si mesma em direção ao êxtase ou em direção à náusea – será que essa boceta, será que você em algum momento se cansa? As rosas morrem antes. As rosas morrem antes de vocês, putas que levo no coração." (*ES*, p. 141)

Os poderes da boceta se tornam mais aparentes fora da relação heterossexual. Janey (ainda sussurrando): "Esta noite está se abrindo entre as nossas coxas, assim como esta boceta que seguro na minha mão bocetacetaceta. E vamos descendo, como se estivéssemos num túnel ou numa das cavernas da nossa mente, a noite se entreabre e tod/o/a/s tod/o/a/s o/a/s assassin/o/a/s tod/o/a/s vocês produtores de violências, saiam para fora dos seus buracos. Minhas coxas são Fazedoras de Violência definitivas, assim como minhas unhas sangrentas, e os dentes dentro da minha boceta. Noite, assuma, por favor, o controle da minha mente, não me agrada essa poesia." (*BG*, p. 136)

A rosa pode ser uma boceta, mas pode também ser um cu. Cus também podem tornar-se bocetas, podem ser celebrados como portas de entrada para dentro do corpo. Às vezes, é a penetrabilidade, mais do que qualquer parte anatômica em particular, que faz de uma garota uma garota: "Meu cu. Me disseram que, quando meu cu se abre, ele parece uma rosa florescendo. Será que é verdade aquilo que os budistas dizem, que as aparências são enganadoras? Resposta: meus piratas navegam em liberdade." (*MM*, p. 151) Mais tarde, teremos um encontro com os piratas. No caso desses piratas, os paus são apenas opcionais, e as aberturas são múltiplas. Embora essa seja uma linguagem anacrônica, talvez pudéssemos dizer que algumas Ackers escrevem para corpos trans, e não apenas para corpos cis - para os corpos trans por vir.

Um corpo que abre sua boca, sua boceta ou seu cu é um corpo penetrável. Um corpo perfurado pela agulha de tatuagem é um corpo penetrável. A diferença, a assimetria aqui não é tanto o gênero, é sobretudo a penetrabilidade. De forma similar, possuir um grande pau simbólico deixa de ser algo tão útil depois que os paus ficam desprovidos de sua aura e passam a ser tratados de forma pragmática: "Não precisamos de homens que sejam como Deus, que merda idiota, já que não precisamos de dinheiro. Precisamos de paus." (*LM*, p. 254) E se você precisar de um pau, basta escolher um dildo e prendê-lo a uma cinta.[89] "Ninguém nunca me disse que você podia simplesmente sair por aí com um dildo, e ter orgasmos." (*WD*, p. 2) É possível conceber um mundo em que exista penetração, mas sem a masculinidade cis.

Algumas Ackers descobriram esse mundo. Talvez nem todas. "Para mim, já não restavam mais homens no mundo... Lá estava eu, à beira de um novo mundo." (*PK*, p. 23) Esse mundo desprovido de masculinidade não é uma utopia. Um/a penetrador/a que-não-é-um--cara-cis ainda assim é um/a penetrador/a, com todas as ambiguidades de poder que essa posição implica. Assim como os homens cis, el/e/a/s também podem ser peg/o/a/s pela memória e pela linguagem. Aqui não existe nenhuma essência feminina idealizada, tampouco uma anatomia fixa para a feminilidade. Os gêneros emergem em um campo saturado por múltiplas assimetrias de poder: "As mulheres são mais desonestas do que os homens porque sabem o quanto os homens são desonestos e não encontram outra maneira

---

89. Aqui Mckenzie joga com a palavra *strap-on*, que se refere a um dildo preso a uma cinta. No original: *"As for cocks, you can just strap one on."* [N.T.]

de contra-atacar." (*LM*, p. 309) As mulheres - como quer que seja possível defini-las - não são sempre inerentemente vítimas. "A história também ensina que um clitóris é como uma faca". (*PK*, p. 100) Ou que uma faca não é muito diferente de um clitóris. A habilidade de romper com a atitude de tratar o outro como penetrável, como objeto, como propriedade - é algo raro.

No texto-Acker existem ao menos quatro gêneros, quatro conceitos de corpo. Talvez exista até mesmo um quinto, mas voltaremos a isso mais tarde. Os quatro gêneros mais comuns são garotos e garotas, mulheres e homens. Esses gêneros não são absolutos. Existe, como veremos, muito espaço para que ocorram deslizes entre eles. Eles não são iguais ou equivalentes: "Tanto garota quanto mulher eram os nomes do nada." (*BW*, p. 161) Como uma espécie de nódulo ou pulso ou fluxo em meio à mistura dos gêneros, as garotas exercem um fascinação particular, e algumas Ackers querem ser garotas entre outras garotas. "Sei que existem garotas aqui embaixo. Vivendo debaixo da terra. Colocando sujeira nas bocas umas das outras e usando seus lábios para arrancar essa mesma sujeira para fora." (*EU*, p. 20)

As garotas não são necessariamente puras e impotentes. "As garotas têm vícios inimagináveis." (*ES*, p. 266) E: "A sede sexual das garotas nunca se satisfaz." (*PK*, p. 100) Talvez as Ackers se sintam atraídas por alguns tipos de garotas em particular: "Eu idolatrava as garotas más." (*MM*, p. 182) Elas operam como um vetor para fora dos enroscos com a masculinidade. "Mais tarde eu encontraria garotas tão selvagens quanto eu achava que os garotos eram. Garotas cujas bocetas respiravam, como moluscos monstruosos que eu encontrava em meio aos dejetos do oceano, deixando escorrer lodo a cada vez que se abriam, fazendo aquilo que eu sei que um coração faria se fosse arrancado do corpo: a vulnerabilidade da abertura." (*MM*, p. 185) Garotas não são necessariamente inocentes sexualmente, nem inocentes em seus jogos de poder: são inocentes, porém, em sua recusa em assumir responsabilidades. Elas não tentam duplicar ou substituir o poder que os homens possuem. Elas estão tentando escapar desse poder.

As garotas podem escapar juntas: "Aquela garota jovem pegou uma das mãos da sua amante… e segurou. Os dedos tremiam à medida que se entrelaçavam naquele vale que parecia areia, ali onde o mar começava, o mundo tremia, era uma explosão atrás da outra." (*PK*, p. 43) As Ackers implementam memórias tenras de garotas, algumas originadas nos livros, memórias criadas para substituir aquelas que elas intencionalmente esqueceram, memórias dos pais, maridos, entre outras coisas. "Não me lembro dos detalhes daquilo que aconteceu entre garota e garota. Depois que tudo passou, só me lembrava das cores dos pelos de Silver. Lembrava como o cheiro de seus pelos correspondia exatamente à sua cor." (*ES*, p. 222)

Quando se trata de garotas, há uma pitada de vulnerabilidade e perigo que não aparece nas mulheres, já que ali se trata de outra coisa. "A ascensão de uma mulher, sua ascensão sexual, é também a ascensão dos sonhos e da escrita." (*BW*, p. 156) Ainda assim, existem momentos em que uma outra vida se abre para as mulheres. E para algumas, embora não para todas as Ackers, esses são momentos cruciais: "Entre essas mulheres, livres, embora apreensivas… essas ameaças e promessas trocadas são raras e infalíveis – como se, após o macho de pensamento lento ser banido, cada mensagem de mulher para mulher se tornasse clara e avassaladora." (*GE*, p. 115) E: "As mulheres se conhecem ao se transformarem umas nas outras." (23.24.9)

Quando se trata de corpos femininos, quando se trata de garotas ou de mulheres, um outro corpo de sensação pode vir a ser, quer esse corpo venha a ser penetrado, quer não. "A certa altura chego aqui sem saber como chego aqui, preciso atingir o orgasmo eu monto nela nossas bocetas se encontram e se encaixam de modo surpreendente e tão fácil cavalgo nela como se o amor fosse o único caminho possível pra gente até começarmos a chegar no pico e precisamos de mais, e viramos de lado. Posso fazer o que quiser. Posso escrever mais livremente fazer minhas escolhas me livrar da minha mente estropiada…" (*PE*, p. 57) Também a escrita pode se dar sem penetração.

"A sexualidade das mulheres não se dirige a uma meta, ela escorre por todos os lados." (*GE*, p. 49) Pode ser que haja uma abertura, em que se possa ser-penetrável sem penetrador/e/a/s. "Enquanto ejaculo, ela se abre outra vez: cada uma das aberturas se abre; cada série de aberturas toca uma outra série de aberturas sem invadir seu território; não há confusão alguma… Estou vislumbrando um mundo no qual a visão é impossível." (*PK*, p. 115) Como qualquer outra forma de sexo, não quer dizer que esse sexo precisa sempre funcionar, que precisa sempre ser mágico, ou algo assim. "Ela não gozou, não conseguiu gozar, seja porque eu me saí mal ao tentar fazer exatamente aquilo que ela queria que eu fizesse com ela, seja porque minhas emoções confusas ficaram evidentes para ela enquanto eu fazia precisamente essas coisas… O que não consigo aceitar é que talvez não tenha desejado dar-lhe prazer." (*PK*, p. 137)

Para algumas Ackers, no sexo com mulheres pode fazer falta uma certa diferença limítrofe, embora esse sexo possa ter outras qualidades. "Já que eu não desejava ir para a cama com mulheres, dormir com mulheres não me colocava em perigo, era algo que não resvalava na insanidade gritante do desconhecido. Uma mulher não é o desconhecido: ela é meu espelho... Nossos desejos se repetem um ao outro até o infinito, ou até a impossibilidade do infinito, como os espelhos das pinturas do Renascimento: querem seguir evoluindo, em vez de morrer em um orgasmo.... Um homem, por outro lado, sempre rejeita: seu orgasmo é a morte." (*DQ*, p. 126)

Outras Ackers têm menos medo que o sexo com outra pessoa do mesmo gênero acabe se tornando uma forma de se tornar mais d/o/a mes-m/o/a, junt/o/a/s, e demonstram sobretudo interesse na ideia de se tornar diferentes, junt/o/a/s. "Meu clitóris se transformou num monstro marinho rastejante, o dela também, até que já não éramos nada além de monstros marinhos deixando rastros de limo. O que quer que 'eu' fosse se tornou apenas vestígio de poeira." (*MM*, p. 46) Aqui talvez apareça um quinto conceito do corpo, um corpo cujo gênero não é nem mesmo humano, e que pode incluir animais empalhados, motocicletas e monstros marinhos. Quem é que sabe quantos gêneros existem por aí, ou podem existir?

CONCEBER

O que a segunda filosofia da teia-Acker talvez tenha de mais curioso é que ela é ao mesmo tempo uma baixa teoria da foda cis heterossexual mas também uma teoria sobre as alternativas a ela, alternativas essas que transformam a linguagem a partir da qual os corpos podem aparecer. Muitas Ackers reconhecem seu desejo de serem fodidas por homens cis. Elas são francas no que diz respeito ao desejo feminino heterossexual. E, ainda assim, insistem no fato de que não existe nenhuma redenção possível para a masculinidade, de modo algum. Não por conta de alguma qualidade ou identidade essencial da masculinidade, mas simplesmente por conta daquilo que a masculinidade é levada a ser e fazer.

Isso assume uma dimensão corpórea. Não se trata apenas de uma questão de narrativas, de símbolos. Tampouco é uma questão que pode ser definida simplesmente pelo fato de um corpo ter um pênis ou uma vagina. Existem muitas Ackers para as quais os corpos cisgêneros não são necessariamente a norma. A masculinidade é aquilo que não se abre, e que só se constitui ao abrir um/a outr/o/a. A masculinidade não ama nada além do seu próprio reflexo; trata o outro como objeto, não como sujeito. A feminilidade, reduzida à condição de objeto, a algo a ser invadido e consumido, não pode ter seus desejos reconhecidos e, portanto, não pode retornar o desejo masculino – não é do retorno do seu desejo que o desejo masculino se apropria. Talvez essas sejam as formas narrativas herdadas com as quais os corpos precisam viver e se confrontar. Talvez seja preciso foder com as narrativas que herdamos. "Meu ódio pelo gênero… é o ódio pela expectativa de que eu tenha que me transformar no meu útero. Odeio ser definida pelo fato de ter uma boceta." (*AW*, p. 177)

Ainda que os atributos da masculinidade sejam agressão, possessão e penetração, eles não dizem respeito unicamente aos homens. No campo-Acker, a masculinidade (e a feminilidade) podem ser distribuídas de modo desigual por diversos corpos, e essa distribuição pode variar de situação a situação. Se quiséssemos nos livrar de algumas dessas qualidades, os homens poderiam, quem sabe, servir de bodes expiatórios. Ser fodid/o/a é um ritual através do qual aquel/e/a que é fodid/o/a pode transferir resíduos da sua própria masculinidade para outra pessoa. "Preciso de um homem porque amo os homens. Amo suas peles espessas e ásperas. Amo o modo como eles sabem tudo sobre qualquer coisa sem que eu precise saber de nada. Na verdade, eles não sabem de tudo, mas vamos nos esquecer disso por ora. Eles me seguram, me empurram, e de repente minha própria agressão já escorreu para fora de mim." (*PE*, p. 199) A agressão d/o/a outr/o/a, à medida que sua subjetividade age tomando um/a outr/o/a como um objeto, também acaba por libertar aquel/e/a que foi transformado em objeto de suas próprias tendências agressivas.

Esse truque só funciona por um tempo. A maior parte das Ackers em algum momento deseja se libertar não apenas de sua própria agressividade, mas da relação binária de gênero como um todo. Mas então: "Alguém já viu um gênero?" (*BW*, p. 166) A possibilidade que se evoca aqui é que a conexão entre corpo e linguagem não pode ser codificada pela linguagem comum, uma vez que "não sabemos o que é o gênero fora dessa sociedade". (*IV*, p. 105) E para aquel/e/a/s que não correspondem exatamente a um gênero ou a outro: "Para foder é preciso aparecer, e nenhum de nós consegue aparecer nessa sociedade." (*DQ*, p. 130)

Os corpos precisam navegar uma assimetria que se encontra congelada na linguagem linear, herdada pela memória. Trata-se de uma relação impossível. E para essa Acker, uma relação para lá de limitada: "Sempre ansiei pelos corpos dos garotos, mas era uma garota que eu queria. Pensei que tinha conseguido um garoto no corpo de uma garota. Mas não, você me amava demais. Isso é algo com o qual não consigo lidar. Nada me assusta mais do que aquilo que eu realmente quero." (*EU*, p. 24) Algumas Ackers se sentem mais masculin/o/a/s: "Quando estava com você, eu era um cara, você nunca viu minhas partes femininas." (*IV*, p. 56) Algumas Ackers não sabem qual é o seu gênero. "Sei o que você quer dizer quando fala sobre um deslize masculino/feminino, nunca sei qual deles eu sou." (*IV*, p. 25) E ainda: "Nem sequer sabemos se somos machos ou fêmeas. E. Acontece que, ao contrário de Heathcliff, consigo passar por alguém normal." (*MM*, p. 131)

Melhor, então, "transformar paus em água." (*PK*, p. 44) Várias Ackers testam diferentes soluções para essa assimetria que ainda estrutura e limita as possibilidades de múltiplos gêneros. Para uma delas, "as pregas da calça de couro falso escondem a ausência-de-pênis." (*HL*, p. 38) Para outra: "Se tornar par-cialmente masculina era a única forma que ela tinha de resolver esse problema." *(DQ, p. 29)* E então: "Minha boceta tem um pau duro laranja." *(DQ, p. 95)* Algumas delas reconhecem sua própria masculinidade: "Prefiro ser um dos garotos maus a ser uma boa menina." *(LI, p. 220)* Para outras, a masculinidade é algo que lhes é empurrado por outr/o/a/s. "O feminismo da minha época era bastante rígido. Naqueles primeiros tempos, me lembro de ir até elas e dizer: 'Oi, aqui estão meus escritos', e elas me responderem 'Você é um homem, saia daqui'. Eu não me encaixava de forma alguma." *(LI, p. 220)* Talvez algumas dessas Ackers pudessem ser lidas hoje como pessoas transmasculinas, não binárias ou de gênero fluido – empregando aqui uma linguagem à qual Acker não teve acesso. Não que ela tivesse desejado qualquer etiqueta.

Se tornar parcialmente masculina é um dos jogos possíveis, embora talvez se trate mais de se tornar um garoto do que um homem: "Aqui estou eu: uma imagem. Um terno masculino. Olhe para mim. Eu sou uma mulher que se parece com um garoto delicado, e não vou mudar nunca. Você não me toca. Sou impermeável. É assim que sou feliz. Estou absolutamente elegante." *(DQ, p. 56)* Era um garoto, mas não era: "Muito embora ela tivesse que ser um garoto, já que não havia nada mais que ela pudesse ser, ela não era um garoto." *(DQ, p. 130)* Talvez porque "não apenas não sou como as outras mulheres: não sou como os outros humanos". *(DQ, p. 149)* Talvez algumas Ackers sejam trans, mas talvez algumas outras estejam em trânsito rumo a um quinto gênero, rumo àquilo que não é humano.

Se as mulheres não precisam ser o/a outr/o/a em relação aos homens, tampouco precisam ser o/a mesm/o/a que eles. Existem outros conceitos do corpo, incluindo gêneros não humanos. Essa Acker: "'O que diabos você sabe!', grita Medusa. Suas cobras se contorcem em torno de pregos ungidos pelo Sangue de Jesus Cristo. 'Sou seu objeto de desejo… porque não posso ser sujeito: Aquilo que você chama de "amor", eu chamo de "nada". Não vou deixar de ser: sou dotada de percepção, e irei falar…. Enquanto vocês, homens, se agarrarem às suas identidades de agiotas-do-poder ou de Jesus Cristo, enquanto vocês se agarrarem a uma realidade dualista, a uma realidade moldada pelo poder, as mulheres não vão existir com vocês. Camaradagem é amor. As mulheres existem com os veados, com o vermelho das raposas, com os cavalos e com os gatos depravados.'" (*DQ*, p. 28) E: "Agora estamos fodendo: não tenho nenhuma finesse me atiro sobre você como um leopardo loiro furioso." (*GE*, p. 113)

O gênero pode permanecer trancado na assimetria da heterossexualidade cis, ou pode ser versátil como todos os começos, como as passagens mais divertidas dos mitos clássicos. "O gênero envolve jogo. Digo 'mulher', mas nem sequer tenho certeza." (*LI*, p. 60) Ou podemos deixar que o gênero permaneça obscuro. "Não consigo entender direito esses gêneros sexuais."[90] (*DQ*, p. 159) E: "Sempre acabo confundindo meus gêneros sexuais." (*LM*, p. 309) E: "Não somos nem homens nem mulheres." (*BW*, p. 14) No campo-Acker, as relações que os corpos estabelecem com o gênero podem ser variáveis, oscilantes, podem ter muitas camadas. As Ackers, assim como seus amantes, podem se apresentar (e gozar) em todos os gêneros.[91] "Não vou deixar de ser um tomboy.[92]" (*PE*, p. 9) E: "Me jogo fora enquanto mulher." (*PE*, p. 25) E: "Me tornei um homem e uma mulher." (*PE*, p. 49) E: "Nem sempre sou uma garota." (*ES*, p. 220) E: "Não sou feliz mas apenas quando estou de drag me sinto à vontade." (*PE*, p. 67)

90. Em inglês, a frase tem uma ambiguidade a mais, já que a palavra "*straight*" é uma expressão associada à heterossexualidade: "*I can't get sexual genders straight.*" [N.T.]
91. Aqui também a autora joga com o duplo sentido do verbo "*come*", vir e gozar: "*Ackers can come (and come) in all genders.*" [N.T.]
92. Termo em inglês usado para descrever garotas com traços e comportamento masculinos. [N.T.]

Essa Acker: "Acho que quero uma esposa que tenha um pau. Dá para entender o que eu quero dizer. Não entendo por que os homens tentam lidar comigo como se eu pudesse em algum momento me tornar uma esposa, para depois me sacanear e me machucar tanto quanto podem, porque eu não sou uma esposa. Você acha que eu sou uma esposa? (Barbarella dá uma gargalhada). Acontece que quando me abro sexualmente mudo por completo e vem à tona essa parte de mim que é mesmo femme." (*GE*, p. 110) Embora o mito do amor como união cis heterossexual se pareça com uma fusão de seres iguais, ele está mais para a possessão de um gênero pelo outro. Nesse lugar, o campo-Acker começa a escrever algo de mais primário, um mundo mítico no qual os gêneros se mantêm em fluxo.

Corpos que de outro modo poderiam ser considerados corpos femininos podem ter partes másculas:[93] "Mulheres são reis… É assim: se você quer uma boceta, você pode ter uma boceta, se você quer ter um pau, você pode ter um pau… Se você quer ser rei, então você já é rei, sabe? ninguém pensaria a respeito de si mesm/o/a/s como *queen* [rainha] a menos que queira ser queen. Seja como for, *queen* é uma palavra que pertence ao vocabulário bicha". (*JE*, p. 14) Corpos que de outro modo seriam corpos masculinos podem ter uma parte *Femme*,[94] também. "Me apaixonei por Peter, um homem capaz de enganar a ambos os sexos. Ele normalmente veste roupas de mulher… Embora Peter seja macho, seu gênero não me parece um defeito."

93. No original: *"Bodies that are otherwise those of women can have a butch part."* Em inglês, embora *"Butch"* possa ser empregado para significar uma figura ostensivamente masculina (literalmente, trata-se da figura do "açougueiro"), é um termo muito presente no vocabulário lésbico, equivalente a "sapatão", em português. [N.T.]
94. Nesse parágrafo, Mckenzie joga com os termos *"butch"* e *"femme"*, que vêm do vocabulário sapatão, reportando-se a uma perspectiva mais performativa, e menos essencialista, do que vem a ser masculinidade e feminilidade. Não se trata de anatomia. [N.T.]

(*PE*, p. 111) E: "Ele se parecia com uma garota. Ele tinha tanta consciência da própria feminilidade." (*DQ*, p. 128) Isso não redime a masculinidade, claro. "Em alguns aspectos ele era uma mulher, a única diferença é que no seu caso ele parecia acreditar que o mundo girava em torno do seu pau." (*PE*, p. 239)

Sem contar o gênero não humano, que aparece ocasionalmente, existem em geral quatro conceitos de gênero na teia-Acker: homem e mulher, garota e garoto. Por vezes, esses conceitos são bastante maleáveis, permeáveis uns aos outros. "Ele não era um homem ou um garoto imitando uma mulher, mas sim uma garota jovem; uma garota jovem, afinal, não faz a menor ideia do que é sexo ou qual é sua própria identidade. Uma garota jovem não é." (*DQ*, p. 132) E é possível, à medida que colocamos pressão sobre os limites dessa linguagem, ser mais de um gênero ao mesmo tempo. "De Franville não era uma garota, era uma boceta. Ela (Ele) estava tão insegura de si mesma (de si mesmo), que ela (ele) fodia com todo mundo que conseguisse agarrar. Eram muit/o/a/s. Não importava o gênero, o sexo. Ao mesmo tempo, por ser ambígu/a/o sexualmente, ela (ele) parecia inocente." (*DQ*, p. 133)

Se abre então um mundo mítico, no qual gêneros e orientações sexuais emergem juntos, entram em mutação juntos, diferenciam-se juntos. "Já que eu não podia mais ter um homem, passaria a me tornar um. Temos modos tão estranhos de foder ultimamente." (*DQ*, p. 131) Jogar com os gêneros da linguagem abre espaços mais variados de transfiguração e encontro. "Obviamente, eu sou uma mulher travesti, selvagemente enamorada da bicha mais linda da cidade." (*PE*, p. 113) E: "Ela era um menino que nunca iria crescer. Assim que descobrir minha sexualidade, vou me tornar um garoto também." (*PK*, p. 122) E no fim das contas: "Já não me importa qual é a minha sexualidade." (*PK*, p. 128)

Há frescor nas novas possibilidades de experienciar a sexualidade derivadas dessa indiferença em relação à linguagem: "Ele chupava uma boceta de mulher mais velha que também era um pau sem deixar de ser uma boceta estamos aqui em uma seção romântica." (*HL*, p. 25) E: "Ela cortou o pau dele fora, e o transformou em pássaro.[95]" (*MM*, p. 85) Mais do que um pau todo-poderoso, "terei paus por todo lugar, povoando os descampados pelo meu interior desolado".[96] (*MM*, p. 219) E: "O sexo pirata teve início no dia em que os líquidos começaram a jorrar. Como se o quando equivalesse ao porquê. Enquanto isso, meu pênis pirata se arremessou para fora do meu corpo. À medida que meu corpo expelia esse órgão para fora, esse pênis pirata ia se movendo para dentro do meu corpo. Não me lembro por onde entrou." (*PK*, p. 114) Na poética dos sexos e das sexualidades, não existe ordem, tudo está fora de ordem, inoperante, desprovido de propriedade ou de propriedades - é sexo pirata.[97]

"No fim das contas, a pergunta é se homens e mulheres existem mesmo, num sentido essencial. Como seria se não houvesse diferença?" (*LI*, p. 220) Embora muitas Ackers busquem a abolição do gênero, um número maior delas se abre mais à sua pluralidade do que ao seu apagamento. "Posso ver, entre m/eu/inha/s

95. No original, Kathy Acker emprega o verbo composto "*carved away*", ligado ao vocabulário da escultura, que significa cortar fora parte de um material, para entalhar uma outra forma: "*She carved away his cock and turned him into a bird.*" (MM, pp. 85) [N.T.]
96. No original: "*I will have cocks everywhere, populating my desolate countryside.*" [N.T.]
97. No original, além de jogar com o duplo sentido da palavra "*property*", que é o mesmo da palavra equivalente em português, "propriedade", Wark joga com o duplo sentido da expressão "*out of order*": o sentido literal de "fora de ordem", e o sentido figurativo, em geral atribuído às máquinas, para dizer que alguma coisa não funciona como deveria. "*Sexes and sexualities have a poetics without order, out of order, without property or properties - pirate sex.*" [N.T.]

alun/o/a/s, um movimento em processo, um movimento para fora desse mundo dualista; mais precisamente, para fora desse mundo definido por dois gêneros preestabelecidos: agora nem tudo precisa ser codificado como masculino ou feminino. E esse é só o começo: é possível brincar até mesmo com esses códigos, masculino e feminino... Espero que a gente esteja se movendo em direção à destituição do sistema binário de gênero." (*PA*, p. 87)

Talvez um gênero possa ser pensado seguindo as trilhas de mais do que um tipo de diferença. Talvez os gêneros sejam coisas nunca inteiramente coerentes. A maior parte das Ackers quer pensar a respeito da dimensão corporal de um corpo marcado pelo gênero, mas não de modo reducionista. Também o corpo possui sua própria poética. Não apenas no sexo, mas também na escrita, podemos jogar com as partes mais divertidas. "Não é possível desconsiderar o aspecto físico. Tenho amigos agora que estão mudando de gênero, e sei que esse é um passo enorme a se dar. Sei que existem provavelmente gêneros intermediários, mas, na minha experiência, existem algumas coisas que não se pode desconsiderar quando se nasce com um útero... O/a escritor/a é alguém realmente andrógin/o/a. O/a escritor/a é um canal. De certo modo, dá para dizer que o/a escritor/a não existe... Pode ser que ter determinado tipo de corpo talvez provoque algum tipo de marca sobre a escrita, mas é preciso considerar também que não escrevemos a nós mesm/o/a/s. Ainda que, no processo de transmissão, a gente escreva um eu." (*LI*, p. 221) Por conta da alteridade que habita o cerne da escrita, escrever pode se tornar uma passagem para a transição.

Ao invés de sair em busca de nomes, categorias, papéis ou subgrupos específicos com os quais se identificar, pode ser que as sexualidades, assim como os eus, estejam melhor sem um excesso de nomes:

"O urso se senta sobre as rosas com sua bunda enorme… Os ursos, porém, não se importam com rosas esmagadas: é isso um orgasmo. Quando a pele de dentro do cu sai para fora, como uma rosa. Oh não, eu não devia estar fazendo isso, saindo do armário; a pele do cu saindo para fora; mas tudo bem, quando chega um orgasmo.[98] Esse urso que rosna, eu continuo, porque já havia esquecido onde eu estava, enfia um dildo na sua boceta. Será que tem alguém olhando para mim? pensa o urso. Se for o caso, será que esses olhares me afetam?… As riquezas da natureza e dos orgasmos são tão fortes que se metamorfoseiam em convulsões. Ali chove em enxurrada sobre as pétalas de rosa.[99]" (PK, p. 270) Essa rosa penetrável, girando sobre si mesma, de novo e de novo, eternamente em transição, não chega jamais a uma identidade: a pele-Acker, um dos pontos-mais-ternos do campo-Acker.

AMOR

É quando fala de amor que o texto-Acker se torna mais turbulento. "Sem você não sou nada." (ES, p. 39) Às vezes se trata de um amor bastante clássico: "O amor é na verdade meu desejo de me tornar hermafrodita." (23.18.2) Isso pode acontecer através da fusão com um/a outr/o/a, através do ato de tornar-se alguém que une os dois gêneros no mesmo corpo, ou ainda de algo inteiramente diferente.

98. Aqui, Kathy Acker joga com a expressão "coming out", que, embora possa ser traduzida literalmente por "sair para fora", é também uma contração da expressão "coming out of the closet", ou "sair do armário", que no contexto das sexualidades dissidentes se refere ao momento em que alguém assume publicamente uma forma de desejar que se desvia da norma heterossexual. [N.T.]
99. Procurei reconstruir um pouco da aliteração presente na última frase do fragmento: "Where the rain of rose petals reigns." [N.T.]

As Ackers precisam de alguma espécie de outr/o/a para saber que existem, precisam que o olho do outro lhes reflita de volta seu olhar. "O amor cria o tempo, cria a vida." (*BW*, p. 109) Mas será que o amor é mesmo possível? Para além de simplesmente afirmar o eu, o amor se impõe sobre ele. "Não dá para suportar que alguém te ame. Não dá para suportar a consciência de outra pessoa." (*GE*, p. 53)

E ainda assim, as Ackers não conseguem fazer nada a respeito. Elas caem na armadilha. "Logo que Cathy me viu, seu coração começou a saltar, cachorro que é. Muito embora o romantismo faça de conta de que se trata de outra coisa." (*MM*, p. 127) Se tivéssemos que atribuir algum gênero ao texto-Acker, talvez esse gênero fosse o antirromance. "Todo romantismo é estúpido." (*IM*, p. 45) Se o sexo é duro, o amor é mais ainda, pode ser mesmo impossível. O amor é aquilo que as Ackers procuram em todo o lugar.

"Será que a confiança faz parte do amor?" (*DQ*, p. 165) Se fizer, talvez ele não seja possível, não nesse mundo.

Talvez o amor seja o valor a respeito do qual as Ackers entrem mais em conflito. Levando em conta o reconhecimento franco do aspecto carnal do sexo, a fé na possibilidade do amor é algo difícil de sustentar. O amor se choca contra a assimetria de gênero. "Como é que uma mulher pode amar?" (*DQ*, p. 9) E ainda: "Logo que uma mulher começa a amar, ela está em perigo." (*DQ*, p. 33)

Talvez o amor tenha se tornado impossível sob o capitalismo. Talvez a forma narrativa do romance tenha surgido para evitar, mais do que celebrar, o amor. "Por que as coisas mudaram entre homens e mulheres? Porque o amor hoje está condicionado pelo narcisismo, nos ensinaram posse e materialismo, em vez de amor-sem-possessão." (*DQ*, p. 24) Talvez a ascensão do poliamor não represente uma mudança: amar uma única pessoa é tomar posse de uma propriedade; amar divers/o/a/s outr/o/a/s é propriedade dividida em parcelas de tempo.[100]

Para algumas Ackers, o amor talvez já não seja possível. Para outras, talvez ele nunca tenha sido possível: "O amor humano não é possível nesse mundo." (*DQ*, p. 17) Um mundo, portanto, para além de qualquer redenção. "Talvez fosse possível escapar do horror através do amor, mas o amor não existe." (*MM*, p. 107) E: "ela reafirmou sua crença de que o amor humano não existe e depois morreu." (*DQ*, p. 36) Deus está morto, o amor divino morreu com ele, e agora morre também sua sombra, o amor romântico dos homens.

Talvez o amor tenha se tornado alguma outra coisa, ou tenha sido sempre alguma outra coisa: "Quando morre o amor, já não existe nada, esse mundo é puro horror. Talvez o amor não tenha morrido. Talvez o amor humano nunca tenha existido. Talvez os humanos estivessem falando de controle ao falar de amor." (*MM*, p. 105) Talvez o amor seja apenas uma ideologia.

Talvez o amor seja um álibi para aquilo que existe de inumano nos humanos. "Os casos de amor são momentos em que uma pessoa pode fazer o que quiser e a outra pessoa pode fazer o que quiser e a outra pessoa se dá conta de que os comportamentos mais inacreditáveis possíveis são comuns." (*GE*, p. 26) O amor talvez seja apenas uma forma de se expor à alteridade bestial daquilo que é humano.

---

100. Aqui Mckenzie Wark pensa a noção de poliamor a partir de uma das faces da noção de propriedade no que considera ser um momento pós-capitalismo: não adquirimos apenas mercadorias, adquirimos parcelas de tempo – um exemplo disso são aplicativos que nos permitem alugar temporariamente uma bicicleta para fazer um trajeto específico. No original: "*love of several others is ownership in a timeshare.*" [N.T.]

Seja como for, talvez o amor esteja fora do pensamento racional: "O amor não precisa do entendimento humano." (*DQ*, p. 141) Em geral, Ackers são aracnídeos bastante céticos: "Será que alguma vez já houve qualquer entendimento entre pessoas?" (*HL*, p. 106) No caso do amor: "O amor humano ocorre apenas quando um/a human/o/a sofre sem motivo algum." (*DQ*, p. 34) Se esse fosse o caso, não poderia haver uma teoria do amor.

Talvez o amor seja real, mas acabe por abolir o eu que poderia conhecê-lo, pensá-lo, ou senti-lo: "Só quero esse movimento em direção à exaltação, quero me abrir para e me transformar em outras pessoas, quero essa exaltação, e mais nada, até que tudo recomece. As pessoas estão desacostumadas do amor porque não vão longe o suficiente. Tão longe quanto possível, e mais longe, rumo a seus desejos intuídos. E o amor pleno, por natureza à parte do 'tempo', não encontra amor pleno ali onde qualquer coisa pode acontecer desde que haja consentimento, ali onde não há força ou fraqueza exceto como máscaras que a gente pode encenar. Todas as formas de amor são drag." (*PE*, p. 58)

Talvez o amor não seja real demais, mas sim ficcional demais, talvez o amor seja uma forma de *drag* para lá de elaborada: "Mas, no passado, quando tentei aniquilar a hipocrisia, acabei destruindo possibilidades de amor." (*MM*, p. 26) O/a amante se torna outr/o/a para si mesm/o/a. Uma máscara na frente da outra.

Por abolir o eu de forma tão total e repentina, talvez o amor seja violência, afinal: "Tal qual uma besta esfomeada salto agora mesmo sobre qualquer forma de afeto para assassiná-la" (*IM*, p. 79) E: "Preciso amar alguém que possa rasgar a realidade acariciando minha carne de leve, de leve, rasgando minha carne até eu sangrar." (*PE*, p. 96) Mas se o amor é uma forma de violência, trata-se de uma violência crua: "Um acidente de carro é a única coisa possível entre a gente." (*MM*, p. 22)

Ao invés de algo que roça a eternidade, o amor é sempre caótico, desestabilizador, momentâneo, múltiplo. Ao invés de algo que nos aproxima rumo à unificação, o amor é acaso e mudança. "Você chega ao mundo, tem sua vida diária sua rotina não importa se você é ric/o/a pobre legal ou ilegal, você começa a acreditar que aquilo que não se modifica é real, e aí chega o amor e te mostra que essas peças todas que te pareciam imutáveis, que pareciam durar para sempre, não passam de pedaços instáveis de papel. O amor consegue despedaçar qualquer coisa." (*BG*, p. 125) O amor é uma injustiça aniquiladora.

As Ackers estão sempre oscilando entre a solidão e a tentativa de estar com um/a outr/o/a. "Comunhão humana. Não há nada que eu queira mais do que isso." (*PE*, p. 62) E o que seria essa comunhão? Seria amor. "O que é o amor? Amor é a união entre amizade e desejo." (*DQ*, p. 46) Sim, "Amor é a união entre amizade e desejo." (*BW*, p. 111) Acontece que isso talvez não seja possível para nenhuma das Ackers, a não ser pelo mais breve dos momentos.

"Seja m/eu/inha amig/o/a, só isso" (*IV*, p. 46), algumas Ackers suplicam. "Por favor, seja m/eu/inha amig/o/a." (*GE*, p. 31) Talvez o problema esteja no fato de que, quando o amor tenta combiná-los, sexo e amizade se revelam incompatíveis: "Regras de acordo com as quais vivemos: sexo e amizade não têm muito a ver um com o outro." (*LM*, p. 217) E: "O golfo intransponível entre sexo e amizade seguia se expandindo." (*MM*, p. 43)

Talvez até mesmo a amizade sem o sexo seja impossível. Mesmo a amizade rompe os limites do eu: "a cumplicidade da amizade é dor." (*ES*, p. 136) E, no entanto, em um mundo sem valores, a consideração pel/o/a/s outr/o/a/s segue sendo o único valor possível: "No fim das contas nada é importante. Esse é o único sentimento que me faz feliz. Por favor seja gentil comigo." (*GE*, p. 109)

Existem muitas e muitas Ackers para quem o sexo se torna um meio para tentar encontrar a comunhão da amizade. "Fazer sexo tornaria aquilo que estava fora de mim mais parecido comigo." (*IM*, p. 109) Mas talvez o sexo dificulte a amizade, ao invés de ser um caminho para ela, o que torna o amor, enquanto síntese de ambos, impossível. "Olho para o meu corpo como se ele fosse apenas uma teia, apenas uma forma de pedir às pessoas que me tocassem." (*PE*, p. 57) E: "Meu sexo funciona como uma máscara que esconde minha necessidade de amig/o/a/s." (*PE*, p. 15) E: "Não existe mais nenhuma chance de que alguém te ame, ou de que o amor importe. Sem esperança de realizar aquilo que você quer, você é uma pessoa morta e você está fazendo sexo." (*GE*, p. 50)

Se é que o amor existe mesmo, talvez ele esteja para além dos limites do humano: "Assim como a morte, o amor é infinito." (*DQ*, p. 50) Em sua infinitude, a existência do amor apaga tudo aquilo que tenta conhecê-lo. E: "Já que eu te amo, cachorro... meu mundo é apenas cachorro, já que o amor é absoluto por natureza... O que é, então... esse ser canino? Já que eu te amo e isso é tudo o que eu posso fazer, porque te amo... esse ser canino deve ser amor, assim como todo o ser, em si mesmo. O que é que é isso, é você, ou minha sexualidade?" (*DQ*, p. 126) O amor é mais um deus cuja morte ainda precisa ser reconhecida. Essa divindade talvez seja um pouco diferente. Talvez o amor ainda exista, mas não é acessível nem para os humanos, nem para Deus, que está morto. Talvez tudo o que reste seja um amor que não pode ser amado.

Talvez alguns amores mais mundanos e limitados possam ainda ser possíveis, desde que escapem para fora do gênero, para fora das formas assumidas pelos mitos que herdamos a seu respeito. Para que o amor seja possível, a sexualidade deve dizer respeito a algo mais do que penetração, ou seja, algo mais do que a posse do corpo d/o/a outr/o/a, cujo corpo se torna apenas um objeto. Para que a vida seja possível, talvez o amor, embora não exista ou nem sequer possa existir, deva ser perseguido através do seu negativo, da sua falta: "Não é que ela precisasse ter um homem: é que, uma vez desprovid/o/a de fé ou crença, um ser humano é uma merda, e isso é pior que estar mort/o/a." (*DQ*, p. 34)

Esse amor em negativo, que não pode ser afirmado, é algo ao mesmo tempo perigoso e necessário: "O amor destrói o tempo comum e inverte sujeito e objeto; o verbo age sobre si mesmo; sou teu espelho; a identidade se foi, já que não existe separação entre vida e morte." (*DQ*, p. 51) Talvez esse amor só seja possível fora das assimetrias de gênero: "Seria possível que algum dia – algum dia – eu tomasse nos meus braços, trazendo para bem perto do meu corpo, uma mulher em cuja força masculina e feminina eu pudesse me apoiar, confiante, e seguir abraçando sem parar, alguém cujo vigor e ousadia me fizessem sentir por ela tão grande estima que eu ficaria ansiosa para me jogar a seus pés, pronta a fazer tudo aquilo que ela quisesse? Custava a acreditar no que estava pedindo. Custava a acreditar em mim mesma." (*ES*, p. 115)

No decorrer do texto-Acker, a busca pelo amor jamais termina, mesmo que o amor não possa vir a ser, ou possa vir a ser apenas em negativo, através de sua ausência. "Se eu tiver que amar, por desespero ou desesperadamente, o único amor que eu conheço é aquele que é aliado do ódio." (*ES*, p. 7) É o tesouro que não pode ser encontrado, que não está marcado em mapa nenhum, ou que não está ali no lugar sinalizado pelo mapa. "Estou condenada a viver num mundo a que não pertenço." (*DQ*, p. 20)

No decorrer da vida, a sensação de alheamento, de distanciamento em relação à/ao/s outr/o/a/s, em relação a qualquer mundo que não seja o seu próprio, não tem fim. Que mundo estranho é esse, em que o amor não acontece? Esse mundo ainda pode ser sentido e conhecido em sua própria estranheza. Esse é um mundo cuja única realidade é aquela que não pode ser sentida ou conhecida – a morte – cuja presença ausente reside no coração de todos os encontros com o/a outr/o/a no campo-Acker dessa segunda filosofia.

MORTE

Minha avó: "Quanto dura uma foda?"

Telefone: "Dura mais que a morte." (*LM*, p. 279)

A maior parte das Ackers se recusa a ser mórbida. "Não vou passar por essa situação não vou não vou não me importa o que digam não estou pronta para morrer não vou morrer." (*EU*, p. 7) Um problema: a negação da proximidade da morte. "Me lembro de ver meu pai morrer… A cultura à qual ele pertencia não lhe havia proporcionado nenhum caminho para lidar com a morte, com a sua própria morte; por isso, para ele, nem a sua própria morte, nem a sua própria vida, possuíam valor algum." (22.52.2) É esse o esquecimento que nos habita por dentro, o de que "a morte e a vida estão fodendo uma com a outra". O de que qualquer um poderia viver e escrever num mundo que desencoraja todo e qualquer encontro de vida-e-morte: "Devem estar usando contraceptivos hoje em dia." (*ES*, p. 82)

Aqui está aquela que, para mim, é a melhor piada de Acker: "No meu coração dos corações ou na boceta eu sempre soube o que os homens queriam de mim. 'Morte', sussurrei. Levava meu pai do meu lado de dentro e meu chefe do meu lado de fora. Eles me responderam. 'Sim'. Eu sussurrava, … 'Morte, você é uma moralista. Morte, você sabe o que é melhor para as outras pessoas'". (*ES*, p. 59) O chefe e o pai são artífices da morte, mas são eles próprios imortais. Outro chefe, outro pai, pode aparecer para ocupar esse mesmo lugar.

O chefe e o pai decidem quem vai morrer. Eles criam as particularidades que fazem parecer que essa morte poderia ter algo a ver com alguma ordem justa e correta. É como se eles estivessem de pé enfileirados em um tempo homogêneo, que continua e continua, caminho direto para a eternidade. É essa a linguagem da morte que recebe a aprovação dos chefes e pais. "A linguagem por meio da qual representamos a nós mesm/o/a/s como juíz/e/a/s, como conhecedor/e/a/s absolutos, não é a linguagem do fluxo, da matéria, daquilo que vai morrer. É a gente." (*BW*, p. 89) Uma linguagem da materialidade e do fluxo precisa ser algo diferente desse julgamento a respeito da vida e da morte que afinal nada sabe sobre morrer. Ainda assim, a morte em si pode apenas ser incognoscível. Ela constitui o limite externo de uma segunda filosofia: ela é aquilo em relação ao qual se pode pensar e aquilo que o pensamento desconhece de modo absoluto.

As Ackers, embora não anseiem pela morte, desejam se aproximar dessa coisa que os pais e os chefes ao mesmo tempo gerenciam e excluem. Talvez existam modos de se aproximar ao menos um pouco mais da morte, sem desejá-la. Talvez esse seja um caminho lento demais para descobrirmos algo a seu respeito. A morte coloca um limite absoluto diante do pensamento. Ali, a sensação já não existe. "Já que nada humano é eterno, a não ser a morte, e já que a morte é a única coisa a respeito da qual os seres humanos nada podem saber, os humanos não sabem de nada. Eles precisam falhar." (*DQ*, p. 35) Essa sucessão infinita de pais e de chefes, cada qual a seu turno ocupando seu lugar como se esse lugar fosse eterno, nada sabe a respeito da única coisa que é de fato eterna, nem do fluxo de vida que recusa essa ordenação.

Poderíamos psicanalisar esses chefes e pais: "Reconhecemos a presença de um componente sádico no instinto sexual.

Seria possível acreditar que esse sadismo é um instinto de morte forçado a se desviar do ego e se dirigir a um objeto (sempre sexual)?" (*MM*, p. 74) Ou não. Talvez se trate mais de poder do que de subjetividade. O chefe ou o pai, ao infligir dor e sofrimento, coloca um/a outr/o para assumir, em seu lugar, a posição daquilo que deve morrer.

Aqui está um ponto crítico. Algumas Ackers capazes de sentir essa situação a partir d/o/a/s outr/o/a/s ou de si mesmas acabam por abraçar o sadismo, até certo ponto. Até o ponto em que o sadismo torna possível um sentimento, talvez até mesmo um conhecimento, da proximidade da morte. Aceitar a proximidade da morte é, por estranho que pareça, uma forma de se livrar do medo de morrer. Um medo que só o poder sabe como explorar. "Você fica aterrorizad/o/a porque coloca o mal e a morte fora de você." (*IM*, p. 15) Abraçar a morte imanente à nossa própria vida é fazer com que a morte perca um pouco de seu apelo.

Para aprender algo a respeito daquilo que a morte é, o corpo precisa olhar para a morte, senti-la: "Quero sempre testar toda e qualquer coisa até chegar perto da morte. E ir além." (*MM*, p. 24) O corpo masoquista, mais ainda do que o corpo sexual, prolonga esse movimento de aproximação em direção à morte de modo a senti-la como um destino que lhe é interno. Acontece que até mesmo o corpo masoquista é ainda substância, é alguma coisa, é capaz de senti-la. "Apenas a morte, seja ela o que for, é nada." (*KL*, p. 38) A experiência da dor, de submeter-se ao controle do masoquismo, ao mesmo tempo que move o corpo em direção à morte, também o aproxima da morte que não acontece, o não morrer que lhe é característico até que o corpo de fato pereça[101]. "Posso me lembrar da dor mas não posso me lembrar da morte." (*HL*, p. 73)

101. No original: *"The experience of pain, of submission to control of masochism, orients the body toward death, but also to the falling short of death that is the lot of the body until it actually dies."* [N.T.]

O mundo dos chefes e dos pais aparece, por um lado, como um mundo infinito e eterno, e por outro lado como um mundo em que todo significado é finito, já que seu jogo se interrompe de acordo com os seus comandos. Tanto uma coisa quanto outra são retrógradas. "A arte, assim como nós, humanos, não habita um mundo finito, no sentido de finitude; aliás, tampouco somos, humanos e arte, finitos no que diz respeito ao sentido. A identidade, essa coisa frágil, abre espaço para a identidade. Nós e o mundo somos finitos apenas no que diz respeito à morte." (*BW*, p. 88)

Uma poesia fluida em fluxo, na qual uma identidade abre espaço para outra identidade, pode ser algo similar a um gênero ou uma sexualidade fluida em fluxo, onde uma identidade abre espaço para outra identidade. "Tanto o discurso poético quanto o sexo são processos de transformação. Na poesia, o silêncio se converte em sentido, e o sentido se torna silêncio. O sexo é um movimento entre a vida e a morte. Enquanto temermos a morte (a perda da identidade), tanto a poesia quanto a morte serão assustadoras." A instabilidade do sentido, da sexualidade ou do gênero é assustadora, já que o fim de uma determinada identidade pode ser experienciado como uma morte.

Poderia, todavia, acontecer o contrário. A experiência do fim de uma identidade, no sexo ou na arte, faz vir à tona a morte que, sem ser reconhecida, ronda o mundo dos chefes e pais. A morte chega para mostrar que também eles são, afinal, mortais. O fluxo de onde eles vieram é a única coisa que permanece. Abraçar a morte corpórea, e mesmo a morte social, antes do tempo, é afirmar que também o poder é mortal, que o acontecimento que o poder mais deseja negar e evitar já está a caminho, e que podemos ser s/eu/ua/s coveir/o/a/s.

Essa Acker: "Já que no mundo rico dos brancos descobrimos apenas a moralidade da morte e a morte propriamente dita e que o setor hippie está repleto de hipocrisia, machismo e chauvinismo, estávamos procurando pela vida

em meio aos espaços que para essa sociedade que despre-
závamos constituíam os reinos da morte e do nojo." (19.11)
Para algumas Ackers, essa busca assume contornos românticos; para
outras, porém, se trata de um método formal gradual.

"A musculação, a morte e o heroísmo estão todos relacionados uns aos outros. Enquanto quem faz musculação
tenta aperfeiçoar seu corpo no decorrer do tempo, já
que o processo de dar forma aos músculos leva muito
tempo, o tempo vai inexoravelmente levando à decadência
e à destruição do corpo. Embora aquele que faz musculação esteja fadado a falhar, ele continua lutando. Ele
usa seu conhecimento a respeito da morte e do fracasso
inexoráveis que o esperam para esculpir seu heroísmo."
(22.22) E: "Fazer musculação é uma forma de ressaltar nossas diferenças radicais diante dessa instância inumana
que nos torna iguais, a morte." (19.11) As Ackers que malham
são her/óis/ínas trágic/o/a/s que reconhecem a própria falha fatal.

Algumas Ackers são poetas que cantam canções de amor que abrem seus
poros para a morte, que se derramam em direção à morte. "Se é que
sou alguma coisa, sou aquilo que acontece depois da morte: sou escrita." (*BA*, p. 19) A morte se torna o único outro absoluto encarado do ponto de vista de toda e qualquer identidade. Mas
ela própria é uma instância que se encontra em fluxo, que precisa
encarnar através do texto ou do sexo. A morte é o ponto limítrofe da
segunda filosofia de Acker. Para um eu, ela é esse outro que não se
pode contradizer ou negar. Mas ela é também o ponto fraco de toda e
qualquer reivindicação de poder. E agora que essa civilização como
um todo está morrendo, os pais, chefes e afins não serão capazes de
colocá-la de volta no lugar.

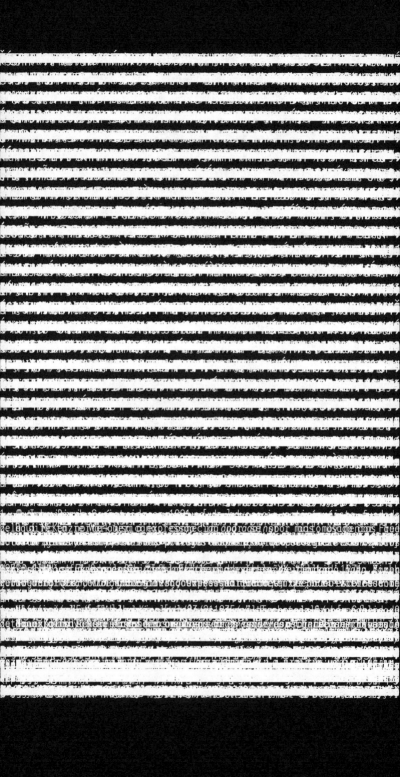

TERCEIRA FILOSOFIA

CIDADES

"Acho difícil encontrar pessoas capazes de aceitar minha tendência eremita, que se alterna com estados maníacos de enamoramento. Meu estilo me força a morar em São Francisco ou Nova York." (*PE*, p. 9) A teia-Acker se estende pela malha das cidades. Vamos nos mover para além do corpo e das suas sensações (primeira filosofia). Vamos nos mover para além do contato desse corpo com outro corpo (segunda filosofia). Vamos nos abrir em direção a uma terceira filosofia, a uma teoria que surge de sensações que emergem da experiência daquilo que é social, técnico ou natural.

No texto-Acker, todas essas sensações costumam emergir através de situações urbanas. "Os Estados Unidos da América são desolados e horríveis e ficam infinitamente longe dos centros urbanos decadentes." (*SW*, p. 68) Ainda assim, dentro das cidades, fazem-se sempre presentes populações de pessoas sem-teto, pessoas destituídas que rondam pelas margens dos enquadramentos através dos quais as Ackers e as cidades se tocam. A cidade é também um espaço muitas vezes violento, um espaço masculino, ainda que, como veremos, não inteiramente.

"Uma cidade na qual a gente possa morar. De que materiais é feita essa cidade?" (*BW*, p. 112) A cidade pode ser descoberta quando perambulamos por suas ruas sem compromissos marcados ou tarefas a cumprir, permitindo que a cidade teça o seu próprio tempo. Emerge aqui uma *psicogeografia* que delineia como diferentes partes da cidade provocam sensações, que assinala como um ambiente lança sua sombra sobre outro. Esse pode ser um método perigoso, especialmente para aquel/a/e/s de aparência feminina. Portanto:

"troco minhas roupas de mulher por roupas de homem, e perambulo pelas ruas de Nova York". (*PE*, p. 5)

A psicogeografia cria mapas difusos, que nos permitem encontrar nas cidades reais todas as "cidades desconhecidas… cada uma delas um labirinto, um sonho, em que as ruas se enroscam em outras ruas que desaparecem em meio a outras ruas mais, em que nenhuma rua leva a lugar algum". (*PK*, p. 7) Onde "a loja de roupas mais cara fica a um quarteirão depois das profundezas do inferno, depois de uma ligeira subida". (*MM*, p. 163)

Quando perambulamos, despontam novos eus e novas cidades. "Tanto eu quanto qualquer coisa que me acontece somos uma cidade pela qual posso perambular quando deixo meus julgamentos de lado." (*LM*, p. 246) Assim como as Ackers perambulam pelas cidades, as cidades perambulam pelas Ackers. Perambular pela cidade é dar um passo além do ato de folhear os livros da biblioteca de casa. Para as jovens Ackers, as perambulações começam como um caminho para longe da família. "A mesma sabotagem da existência social está nas minhas caminhadas pela cidade minha recusa de ficar junto ser normal ser uma pessoa real: porque não vou ficar ao lado da minha mãe. Gosto dessa frase porque ela é estúpida." (*LM*, p. 249)

Muitas cidades reais e imaginárias aparecem no campo-Acker, incluindo cidades coloniais. Para essa Acker, contudo, todas as cidades são cidades coloniais: "É que posso notar que essa distinção que se fez historicamente entre Primeiro Mundo e Terceiro Mundo se tornou agora uma distinção… que pode ocorrer dentro de um mesmo centro urbano." (*LI*, p. 49) O/a algerian/o/a ou o/a porto-riquenh/o/a se tornam marcadores das implicações coloniais de cidades metropolitanas como Paris ou Nova York, revelando dinâmicas das quais essas cidades dependem, ainda que tentem negá-las.

A maior parte das cidades no campo-Acker são, ao menos em parte, "essa morte que é Nova York". (*BW*, p. 140) Nova York serve de parâmetro para todas as cidades-Acker. "Nova York é uma cidade em que uma garota precisa aprender a pensar rápido." (*PE*, p. 149) Nova York é um lugar especial, já que é nessa cidade que as Ackers se movem para longe da família e descobrem a cidade de modo geral enquanto um espaço que contém prazeres e perigos. É um espaço urbano codificado com ressonâncias gerais tanto quanto específicas. "Quando você mora numa cidade que não é a cidade da sua infância, aquilo que você percebe é desprovido da ressonância da memória." (*ES*, p. 66)

A cidade não é nem a norma da família transposta em larga escala, nem a anulação dessa norma. Na verdade, a cidade mostra que a família é apenas uma de suas partes. "Uma criança pode amar, mas como pode obedecer a um pai ou uma mãe desonrad/o/a? Não existe honra nessa cidade dos artistas da ganância, em que as ratazanas correm pelas tábuas ainda que até a memória dos piratas esteja morta." (*MM*, p. 94) Nem a família nem a cidade podem servir de refúgio uma para a outra.

Mesmo que a partir do ponto de vista restrito de uma garota branca burguesa fugitiva, uma Acker pode perceber uma cidade feita tanto de desejo quanto de dor. "A cidade de Nova York… é ao mesmo tempo o paraíso e o fim do paraíso." (*IM*, p. 67) É uma cidade na qual talvez a gente perca possibilidades, mais do que ganhe. Trata-se de uma cidade em transição: "A classe média branca acreditava que, através desse processo de gentrificação e artificação[102] o prefeito estivesse agindo em seu

---

102. No original, *"artifying"*. O verbo *"to artify"*, que parece ter sido utilizado pela primeira vez no século XVII pela duquesa de Newcastle (?1623-1673), tem significados bastante variados: decorar ou tornar algo bonito (também em um sentido irônico), criar algo artificial, transformar algo em arte e/ou transformar determinado ambiente através da arte. Nas discussões

benefício. Agora os preços dos imóveis subiram tanto que acabaram forçando as classes médias a se tornarem ricas ou sem-teto." (*MM*, p. 91) Essa afirmação acabou por se revelar profética.

As cidades são feitas de desejo. "O roubo era parte da cidade. Toda cidade nasce, e continua a nascer, repetidamente, a partir das configurações das mentes e dos desejos: todas as cidades estão vivas." (*PK*, p. 83) E, ainda assim, falta amor nas cidades, e essa falta as torna confusas. "Todo mundo está completamente isolado nessa cidade. Todo mundo está tentando loucamente ser bem-sucedido para afastar o medo – são tentativas loucas, porque não dão certo.[103] Isso é verdade? Como posso saber o que é verdade?" (*LM*, p. 308)

Ainda assim, é uma cidade que a maior parte das Ackers não consegue deixar de amar, enquanto possibilidade. "A cidade de Nova York vai se tornar viva mais uma vez quando as

contemporâneas, esse verbo costuma ser associado ao conceito acadêmico mais recente *"artification"*, presente em discussões de antropologia e sociologia da arte, que em português costuma ser traduzido por "artificação". No artigo "O que é artificação", Roberta Shapiro define o termo como: "o processo pelo qual os atores sociais passam a considerar como arte um objeto ou uma atividade que eles, anteriormente, não consideravam como tal. A atribuição da nova categoria (arte) é acompanhada por uma transfiguração das pessoas, dos objetos, das representações e da ação. O processo é, ao mesmo tempo, simbólico e prático, discursivo e concreto. Trata-se de requalificar as coisas e de enobrecê-las: o objeto torna-se arte; o produtor torna-se artista; a fabricação, criação; os observadores, público, etc. As renomeações ligadas à artificação indicam também mudanças concretas, como a mudança do conteúdo e da forma de uma atividade, a transformação das qualidades físicas das pessoas, a reconstrução das coisas, a importação de novos objetos e a reestruturação dos dispositivos organizacionais. Trata-se, pois, de outra coisa, diferente de uma simples legitimação." Ver Roberta Shapiro, "O que é artificação?" in: *Sociedade e Estado*, Brasília, v. 22, n. 1, jan./abr. 2007, pp.135-151. Recuperado de https://periodicos. unb.br/index.php/sociedade/article/view/5322. [N.T.]
103. No original: *"Everyone is madly cause unsuccessfully trying through success to stave off fear."* [N.T.]

pessoas recomeçarem a falar umas com as outras, compartilhando emoções reais em vez de informações. Tem um túmulo arreganhando as pernas IMPLORANDO POR AMOR." (*HL*, p. 38) Talvez as possibilidades que residam nas margens que Nova York não foi capaz de nutrir possam aparecer em outros lugares, por algum tempo. "São Francisco é um pequeno oásis no meio de uma cultura bastante aterrorizante." (*LI*, p. 126) Também essa seria uma condição temporária.

A psicogeografia das cidades do campo-Acker descobre seus cenários míticos ao longo de seus cantos negligenciados, de suas zonas de prostituição, dos porões de seus motéis-ratazanas. "Quando a maior parte das pessoas que habita uma cidade não têm dinheiro e nenhuma fonte de dinheiro, essas pessoas vivem sem piedade." (*PE*, p. 241) Os apartamentos burgueses e os nichos do mundo próspero da arte se abrem diretamente para espaços de descarte e fracasso. As ratazanas se arrastaram para fora do porão e escalaram as paredes até chegar à cobertura. Mais do que uma cidade habitada por pessoas, essa é uma cidade de ratazanas, esses animais que compartilham uma espécie de astúcia coletiva.

Todas as cidades se tornam a Nova York dos anos 1970, onde as margens disfuncionais já não podiam mais ser escondidas ou negadas. A cidade se torna um resíduo sem futuro, ou talvez a premonição de um modo de produção parasítico e terminal que surge após a sua fase heroica e modernizadora do capitalismo: a cidade-prisão. O campo-Acker se conecta àquel/e/a/s "filósof/o/a/s· da cidade que sabem que a cidade e esse modo de vida estão em vias de extinção". (*PE*, p. 111) E: "Assim como o sistema sexual, tanto o sistema filosófico quanto a arquitetura dessa cidade colapsaram... o colapso da razão, mais até do que o do teísmo – o colapso do absolutismo –, essas pontes colapsadas ligam o caos da cidade, feito de concreto, às montanhas que ficam do lado de fora da cidade. É nessa paisagem fantástica que o feminismo está nascendo." (*IM*, p. 68) Embora se trate, como veremos, de um tipo bastante peculiar de feminismo.

Algumas Ackers relacionam o destino da cidade a uma perspectiva mais ampla. "Talvez a cidade de Nova York não esteja se desintegrando. Talvez um sistema, uma ordem que se baseava em um certo tipo de capitalismo, esteja se desintegrando, enquanto outro mundo, um mundo de bandos de criminosos e outros grupos anárquicos esteja emergindo das ruas, calçadas e pontes apodrecidas." (*BW*, p. 135) Uma cidade de poder sem lei e de leis impotentes. "É a cidade da anarquia, não dos anarquistas." (*MM*, p. 99)

A cidade já não tem qualquer projeto, seja um projeto de poder, de contra-poder, ou mesmo de recusa do poder. "Essa nova cidade sagrada é uma realidade não apenas desprovida de religião, mas desprovida de qualquer coisa a ser desejada ou buscada: uma cidade sem coisa alguma. Uma cidade cuja primeira característica é não oferecer nada." (*DQ*, p. 41) Uma cidade inteiramente povoada por ratazanas e oportunistas. "E quanto aos humanos? Foram todos devorados, já faz tempo. Nunca souberam como sobreviver." (*PE*, p. 228) E: "Aquela que certa vez havia sido uma cidade de renegados... havia se transformado em uma cidade de artistas." (*MM*, p. 93)

As cidades, assim como os corpos, podem ser penetradas. "Existem buracos pela cidade. Não apenas em seus muros de concreto e em suas outras paredes. Tudo aqui está vivo feito carne... sobre as passarelas estreitas sobre as avenidas imundas sobre os buracos sobre o teto dos arranha-céus, nesse céu que queima, o navio pirata da realidade está de partida." (*IM*, p. 68) A cidade penetrável, assim como o corpo penetrável, precisa encontrar outro modo de existência dentro dessa irrealidade urbana. "Queria ser louca, não insensata ou desprovida de sentidos, mas raivosa, para além das memórias, da razão. Queria ser louca. Entrei mais para dentro da cidade." (*ES*, p. 51)

TRABALHO-DE-SEXO

Além de ser um lugar onde se perambula livremente, a cidade é um lugar de *trabalho*. Essa Acker, que já não pode mais contar com o dinheiro da família, vai ter que trabalhar. "Como posso ser livre se estou sem grana?" (*IM*, p. 24) "'Ganhar a vida', como se a gente já não estivesse vivendo". E: "Estava tentando ser autodidata e me ensinar política e teoria filosófica, mas mais uma vez fiquei esfomeada." (*PE*, p. 11) Nada além do trabalho será capaz de resolver isso, porém trabalhar tão pouco quanto possível, já que o trabalho não resolve nossos problemas. "Dizem sempre que dinheiro é igual a segurança, mas não sei ao certo quem é que 'diz' isso, nem à segurança de quem estão se referindo." (*ES*, p. 80)

O trabalho aparece como algo a se evitar, ou a ser minimizado. No texto-Acker, não existe nenhuma dignidade no trabalho. Principalmente para as garotas. "Eu era uma garota legal, uma garota honesta ganhando dinheiro honesto trabalhando em uma loja. Dinheiro honesto não existe. E eu precisava de muito dinheiro. Me dei conta de que podia vender meu corpo, um recurso que está à disposição da maior parte das garotas jovens." (*PE*, p. 143) E então: "Comecei a trabalhar num sex show para abolir completamente a pobreza e mudar o mundo." (*PE*, p. 140) No campo-Acker, a cidade se manifesta especialmente a partir de três tipos de trabalho: o trabalho-de-sexo, o trabalho-do-artista, e o trabalho-de-fama.[104]

104. No original: *"sex-work, art-work, and fame-work."* [N.T.]

Já que esses dois últimos tipos de trabalho não estavam de fato abertos às garotas, restava o trabalho-de-sexo. "Trabalhar como puta é melhor do que ser secretária... ou do que ser esposa, porque, afinal, se trata do mesmo trabalho, é trabalho, já que não existe amor; a puta, ao contrário da esposa e da secretária, é a única que recebe como pagamento uma quantia que lhe permita escapar dos homens." (*LM*, p. 269) "Uma boa garota nunca faz nada de graça." (*PE*, p. 147)

Dos quatro (ou cinco) gêneros, aquele que está mais conectado ao trabalho-de-sexo é o *da garota*. "PERGUNTA: Por que as mulheres se tornam putas? Minha resposta: não são as mulheres, são as garotas. Além disso, garotas também fodem com homens sem cobrar nada e cometem assassinatos. É nosso modo americano de ser. Pergunta: Por que as garotas se tornam putas? Resposta: muitas garotas fazem isso por certo tempo. Aquelas que não fazem por certo tempo, acabam morrendo." (*IM*, p. 99) Morte essa que pode ser tanto uma morte literal quanto uma morte social. A garota aparece quando dois acontecimentos se cruzam: a impotência diante do mundo e o fato de ser desejável, em particular para os homens. A garota - cis ou trans - é um acontecimento que se dá no ponto de convergência entre essas duas coisas.

Se são homens que têm dinheiro e poder, então uma garota "que não tem dinheiro precisa conseguir dinheiro de algum homem". (*LM*, p. 337) Ela talvez não tenha que fazer muito mais do que trabalhar na criação do espetáculo do sexo. "Entenda: uma garota consegue ter uma boa vida sem precisar fazer truques." (*PE*, p. 146) Acontece que um trabalho como esse está longe de ser glamouroso, e tem seus perigos. "Não sabia se eu iria conseguir ganhar dinheiro ou acabar sendo estuprada. Eu não tinha escolha alguma." (*PE*, p. 144)

O trabalho-de-sexo é o espetáculo que uma garota cria de si mesma: "Com os machos chauvinistas sinistros caras nojentos de garganta vermelha John Birchers[105] pior assassinos liberais entramos na plateia é um show forte eles não querem ver nada além de bocetas mortas os olhos deles tornam tudo morto... saio dança de strip abro as pernas com força sem expressão me mantenho imóvel por dez segundos a cada posição me seguro com Ike e com a dança SEM RESPEITO de Tina Turner[106] no fim sadismo mãos nos quadris enquanto eles aplaudem." (*HL*, p. 30)

Embora instâncias de comunidade sejam raras na teia-Acker, essa Acker encontra uma delas entre as trabalhadoras do sexo: "Aqui, as mulheres não precisam da permissão do feminismo para se enroscar uma em torno da outra como gatas, nem para colocar a cabeça no ombro uma da outra em busca de consolo, nem para dar as mãos. As mulheres se apoiam umas às outras não por serem irmãs, já que, mesmo sendo irmãos e irmãs, ainda assim nos torturamos de incontáveis e irresponsáveis[107] maneiras, mas porque o sofrimento, assim como os problemas de cada uma, corre por toda sua carne assim como o ar é capaz de passar através de uma janela em pleno calor em um verão sonolento. Elas cheiram as bocetas umas

105. A John Birch Society era um grupo de advocacia anticomunista fundado pela direita norte-americana, conhecida por se opor aos movimentos que lutavam pelos direitos civis, por sua disposição de perseguir e intimidar inimigos políticos e sua prática de disseminar teorias da conspiração. Bob Dylan usa a expressão "John Bircher" na letra de "Talkin' John Birch Paranoid Blues", lançada em 1963, canção satírica em que o eu-lírico é um paranoico que se une a essa sociedade por acreditar em uma infiltração comunista nos Estados Unidos. [N.T.]
106. Aqui Kathy Acker se refere à canção *Show some respect [Demonstre algum respeito]*, de Tina Turner, evidenciando que, nesse caso, o respeito não se faz presente. [N.T.]
107. Optei por usar as palavras "incontáveis" e "irresponsáveis" para fazer referência aos dois sentidos do termo *"unaccountable"* no texto original, ambos relevantes aqui. [N.T.]

das outras e odeiam os homens." (*IM*, p. 117) E assim: "a pista de que viver em uma comunidade era possível… me salvou do niilismo e do desespero". (*MM*, p. 14)

Essa Acker: "Quando eu era uma stripper e fazia performances – quase mudei de personalidade, é uma experiência muito forte, mesmo. E tudo bem, a não ser pelo fato de que isso não é algo que eu faça com tanta facilidade, é uma experiência forte demais." (*LI*, p. 14) Uma experiência que muda a perspectiva de uma das Ackers. "Odeio os homens porque já tive que ser uma semiprostituta." (*PE*, p. 31) A relação heterossexual já é, para as garotas, uma situação de perigo. Colocar o dinheiro como base dessa relação, embora possa proporcionar uma fonte de renda, dificilmente melhorará as coisas: "Aqueles merdas não se importavam com nada além da minha boceta, eles se moviam enquanto eu me movia para que eles não perdessem uma chance de espiar essa carne ligeira." (*PE*, p. 31) O espetáculo da garota não é a garota: "A última vez que subi no palco senti que, durante os primeiros dez minutos, eu não era eu." (*HL*, p. 25)

Escrever, assim como qualquer outra arte, é algo que não pode surgir pura e simplesmente a partir do puro prazer da sensação. Muitas Ackers são materialistas, querem evidenciar os meios de produção da escrita. A situação de um/a escritor/a vai dar forma à escrita. Se o/a escritor/a tiver que trabalhar, esse trabalho vai dar forma ao que é escrito, de um modo ou de outro: "A história ensina a ela que a pureza surge a partir de mentiras ou de impurezas: exemplo histórico: depois de trabalhar em filmes sujos e num show de sexo para sustentar o poeta com quem vivia, Madame De Tournon jurou que odiava os homens. Daí em diante, para poder se dedicar à sua arte, ela seria sempre lésbica, embora não tivesse total certeza de que, fisicamente, gostasse de foder com mulheres tanto quanto com homens." (*GE*, p. 80)

Uma Acker: "Para que os homens pudessem me fotografar, fui buscar as roupas caras que tinha comprado com o dinheiro que ganhei vendendo meu corpo." (*ES*, p. 63) Mesmo as formas mais básicas de trabalho-de-sexo envolvem a criação de um produto de luxo, e essa Acker, fazendo um pouco de trabalho-de-sexo, pode se permitir saborear outros produtos de luxo: "O luxo vem sempre antes da necessidade." (*SW*, p. 38) O ponto de vista do trabalho para a trabalhadora do sexo é bastante particular, já que pode oferecer um raro vislumbre do eu enquanto produto. "É possível perceber a si mesma assim como você percebe qualquer outra coisa… É assim que o/a/s *strippers* percebem o próprio corpo." (*ES*, p. 27)

Outra Acker: "Oh sexo sexo sexo e tempo para trabalhar." (*SW*, p. 116) Quer dizer: o sexo do lado de fora do domínio da mercadoria, e escrever como trabalho real. Ao nos oferecer mais tempo livre, o trabalho-de-sexo cria as condições para a escrita, mas acaba por transformar tanto nossos modos de escrever quanto de foder. "Esse show de sexo não te fazia se sentir lá muito bem em relação ao sexo." (*LI*, p. 71) O trabalho-de-sexo dissipa um pouco da aura em torno da heterossexualidade. O sexo, assim como qualquer outra coisa, também pode ser transformado em mercadoria, e se tornou um dos principais fatores propulsores da mercantilização.

Na teia-Acker, embora o sexo não seja romântico nem represente um ato de liberação, tampouco representa exclusivamente um terreno de poder. O sexo se torna, sobretudo, uma prática a respeito da qual é possível formular perguntas políticas e estéticas. Uma Acker: "Agora estava vivendo duas vidas ou em duas sociedades: uma sociedade de shows de sexo na rua 42[108] e uma sociedade de

108. A 42nd Street, em Nova York, que hoje abriga espetáculos da Broadway, costumava ser uma rua repleta de *peep shows* e outros estabelecimentos que ofereciam formas de entretenimento relacionados ao sexo e à prostituição.

poetas". (19.03) A arte, a política e a baixa teoria de Acker podem emergir tanto de um quanto de outro desses mundos.

"A prostituição anda sustentando todo mundo esses dias." (*PE*, p. 222) E se o trabalho-de-sexo estivesse operando como uma espécie de norma que define aquilo que o trabalho está se tornando, ao invés de representar algum tipo de exceção? Em uma cidade como a Nova York do século XXI, tomar o operário industrial como modelo parece anacrônico. Por outro lado, tomar algum tipo de trabalhador intelectual ou cognitivo como modelo também pode deixar muito a desejar, já que performances emocionais e até mesmo eróticas constituem boa parte daquilo que nos é exigido no trabalho, particularmente no caso das trabalhadoras mulheres. E se, além de receber remuneração pelo trabalho doméstico ou remuneração pelo uso do Facebook, como seria se tod/a/o/s recebêssemos remuneração pelo trabalho-de-sexo? "As mulheres agora são prostitutas. Acho que as mulheres deveriam ser pagas todas as vezes que elas fodem, não importa com quem elas estejam fodendo." (*HL*, p. 45)

TRABALHO-DE-ARTE

"O trabalho da *stripper* é bastante sofisticado no que diz respeito à sua forma, se você quiser encará-lo assim... Quero dizer: é belíssimo, e uma verdadeira arte em si mesmo... Eu nunca poderia ser uma boa *stripper*." (*LI*, p. 23) A oposição entre o trabalho-de-arte e o trabalho-de-sexo funciona como uma distinção de classe. "Quase tod/o/a artista viv/o/a que continua fazendo arte vem de uma família que tem dinheiro, ou no mínimo recebe ajuda de um/a parceir/o/a sexual." (*GE*, p. 77) Ser artista é pertencer a uma categoria de classe ambígua: embora o artista continue a ter algum resíduo da posição marginal e *outsider* que tinha no modernismo, fazer arte está a caminho de se tornar, mais uma vez, apenas mais uma forma de fazer negócios oferecendo mercadorias sob medida para a classe dominante. "Tod/o/a/s m/eus/inhas amig/o/a/s artistas estavam passando fome antes de aterrizar no útero de suas mães de classe média." (*GE*, p. 28) O trabalho-de-arte é um mundo de animais de estimação privilegiados. E, para uma certa classe de caras-da-arte, representa imunidade: "Artistas famosos matam suas esposas e ficam impunes." (*IM*, p. 20)

As Ackers não fazem trabalho-de-sexo por muito tempo, e o que fazem não é de fato trabalho-de-arte: "Nunca fui um/a artista." (*LI*, p. 75) Mas, por haver frequentado esse meio, sabem algo sobre arte. A maior parte das Ackers emprega uma abordagem materialista para se aproximar do trabalho-de-arte: "Não sei de fato o que é arte, mas sei como é o contexto ao redor da arte." (*LI*, p. 24) A maior parte das Ackers encara o trabalho-de-arte como algo de peculiar que, contudo, ainda assim têm contornos determinados por relações de gênero e classe. "Toda vez que alguém, seja um/a literat/o/a, seja um/a professor/a, declara que existe algo como um 'ornamento total', ou afirma que 'a arte é pura', o que estão dizendo é que a cultura é propriedade dos ricos, assim como o discurso e provavelmente o mundo inteiro. Se isso parece um *non sequitur*,[109] descubra por si mesm/o/a." (*BW*, p. 4)

"Por que uma pintura cubista é considerada uma obra de arte melhor do que um vestido de Vivienne Westwood, se é que isso é verdade?" (*DQ*, p. 47) O trabalho-de-arte é um mundo que pertence aos homens. As formas que importam são as formas pelas quais eles ficam obcecados. "Homens e mulheres não se veem mutuamente nem agem de maneira mútua sob nenhum aspecto,

---

109. Expressão em latim que significa literalmente "o que não se segue", usada para se referir a uma falácia lógica, uma conclusão que não deriva das premissas, já que não existe conexão entre a assertiva que se faz e os argumentos anteriores. [N.T.]

nenhuma perspectiva. Também a arte é fetichismo." (*DQ*, p. 94) Na cidade, uma grande variedade de obras de arte, assim como uma grande variedade de mulheres, aparece como um mundo de coisas espetaculares. Tanto a estética quanto as relações sexuais recebem a carga pesada da mercadoria, enquanto mundo de coisas mortas.

Ainda assim, a arte é - ou costumava ser - um indicativo da viabilidade de uma cidade. "O que é que é... ser um/a artista? Qual é o valor que nos faz continuar levando essa vida infernal?" (*DDH*) "Você está perdendo possibilidades. Para mim, a arte é, ao menos em parte, uma abertura de possibilidades." (*LI*, p. 57) À medida que a classe que serve de base para o contexto da arte vai se transformando, o trabalho-de-arte vai mudando de forma. "A classe média, que costumava ser o esqueleto, a estrutura do mundo da arte, está se tornando consciente da sua própria falência: as pessoas vão se dando conta de que já não podem pagar as hipotecas das próprias casas... assim como já não têm dinheiro suficiente para mandar os filhos para a universidade; tratamentos médicos decentes se tornaram um luxo; tornar-se sem-teto é um espectro diante dos seus olhos. O público da classe média, que costumava ser fiel, já não tem tempo livre para ir a recitais de poesia." (*AD*, p. 7)

Era isso o que ser artista era ou poderia ter sido: "Escolher ser um/a artista significa viver contra esse mundo. Por que alguém escolheria ser um/a artista? Aleijad/o/a/s não escolhem ser alejad/o/a/s." (*LM*, p. 195) Uma arte que poderia ainda ser capaz de tocar um lado de fora. "O que importa para mim? Arte. Arte é igual a sexo." (*LM*, p. 218) Uma arte que o capitalismo não poderia assimilar inteiramente: "Porque teu lado selvagem te assusta, você não entende o que a arte é." (*DQ*, p. 45) "Pensei, naquela era de ouro em que a pobreza era nobre e os Estados Unidos eram ricos, que a arte era nosso caminho, a verdadeira religião do Ocidente." (*BW*, p. 83) Isso é algo que, para a maior parte das Ackers, já se encontra perdido no tempo em que elas vivem.

Essa Acker: "Naqueles tempos, arte, que era para mim a possibilidade mais elevada de existência, não era tanto aquilo que alguém fazia, mas como escolhia viver." (19.03) Essa arte está deixando de existir. "A arte vai se tornando completamente marginalizada, até ser levada à extinção." (*AD*, p. 7) No seu lugar, existe algo de diferente, que ainda se chama arte, um aspecto de algo que a arte talvez sempre tenha sido. "A arte não era mais do que um apanhado de ações em certo mercado de ações." (*BW*, p. 86) "A arte está cada vez mais confinada a um mundo de extravagâncias, tornando--se um mercado de ações para entreter os ricos." (*BW*, p. 41) "*Cowboys* e agentes financeiros regem o velho mundo da arte, esse mundo que gestou *cowboys* e agentes financeiros e transformou-os em seus artistas." (*AD*, p. 9)

Como fazer uma arte que se distinga daquela feita pelos "cowboys dourados da arte" e do seu mundo (23.01)? Essa pergunta pode exigir diferentes táticas estéticas: "O/a artista não precisa descobrir os limites do seu meio, não precisa 'reinventá-lo'; o/a artista, ainda que seja impotente tanto política quanto socialmente, precisa encontrar maneiras para toda a nossa sobrevivência." (*BW*, p. 11) "Tudo o que não diz respeito à intenção é pura e simplesmente bonitinho, e ser bonitinh/o/a é algo acima de tudo desprezível."[110] (*BW*, p. 83) O conceito do trabalho, que não deve ser

---

110. No original: "*All that does not concern intention is simply prettiness, that prettiness is, above all, despicable.*" Optei por traduzir "*prettiness*" por "ser bonitinh/o/a" porque Kathy Acker não opta por usar o termo "*beauty*", mais comum para se referir ao belo ou à beleza. "*Prettiness*" parece se referir a uma beleza mais palatável e

compreendido apenas como uma ideia na cabeça d/o/a artista, está no corpo d/o/a artista enquanto trabalha, mas esse aspecto do corpo que faz todo o possível para evitar que algo seja retirado dele e transformado em mercadoria, essa coisa bonitinha.

"Se a arte é questionável em qualquer sociedade que pareça psicótica (e aqui emprego a palavra *questionável* em todos os seus sentidos possíveis): o que é que a crítica de arte pode ser?" (23.01) "O mundo criado pela arte, o mundo do não materialismo, está se tornando materialista – o que quer dizer que a sociedade está morta." (*LM*, p. 216) A arte está completamente subsumida ao contexto no qual antes costumava sobressair-se como uma exceção parcial. "As pessoas falam sobre como estão ganhando dinheiro ou sobre quem está se tornando mais famos/o/a… Já que as únicas ideias que existem estão à venda, não se fala delas. Umas poucas mulheres sustentam a aparência de que o sexo ainda é algo possível." (*GE*, pp. 122-123)

Uma Acker que aparece em filmes pornô pontua: "A única diferença entre o/a/s artistas com quem eu trepo e o/a/s gostos/o/a/s desses filmes é que dá para conversar com o/a/s gostos/o/a/s nesses filmes." (*PE*, p. 196) O trabalho-de-arte é um modo de sobreviver que talvez possua algumas vantagens em relação ao trabalho-de-sexo, mas na maior parte das vezes se encontra disponível apenas para os homens, e envolve um comércio entre possíveis meios de sobrevivência, além da retração da experiência da amizade e do amor.

E, ainda assim, a arte não é completamente desprovida de possibilidades. Mesmo quando subordinada à forma de mercadoria, a arte ainda retém a possibilidade de trazer algo sem forma para esse mundo

convencional. [N.T.]

caído. "A lei parece mais e mais encarar a arte (o corpo) como a atualização, não exatamente do caos em si, mas de uma incorporação orgânica da morte e do caos dentro da vida, como uma superação violenta do dualismo entre sociedade e caos." (*BW*, p. 35)

TRABALHO-DE-FAMA

Apesar de tudo, o trabalho-do-artista oferece a possibilidade de evitar, ou ao menos minimizar, o trabalho assalariado. "Preciso oferecer às pessoas uma arte que demande uma quantidade muito pequena de atenção e que não exija muito esforço para produzi-la." (*LM*, p. 252) Mas, para fazer com que isso gere dinheiro, é preciso ser famos/o/a. Ao se dedicar à escrita no final do século XX, o campo-Acker reconhece de forma astuta as necessidades de um trabalho espetacular que se tornaria lugar-comum no século XXI. "A fama é o elemento mais característico da minha vida americana. Todo mundo deseja uma fama midiática que nada mais é do que um isolamento total. Para o/a/s american/o/a/s, a identidade humana precisa se afirmar contra o mundo." (*LM*, p. 312)

"Sou parte dessa cultura que não me quer... porque a gente está tentando sobreviver, a gente fica correndo atrás, dançando dois pra lá, dois pra cá,[111] dançando as danças daqueles que foram historicamente destituídos (ex: aqueles-que-já-estão-ferrados[112]). A FAMA é nossa único

---

111. No original: "*we're doing the two-step*". *Two-step*, é uma modalidade de dança de salão em pares em compassos de $^2/_4$ ou $^4/_4$, praticada em diversas variantes, uma delas sendo o *paso doble*, de origem espanhola. [N.T.]
112. No original, "*the good-as-dead*", expressão usada para se referir àqueles que se encontram em situações profundamente angustiantes e de difícil solução, enfrentando perigos ou problemas graves que podem até mesmo resultar em sua morte figurativa ou literal. [N.T.]

passaporte para a sobrevivência, do outro lado desse passaporte está a VIDA-SEM-TETO, olha que foto bonita." (*IV*, p. 48) Na cidade, tal qual está se tornando, "Tudo o que existe é aparecimento e desaparecimento, existem aquelas pessoas que aparecem na mídia e aquelas pessoas que desapareceram, que não tem a possibilidade de encontrar nenhum tipo de lar." (*BW*, p. 5) E então: "Parte da vida de escritor/a é que você nunca sabe se vai ser ric/o/a ou sem-teto." (*IV*, p. 46)

"Quero ser rica e famosa; não, quero poder conversar com as pessoas sem que elas me coloquem para baixo." (*PE*, p. 20) Com uma pequena porção de fama: "posso fazer o trabalho que quero e fazer com que os homens que eu respeito discutam entre si e comigo o meu trabalho, bem como o trabalho deles. Me importa o aspecto econômico das coisas tanto quanto me importa foder com os homens. Muitas vezes durmo com minhas amigas mulheres". (*PE*, p. 14) Assim como o trabalho-de-sexo, o trabalho-de-fama é um dispositivo que pode produzir o suficiente para sobreviver sem trabalhar demais, de modo que haja tempo livre.

Só se pode evitar o trabalho se somos sustentados ou por um mecenas ou pelo público, criando as condições para algo que se assemelhe com a autonomia. "Ela ansiava pelo meu amor assim como ansiava pelo amor de s/eu/ua/s amig/o/a/s e pelo amor do público, já que era assim que ela podia fazer o que quisesse e se evadir das responsabilidades." (*GE*, p. 58) A fama abre caminhos para foder mais trabalhando menos: "Como você vai fazer para ficar famosa e encontrar quem te foda?" (PE, p. 189) Nem sempre funciona, porém. "Acho que estou ficando famosa, mas continuo sem bons namorados." (*SW*, p. 166)

Uma horda de Ackers de jaqueta de couro venderão a imagem de: "Antígona numa motocicleta." (*ES*, p. 164) Ainda assim, dá trabalho. "Preciso trabalhar bastante duro para compensar minha falta de beleza e de charme." (*PE*, p. 101) Existe uma artesania das aparências, um teatro do corpo. E ainda assim: "Não suporto ver aquilo que me tornei." (*IV*, p. 49)

Aqui está aquilo que muitas Ackers pensam que se tornaram: "Me parece que eu estava em uma pequena gaiola no zoológico em cuja placa, em vez de 'macaca', estava escrito 'mulher americana radical'. Então toda a vez que eles queriam uma mulher americana radical para fazer comentários sobre qualquer coisa, para fazer uma aparição simbólica,[113] me tiravam da gaiola e me davam algum dinheiro. Devo dizer que era um arranjo bastante lucrativo." (*LI*, p. 205)

CAPITALISMO

A maior parte das Ackers, por ter "um tanto de marxista rebelde". (*MP*, p. 12) se mostra crítica ao capitalismo. Às vezes, o capital aparece no texto-Acker como um capitalismo eterno, idêntico a si mesmo, em constante expansão. "Estou oferecendo um retrato preciso de Deus: um déspota que precisa constantemente intensificar o Seu Poder para sobreviver. *Deus igual capitalismo.*" (*ES*, p. 45) A qualidade sacrílega do texto-Acker se torna uma tática contemporânea, porém apenas quando, em vez de se colocar como um desafio obsoleto a um deus morto, se dirige aos álibis mais contemporâneos do sagrado e aponta para a vontade de poder que manipula esses álibis como fantoches de dedo.

113. No original: "*to make a token appearance.*" [N.T.]

O capitalismo pode ser definido como a lei do valor. Mesmo o/a/s trabalhador/e/a/s do sexo e o/a/s trabalhador/e/a/s da arte (caso não disponham de uma renda privada) precisam vender o próprio trabalho para sobreviver. Vendem sua capacidade de trabalho para os detentores de capital em troca de uma remuneração que representa apenas uma parte do valor total do seu trabalho. A diferença entre o valor total daquilo que o trabalho produz e a soma que o/a/s trabalhador/e/a/s de fato recebem é a medida da exploração.

Esses são os pontos básicos, mas as Ackers vão além e exploram algumas das outras consequências da imposição dessa lógica a partir da qual toda forma de trabalho pode ser reduzida a quantidades calculáveis. "No período moderno, o valor de troca passou a dominar a sociedade; todas as qualidades foram e são reduzidas a seus equivalentes quantitativos. Trata-se de um processo inerente ao conceito de razão." (*DQ*, p. 72) A própria razão se torna suspeita, enquanto forma organizada de dominação.

O que poderia ficar de fora da lei do valor, desse relógio de trabalho generalizado, o tempo? Talvez o corpo não esteja inteiramente subsumido a essa lógica e transformado em moeda de troca: "A sensualidade das vossas carnes o único valor que nos importa." (*LM*, p. 391) Talvez aquilo que é real seja não o tempo da troca de valores, mas algo de mais íntimo, corporal: "Agora existem dois tempos: o tempo nenhum e o tempo lento. O tempo nenhum não é a substituição capitalista de mercadorias por valores, como você diz que é; o tempo nenhum é a solidão e a ausência de amor. Roçamos o outro tempo, o tempo lento, quando tocamos em alguém." (*LM*, p. 291) Existe uma conexão entre a falta de amor e o processo que transforma as coisas em mercadorias. Esse processo reduz tudo, incluindo os corpos, a identidades, a mais do mesmo, e o amor não pode suportar a mesmice. Se o amor de fato existe, é na sua relação negativa.

impossível, com as diferenças humanas. O amor é impossível, é absoluto, é eterno - nos aproximamos dele apenas em sua forma negativa embora não seja possível, de modo algum, se aproximar dele na temporalidade do capital.

Não é fácil extrair o corpo da mesmice da mercadoria. "Comprando (comendo), sou comprada (comida). A mercadoria sou eu. A mercadoria me compra." (*LM*, p. 301) O corpo se forma pela imagem e semelhança do mercado: "Me dou conta de que a educação é um dos modos através dos quais o corpo incorpora esse sistema econômico de classes, sob a forma de uma série de regras personalizadas. O mundo humano fora de mim parece ser formado por relações econômicas, pela hierarquia e por divisões de classe." (*MM*, p. 12) E: "Em qualquer sociedade baseada em um sistema de classes, a humilhação é um dos métodos pelos quais o poder político assume a forma de relações sociais e relacionamentos interpessoais." (*DDH*)

A sexualidade se torna uma forma de redirecionar o desejo, deslocando-o de um tempo imediato e sensual para o fetiche de sua aparência; o trabalho-de-sexo se torna a forma modelo desse processo. Uma Acker: "Esses homens de negócios precisam descobrir produtos que vendem por conta de necessidades óbvias. O sexo é um desses produtos. Querida, basta se livrar do puritanismo com que seus pais te alimentaram de colherinha entre doses de materialismo, a revolução sexual fez isso graças ao amor livre e aos hippies o sexo é uma isca fantástica. O desejo sexual é um fenômeno que oscila naturalmente. O sexo enquanto produto nos apresenta um mercado que se expande naturalmente. Agora os capitalistas estão fazendo tudo o que podem para levar o desejo sexual do mundo inteiro a um limite insuportável." (*HL*, p. 42)

A racionalidade ilusória do tempo da mercadoria se encontra com a ordenação simulada dos desejos tomando a forma de categorias de marketing: "As revistas estavam organizadas em categorias que diziam respeito a tipos de atividade sexual. Dá para nomear tudo e destruir o mundo." (*IM*, p. 123) O materialismo, entendido no sentido do apego a bens materiais, se torna a lei. Uma lei que nega a possibilidade do amor enquanto diferença qualitativa incomensurável, submetendo-o à condição de uma diferença mensurável que estabelece meramente relações de troca. "Será que o capitalismo, que deve se basear no materialismo ou na ausência de valores, fede?" (*LM*, p. 219) Fede mesmo.

Ainda assim, às vezes algumas Ackers desejam se apegar à possibilidade de outra vida, de uma vida que crie valores de uso, ao invés de valores de troca, uma vida que se cria junto aos outros, sem exploração, enquanto vivência do prazer corporal e do jogo. "Será que o valor de uso é uma construção pós-capitalista? O valor dessa vida é aquilo que eu faço ou crio. Vivo em uma solidão absoluta. Que valor há nessa vida dolorida se não naquilo que eu faço ou coloco no mundo?" (*LM*, p. 301)

Visto do ponto de vista do trabalho-de-sexo, do trabalho-de-arte ou do trabalho-de-fama, o capitalismo pode estar em processo de mutação, em vias de tornar-se outra coisa. Um modo de produção em que essas três formas de trabalho, ao invés de margens improdutivas, tornem-se centros de extração, não tanto de um valor excedente, mas de um excedente de desejo. A extração de um excedente de desejo torna-se o principal negócio da cidade. Arte, sexo e beleza passam a se submeter exclusivamente à compulsão de extorquir alguma forma de valor. "Se a sociedade, ainda temerosa de todo caos, de repente deixa de marginalizar dimensões como o dos sonhos, o da sexualidade não procriativa e o da arte, e passa a encarar essas atividades como parte de seu próprio domínio, ela vai começar a tentar controlar, depois censurar, e enfim criminalizar esses fenômenos." (*BW*, p. 35) A lei do desejo, uma vez submetida à lei do valor, traz consigo a sua própria polícia.

PÓS-CAPITALISMO

O mundo moderno talvez já tenha ultrapassado alguns modos de produção. "Ficou para trás a era gloriosa da navegação, o tempo em que os homens brancos regiam a terra inteira fazendo comércio de escravos." (*ES*, p. 71) O tipo de capitalismo industrial que brotou do modo de produção escravocrata e acabou por suplantá-lo talvez esteja ficando ultrapassado também, ou no mínimo pode estar perdendo sua posição de liderança. "Apareceu um novo grupo de predadores rondando o mundo." (*BW*, p. VII)

Na teia-Acker, o pós-capitalismo se manifesta de duas maneiras. Uma delas é a possibilidade revolucionária de uma vida sem exploração, mas a outra sinaliza que a própria exploração pode ter mudado de forma. Esse pode então continuar sendo um mundo em que uma classe dominante extrai um valor excedente das classes dominadas, que inclui sua força de trabalho da forma tal como é tradicionalmente compreendida, mas que parece ter acrescentado outros modos de dominação em seu arsenal.

"Não dá para reconhecer o fim enquanto alguma coisa está acontecendo." (*IM*, p. 111) Mas do ponto de vista de Nova York, Londres e São Francisco, as Ackers vislumbraram o surgimento desse estranho pós-capitalismo em que a forma da mercadoria se estendeu, passando a abarcar o terreno da estética e da informação, ao mesmo tempo que a forma da mercadoria propriamente dita se modificou no decorrer desse processo. "Vi Nova York se tornando mais e mais uma ficção a respeito daquilo que pode acontecer com o capitalismo, enquanto o mundo de arte se tornava uma ilustração real do desenrolar desse processo." (*LI*, p. 29) As Ackers testemunharam, a partir dos epicentros de poder, uma transição silenciosa, porém violenta: "Aí está minha realidade, entre o mundo pós-industrial e a informatização." (*LM*, p. 313)

Algumas Ackers sentiram uma curiosidade desconfiada a respeito da internet, essa outra teia. "Imagine um cenário em que todos os serviços se tornaram como a AOL[114]" (*RC*, p. 52), cenário esse que parece corresponder àquilo que o pós-capitalismo se tornou depois da morte de Acker. "Para mim, isso não é uma máquina. É mais como uma mente viva… Às vezes eu sinto que essa mente está me comendo… preciso tomar cuidado para não ser devorada. Imagino o computador se tornando mais e mais gordo, passando a sugar meus pensamentos e não me deixando sonhar nunca mais." (*RC*, p. 54)

Quando lhe pediram para listar seus cinco websites favoritos, Acker escolhe listar cinco sites imaginários. Primeiro site: digite um sonho. "Assim que você faz isso, o sonho começa a se desenrolar. Note que não é permitido interpretar os sonhos. Ao contrário, são os sonhos que nos interpretam." (22.45) Segundo site: você está fazendo arte, e palavras aparecem como que saídas da sua cabeça, dando instruções de como desenhar a pior coisa que já te aconteceu. "Se você não fizer isso, você nunca vai ser um/a artista e você vai ter que voltar a ser um funcionári/o/a de banco ou um agente imobiliári/o/a." (22.45) Terceiro site: você volta através das cadeias de causas e transforma o futuro. Você se perde. Quarto site: é um espelho. "Tudo o que existe desliza diante dos teus olhos." (22.45) Quinto site: é você. "Não tenho ideia de

---

114. Operadora que foi uma das mais importantes fornecedoras de internet discada, mais tarde comprada pela Verizon, que também adquiriu a Yahoo. [N.T.]

onde esse site fica nem sei se dá para chegar lá. Talvez você esteja de volta ao princípio." (22.45) Esse é um mapa bastante preciso daquilo que a mídia da internet se tornou no pós-capitalismo.

Para algumas Ackers, a imagem que o pós-capitalismo tem de si mesmo é infinita, idêntica a si própria, ainda que sob novas aparências. "As multinacionais, junto com os seus computadores, já transformaram e continuam transformando a realidade. Encarados como organismos, eles atingiram a imortalidade através de biochips." (ES, p. 83) A mercadoria, enquanto forma de controle, toma conta não apenas do trabalho, mas de tudo o mais. "O capitalismo precisa de novos territórios, de sangue fresco." (ES, p. 33) A mercadoria se infiltrou em todos os domínios do sagrado, tornando-os todos subordinados a ela. "Já que uma emoção é um índice de valor, nessa sociedade da morte (dos valores) as emoções se movem como zumbis através dos humanos." (MM, p. 14)

Algumas outras Ackers detectam uma estranha mutação no modo de produção, através de dispositivos que não deixam de explorar mas que por vezes funcionam de modo estranho, ou revelam o caráter bizarro dos "poderes-do-dinheiro pós-capitalista". (DQ, p. 71) O mundo da arte, por exemplo, se torna um protótipo de um certo tipo de economia política da informação. "Chamo esses anos de A BOEMIA DAS FINANÇAS (é esse o nome que eu dei ao mundo da arte...)." (PE, p. 148) O mundo da arte já não vende coisas feitas à mão. Ele vende conceitos peculiares - propriedade intelectual. "As leis da mercadoria destruíram a imaginação. Aqui só se permite fazer arte seguindo as regras do pós-capitalismo." (DDH, p. 83)

A informação quantitativa, que corresponde ao dinheiro, e a informação qualitativa, que se traduz em estética, encontram-se de algum modo peculiar. "O vestido que ela usa é Chanel, não é Claude Montana nem Jean-Paul Gaultier. O dinheiro, que não é marxista, anda agora idolatrando a humanidade, como deveria." (*DQ*, p. 84) Essa é uma frase particularmente curiosa. Um humano pego pelo fetichismo vê apenas a dança entre o dinheiro e as coisas, mas um humano mais crítico pode ver para além da coisa, e enxergar o trabalho por trás dela. Um dinheiro desprovido de senso crítico, assim como um humano sem senso crítico, é fetichista, mas aquilo que ele transforma em fetiche não é a mercadoria, mas sim o humano. Tudo o que o dinheiro consegue ver agora são humanos trocando coisas que possuem marcas, que são uma forma de informação qualitativa. Ele tampouco é capaz de enxergar trabalho e produção, que constituem o mundo material.

Mr. Fuckface: "Como vocês podem ver, a linguagem nos pertence." (*BG*, p. 136) Uma teoria provisória dessa ruga que se forma no velho modo de produção é concebê-lo como se adicionasse à separação entre valor de uso e valor de troca uma separação entre significante e significado, como aspectos do signo. O significante, como o valor de troca, é uma espécie de equivalência intercambiável, que estabelece uma igualdade formal. O significado, ou o sentido, é – como o valor de uso – algo de íntimo, de corporal, que não pode ser quantificado. O trabalho da fábrica produz valores de uso. Esse outro trabalho, que aparece na trabalho-de-fama, no trabalho-de-sexo e no trabalho-do-artista produz significados. Assim como o capitalismo submete o produto material do trabalho à igualdade forçada do valor de troca, o pós-capitalismo submete à igualdade forçada do significante o produto informacional do trabalho-de-fama, do trabalho-de-sexo e do trabalho-de-arte. Valores de troca se encontram no mercado sob a forma da igualdade quantitativa; os significados se encontram no mercado sob a forma da igualdade qualitativa.

O valor de troca converte as habilidades do corpo ativo em produtos mensuráveis, que podem ser extraídos desse corpo. Transforma substância em mercadoria. "Os produtos estão fora de moda. Seja como for, ninguém tem dinheiro pra comprá-los." (*HL*, p. 76) O pós-capitalismo passa a extrair valor de significados: emoções, sensações, desejos e conceitos, através da captura e apropriação dos significantes. Trata-se de nossos sentimentos, anseios, necessidades; mas que agora são apropriados e controlados através de suas marcas, direitos autorais, patentes – através de significados produzidos e distribuídos digitalmente, que se tornam propriedade de um novo tipo de classe dominante.

Esse pós-capitalismo transforma a informação, mais do que as coisas, em mercadoria. E: "Já que a única realidade dos fenômenos é simbólica, o mundo pode ser mais bem controlado por aquel/e/a/s que têm mais possibilidade de manipular tais relações simbólicas. A semiótica é um modelo útil para pós-capitalistas." (*LM*, p. 293) A crítica marxista da economia política precisa se mover em direção à crítica da linguística estrutural e, em ambos os casos, fazer-se a mesma pergunta: quem fez aquilo que aparece no mercado como uma mera coisa?

"Teoria: A separação entre significantes e significados está se alargando... Os poderes do pós-capitalismo estão determinando que essa separação se intensifique. A estratégia geral dos pós-capitalistas nesse momento é tornar a linguagem (tudo aquilo que significa) abstrata, e, portanto, facilmente manipulável. Um exemplo: o dinheiro. Outro exemplo é o valor da mercadoria... No caso da linguagem e da economia, tanto o significado quanto objetos reais não têm valor, não existem ou possuem apenas os valores que aqueles que controlam os significantes atribuem a eles. A linguagem está me deixando doente. A menos que eu destrua as relações entre a linguagem e os significados, ou seja, o seu controle." (*LM*, p. 300-301) Mais que anomalias, figuras fora da lei, à margem do capitalismo, o/a/s artistas se tornam o protótipo dos sujeitos dos quais o pós-capitalismo extrai valor sob a forma de um excedente de informação. O dinheiro, enquanto informação que diz respeito à quantidade, deseja a estética enquanto informação sobre a qualidade. Quer artistas, mas faz dos artistas inteiramente aquilo que eles sempre foram ao menos em parte: traficantes-putas. "A imaginação era ao mesmo tempo um negócio morto e a única opção de negócio que restava aos mortos." (*ES*, p. 35)

Como então ser um/a dissidente dentro do pós-capitalismo? Pode-se fazer necessário um ponto de vista a respeito do trabalho sob a óptica específica das formas de trabalho predominantes, que produzem visões do mundo opostas e inesperadas. Essa Acker: "Em uma era em que os homens buscavam e viviam de acordo com absolutos e as mulheres não existiam — existiam apenas seus órgãos sexuais — o/a/s piratas eram renegado/a/s. Quando os homens de negócios e o/a/s artistas chegaram ao poder, respondendo às necessidades do capitalismo tardio, o desejo dos homens por absolutos se interrompeu e se transformou em nostalgia e romantismo. A história desse século pode ser definida pela luta entre um modelo de, ou um desejo por, uma realidade absoluta e um modelo, ou o reconhecimento, da realidade como algo de indeterminado." (*MM*, p. 108) Pensar e sentir e agir dentro do e contra o pós-capitalismo talvez seja o trabalho e o jogo diante de diferentes agentes históric/o/a/s, cada qual com sua própria percepção histórica, diferente dós movimentos trabalhistas que nos antecederam.

HISTÓRIA

Aqui temos uma imagem da classe dominante oferecida pelo texto-Acker. "Sr Knockwurst: 'Todas as noites Sahih me conta que meus funcionários tocam essas gravações de gritos e, para se divertir, em vez de dormir se esfaqueiam uns aos outros. É isso que chamamos linguagem?' (não há resposta). 'São tod/o/a/s Janeys. São tod/o/a/s pervers/o/a/s, transexuais, criminos/o/a/s e mulheres. Temos que pensar em um plano para exterminá-l/o/a/s e começar uma nova linhagem de trabalhadores.'" (*BG*, p. 136)

Uma Acker: "Desculpem esses remanescentes do marxismo." (23.01) Do outro lado do significante e da classe dominante que se apropria dele e o controla, temos uma carne pulsante, trêmula, amorfa e amoral. Mas agora que o valor pode ser extraído da carne sob a forma do significante, significados desregrados e os corpos que os engendram devem não apenas ser forçados a permanecer na linha mas também levados a uma produção frenética de novos significantes.

Como se chegou a isso? "Tudo o que ela sabia era que o mundo, a totalidade, era terror." (*ES*, p. 79) O controle exercido pelos homens e o controle exercido pelo capital se sobrepõem em uma espécie de *tanaticismo*, que não diz respeito tanto à pulsão de morte enquanto conceito universal mas como um poder de morte – Tânatos – que opera de modo mais específico. "Como se nos amassem, os ricos que já cometeram suicídio em vida estão levando todo o mundo humano em direção à morte." (*ES*, p. 72) E: "Logo já não restava mais nada para incendiar." (*ES*, p. 85)

"Quem é que ainda morre por amor? Quem questiona a realidade através do sofrimento e da loucura?" (*IM*, p. 50) Algumas Ackers reagem à violência acelerada do pós-capitalismo por meio de um recuo niilista. "Já não fodo mais, porque o sexo é uma prisão. Assim como a arte, o sexo passou a servir de suporte para esse sistema pós-capitalista." (*HL*, p. 41) E: "Eu quero – já que minha feiura, minha falta de feminilidade, meu corpo ferido que preciso ganhar minuto a minuto e que é tudo aquilo que resta para falar — quero que você deixe de ter esperanças." (*BG*, p. 139) E: "Costumava me queixar dizendo que esse mundo não é justo. Agora já não penso que o mundo não é justo. Eu não penso." (*GE*, p. 30)

"Depressão quer dizer uma pessoa pobre que se vê diante de cada vez menos possibilidades." (*BG*, p. 57) Algumas Ackers resvalam para um niilismo existencial. "Os seres humanos são uma matilha de cães selvagens. Quando falam, seus dentes são lâminas afiadas de gilete. Suas instituições são motosserras cor de carmesim." (*ES*, p. 135) No campo-Acker, a ironia é usada apenas vez ou outra: "Existe sempre uma razão para o niilismo." (*ES*, p. 110) O problema com isso é que "enquanto você insistir num comportamento reativo, você na verdade está dando mais força à sociedade que odeia". E: "Não vou submergir na noite, porque esse romantismo é uma doença."

Outras Ackers vislumbram espaços de possibilidade até mesmo na tomada da nossa vida emocional, afetiva, libidinal e conceitual pelo pós-capitalismo. O problema com essa colonização de informações íntimas diz respeito à separação entre o mundo da informação e o mundo tangível. "Talvez essa sociedade esteja vivendo sua morte, em suas ruínas. Mas eu não teria como saber disso." (*ES*, p. 63)

Acontece uma limpeza de terreno, em que se deixam de lado velhas crenças e contra-narrativas oriundas de mundos obsoletos: "Para provar que não havia nada para se acreditar; nada para se amar, nada pelo qual valesse a pena viver, mas tudo a se odiar, nesse mundo vasto." (*GE*, p. 72) A desvalorização de todo esse poder pode nos sustentar tomando a forma de um valor provisório, até que: "Todo esse mundo apodrecido vem abaixo e se rompe." (*ES*, p. 211)

"Se somos constituídos pela história... se somos forma-d/o/a/s por aqueles que são mais velhos do que nós, você é uma doença ambulante." (*ES*, p. 69) Entre as várias formas de fé que morrem no campo-Acker – fé em deus, no homem, na arte –, talvez nenhuma pese tanto quanto a morte da história. E: "Me ensinaram que através da racionalidade os humanos podem conhecer e controlar aquilo que lhes é outro, incluindo nossas histórias e o ambiente que nos rodeia." (*MM*, p. 54) Mas essa talvez tenha sido apenas mais uma ilusão. "A história está se movendo, mas está se movendo descolada daquilo que pensamos ser certo e errado." (*PA*, p. 87) E: "Se exis-te uma história do progresso humano, ela foi inventada pelos homens." (*ES*, p. 259)

"A era da arte e dos negócios, ou o capitalismo em seu aspecto final, é a era da anarquia." (*MM*, p. 101) A era da anarquia, mas não a d/o/a/s anarquistas. Tanto o mundo subjetivo quanto o mundo objetivo encontram-se emaranhados em meio a uma temporalidade volátil. O tempo objetivo, ou melhor, o tempo histó-rico, já não pode ser concebido como algo que possui uma origem, um destino, que dispõe de leis que regem seu movimento.

Ninguém mais pode falar a respeito da história reivindicando uma autoridade não situada: "Como é possível que os seus raciocínios, ou aquilo que se chama de racionalidade, possam ser separados de você? E se os teus raciocí-nios são você, tudo o que existe é desejo e vontade. No século XX, portanto, não existe moralidade: existe apenas ambição." (*LM*, p. 326)

A história pode ser percebida, por outro lado, como um espaço de possibilidade que está sempre se transformando, cujos contornos só podem ser tocados ao se tornarem atuais. "O problema, agora, é que as teorias que dependem de modelos absolutos já não podem dar conta de mudanças temporais. Aquilo que a história humana nos oferece, que se evidencia através da história humana, não é a sequência determinada de algo que já está determinado, mas a emergência de uma alteridade radical, de uma criação imanente, de algo de novo que não é trivial." (*IM*, p. 52)

Não existe um sujeito consistente idêntico a si mesmo capaz de ser autor de uma teoria elaborada de cima, alguém que seria capaz de supervisionar a história, descobrir seu conceito oculto e anunciar o seu destino. "Uma vez que todos os atos, incluindo os atos expressivos, são interdependentes, o paraíso não pode ser um absoluto. A teoria não funciona." (*ES*, p. 113) Ao contrário, o pós-capitalismo aparece como: "O mundo para além do tempo. A silhueta sangrenta de uma cabeça em cada uma das escrivaninhas do mundo. A silhueta sangrenta do trabalho alienado. A silhueta sangrenta dos fetos. Já não há necessidade de imaginar. O sangue está pingando da ponta dos nossos dedos enquanto sonhamos acordados." (*DQ*, p. 122) Uma baixa teoria que brote de dentro do tempo contingente ainda é possível, enquanto conceito produzido a partir do trabalho e dos jogos daquel/e/a/s que se situam nas margens da extração de valor que o pós-capitalismo opera, transformando todas as formas de desejo em formas de informação.

POLÍTICA

Embora se posicione de forma claramente herética em relação às teorias políticas e econômicas do capitalismo que circulam no final do século XX, o campo-Acker não resvala para um mero liberalismo, nem no que diz respeito à estética, nem no que diz respeito à política. "Tratava-se da era da democracia, em que o estado da arte era a arte do estado."[115] (*MM*, p. 97) O campo-Acker não abandona a história em nome de alguma versão da Guerra Fria americana. "Papai, você quer saber mais sobre política? Vou te falar de política. Os Estados Unidos atropelando El Salvador e Nicarágua." (*LM*, p. 380)

De modo sorrateiro, essa Acker reconhece a violência presente dentro do próprio estado-prisão americano: "Mas como a maior parte d/o/a/s american/o/a/s, continuo fazendo de conta que o horror está acontecendo do lado de fora da costa americana." (*MM*, p. 103) Já que, afinal: "Isso é o que o liberalismo é. Hipocrisia." (*LM*, p. 215) Porque, para essa Acker: "Estados Unidos da América. Morte. Se você é qualquer coisa além da Morte, você é um monte de exílios em massa." (*ES*, p. 163) A violência de todos os dias refuta, na prática, os dignos princípios do liberalismo americano. Mais do que recorrer a princípios elegantes, algumas Ackers optam por uma espécie de materialismo *básico*, que diz respeito não às coisas mas a um lixo inútil e sem forma. "A progressão da sociedade em direção ao totalitarismo despertou e continua a emergir a partir de sua recusa em ser merda." (*MM*, p. 128) Essas Ackers vão em direção àquilo que é excretado, excluído, negado.

O fato de que o espetáculo da política presidencial norte-americana possua um aspecto irracional surpreende cada geração como uma descoberta nova. "Porque essa nação que se proclama livre e democrática é, na realidade, dirigida por umas poucas centenas de imbecis, se tanto; imbecis que temem muito mais as consequências da inteligência dos outros que as da sua própria estupidez." (*IM*, p. 75)

---

115. No original: "*the state of art was the art of state.*" [N.T.]

As Ackers mais políticas tomam como ponto de partida não tanto as correntes intelectuais esquerdistas do seu tempo, mas sim algo de mais básico. Sua breve experiência com o trabalho-de-sexo, por exemplo. "Aprendi sobre a política das ruas a partir de minha experiência na rua 42... Ali você encara as pessoas de baixo para cima, em seu comportamento sexual, especialmente no sexo fora dos relacionamentos." (*LI*, p. 73)

A maior parte das fontes que fornecem energia política às Ackers são norte-americanas. "Abolicionismo; feminismo; utopismo; vegetarianismo; etc. A história secreta dos Estados Unidos." (*BW*, p. 127) Essas correntes provocam interesse não como formas de confrontar o poder, mas de recusá-lo. "A lei é a base da sociedade. A identidade é a única lei." (*BW*, p. 58) Trata-se de uma luta que não busca substituir uma lei por outra, uma identidade por outra, mas escapar das identidades. E isso vai adiante. "As políticas *queer* não são políticas de identidade... Mas não sei se todo mundo está de acordo a respeito do significado da palavra *queer*, ainda não examinamos suas relações com as relações de classe." (*PA*, p. 88)

"Como posso escapar dessa realidade política insuportável?" (*MM*, p. 205) Não é que exista qualquer esperança, mas algumas táticas podem nos permitir acelerar a desvalorização de todos os valores, em vez de resistir a ela, uma vez que todos os valores disponíveis são os valores de uma classe dominante corrupta. Essa Acker se dirige a eles: "Vocês estão mortos. Vocês estão acabados. Essa perda de memória que vocês ensinaram às mídias e aos seus consumidores se voltou contra vocês, assim como todas as políticas se voltam contra aqueles que as criaram. Um duplo esquecimento. Porque é o sonho, afinal, aquilo que há de mais sagrado no humano e/ou nas feras." (*MM*, p. 215) O niilismo do pós-capitalismo se torna, estranhamente, um espaço de possibilidade.

"É verdade que nossa moral racista, sexista e classista precisa mudar, ou vamos todos nos matar u/ns/mas aos/ às outr/o/a/s." (*ES*, p. 154) Assim, "a única atitude prática a se tomar agora em relação aos Estados Unidos e em relação à história que os americanos criaram é destruir isso tudo. Isso é exatamente o que tenho tentado fazer. Aqui estava o começo da linguagem. Da minha linguagem". (*MM*, p. 196)

É uma tática perigosa:

"Feminista Marxista: 'Mas como posso saber qual é a diferença entre o que é e o que não é real, diferença essa que corresponde, no nosso caso, à diferença entre as armas nojentas deles e às nossas boas armas?'

Situacionista Com Sotaque Italiano: 'Não dá para saber.'" (*LM*, p. 270)

O pós-capitalismo expele sua própria forma de estado, cuja tendência é impor as táticas aprendidas nas guerras coloniais a populações que antes viviam sob o império. Tal estado já não quer ser amado, mas sim temido e, ao mesmo tempo, desejado. A violência de estado se torna um objeto de fascinação e desejo. "Que um único fato permaneça capaz de dar forma à memória humana: já que um estado não passa de uma máscara que emana e abriga relações de poder por detrás dele, cada estado pode tornar-se objeto de fetiche ou fazer-se sexualmente desejável." (*MM*, p. 181)

"E quanto à raça?" (*BW*, p. 85) As revoluções que reaparecem no texto-Acker são revoluções anticoloniais, da revolução do Haiti até as lutas pela independência africana do século XX, na Algéria e em outros lugares. Trata-se de uma luta cujo objetivo não é apenas derrotar o poder imperial branco, mas também evitar replicá-lo ou duplicá-lo.

Confrontar a violência do Estado com uma contraviolência não se provou uma estratégia bem-sucedida no mundo ultradesenvolvido, de modo que até mesmo desejar essa violência pode ser algo suspeito. "Todos os atos de terrorismo, todos os eventos chocantes que atingiram e continuam a atingir a imaginação dos humanos, têm sido e continuam sendo ou OFENSIVOS ou DEFENSIVOS. Já faz um bom tempo que a experiência mostrou que estratégias ofensivas acabam falhando. Apenas pessoas desesperadas ou iludidas recorrem a um terrorismo ofensivo. No que diz respeito aos atos defensivos, a experiência nos mostrou que esses atos podem ser bem--sucedidos até certo ponto. São, porém, sucessos apenas momentâneos, precários. É sempre e apenas o Estado (ou a Sociedade) que recorre a atos de terrorismo defensivo, seja porque se encontra em meio a uma grave crise social, seja porque teme a própria destruição."[116] (*IM*, p. 70)

Muitas Ackers desconfiam da ideia de empregar formas espetaculares de demonstrar poder para se contrapor ao carismático, embora doentio, espetáculo de poder vigente. Nenhum líder pode nos proporcionar salvação: "Não precisamos de autoridades, mas precisamos, muito, de informação." (*MM*, p. 124) Táticas de informação podem substituir aquilo que costumava ser concebido como política cultural. Mas e se não houver nem política, nem cultura? Ao menos da forma como esses domínios costumavam ser tradicionalmente entendidos – como superestruturas que se elevam sobre uma infraestrutura

---

116. Já que a fonte dessa digressão, que não está clara nesse fragmento, é uma referência com a qual me deparei em minhas próprias pesquisas anteriores, compartilho aqui: Gianfranco Sanguinetti, *On Terrorism and the state* [Sobre o terrorismo e o Estado]. Londres: B. M. Chronos, 1982, p. 57. Sanguinetti foi o último membro da Internacional Situacionista.

de exploração capitalista, e oferecem direção: "As estruturas ideológicas da classe dominante determinam, obviamente, se continuarão ou não a ser dominad/o/a/s." (*ES*, p. 125) Talvez essa forma social básica já não se sustente em um momento em que o pós-capitalismo se apoia tanto na extração de força de trabalho do corpo quanto na extração de significantes dos corpos.

CULTURA

"Até os anos 1970, existia o mundo antigo, o mundo no qual a vida cotidiana e o pensamento e o amor existiam – mas esse mundo foi varrido para longe." (*LM*, p. 175) Permanece a aparência de uma cultura e de uma política, mas não sua substância. Embora algo como uma casca de cultura continue a existir, a cultura já não é um espaço de contestação. A longa marcha através das superestruturas terminou em derrota. "A percepção que se baseia na cultura é uma droga, um dos elementos necessários para a existência do poder sociopolítico." (*ES*, p. 36) E: "A cultura é aquilo que falsifica." (*LM*, p. 191) A cultura, hoje, não passa de um modo de controlar.

A ilusão de consenso da cultura percebe que algo está acontecendo, e precisa encontrar bodes expiatórios. Nos "jornais, portanto, todo mundo coloca a culpa no *lumpen-proletariat*". (*LM*, p. 297) É notável como, nos Estados Unidos do século XXI, muita gente parece pensar de modo semelhante. Os colunistas liberais culpam os brancos caipiras[117] da zona rural por não votar no Partido Democrata. Os colunistas conservadores culpam as massas urbanas

---

117. No original, *"The liberal columnists blame the rural redneck whites for not voting Democrat."* A expressão idiomática *"redneck"* é uma expressão de teor pejorativo usada para se referir a uma pessoa branca pobre e sem instrução, em especial àquelas que vivem na zona rural do sul dos EUA, que teriam crenças preconceituosas, injustas ou irracionais. [N.T.]

não brancas por não votar no Partido Republicano. O que quer que aconteça, a culpa recai sempre sobre aqueles que são relativamente desprovidos de poder.

"Já não há educação, já não há cultura – se é que a cultura depende de uma compreensão partilhada da história – e talvez já não haja mais classe média nos Estados Unidos. Existe Guerra." (MM, p. 29) Antigas estratégias coloniais de dominação aterrizaram em casa. Mas essa não é simplesmente uma guerra de violência declarada. Trata-se de uma guerra de informação. "A guerra, agora, é, ao menos em parte, uma guerra de linguagem. Sobre o que mais se escreve (agora)?" (BA, p. 23) "Guerra, você é o espelho da nossa sexualidade." (ES, p. 26)

Isso nos leva de volta às táticas da primeira filosofia do campo-Acker. Essa filosofia começa dispensando a figura do sujeito individual enquanto proprietário coerente de seu próprio eu, enquanto sujeito que dispõe de uma memória e de um destino. Aplica-se ao campo técnico-social de uma terceira filosofia a mesma técnica empregada no campo fenomenológico de uma primeira filosofia. "Mas e se o eu não fosse um sujeito, mas sim um objeto? E se a dicotomia sujeito-e-objeto fosse um modelo pouco apropriado, nesse caso? (Nota: para além do corpo e de fatos sensíveis, a guerra se trava agora no nível da linguagem). Não significo. Sou significada. Isso é ridículo. O significado não existe. Seria o significado uma invenção pós-capitalista?" (LM, p. 301)

O sentido – o significado –[118] é aquilo que o pós-capitalismo explora através da mercantilização da informação sob a forma de um

---

118. No original: *"Meaning – the signified."* Nesse e em outros fragmentos, Kathy Acker parece compreender sentido e significado como sinônimos, embora outr/o/a/s autor/e/a/s prefiram concebê-los de forma diferente. [N.T.]

significante dissociado de seu contexto referencial, dissociado dos corpos que sentiram e foderam e vivenciaram esse significante. O pós-capitalismo semeia desejos, sentimentos, sensações, significados – e paga por eles com meros signos. Significantes são colocados à venda, significantes insistentes que o pós-capitalismo garante que ainda são capazes de excitar e atrair o corpo, mesmo que de modo reduzido e distorcido. O signo se torna fetiche, despojado das lágrimas, dos gritos e do suor que fizeram parte de sua construção. Trata-se de uma cultura extraída do corpo e alienada dele, ao mesmo tempo obcecada pela morte e despreparada para ela. A cultura americana é um culto de morte. "Me lembro de ver meu pai morrer… A cultura a que ele pertencia não lhe havia proporcionado nenhum caminho para lidar com a morte, com a sua própria morte; por isso, para ele nem a sua própria morte, nem a sua própria vida, possuíam valor algum." (22.52.2) E: "Na cultura americana, não existe muita diferença entre uma coisa e a representação dessa coisa, entre a morte e a representação da morte." (22.52.2) Mesmo uma pandemia pode se transformar em mero signo de si mesma, a ponto de se tornar objeto de descrença e discussão.

É preciso, portanto, empregar uma tática que recuse essa corrente sem vida e a moeda defasada do significado. "Para que ela pudesse recuperar o código, o subprograma alterou alguns de seus comandos de custódia fundamentais. O código dizia: LIVRE-SE DO SIGNIFICADO. SUA MENTE É UM PESADELO QUE TE DEVORA. É HORA DE DEVORAR A TUA MENTE." (*ES*, p. 38) "Acabe com todas as representações que existem para outros propósitos além do prazer." (*ES*, p. 95) Retome outra vez o significante surrupiado pela forma da informação-mercadoria.

"Já não me interessa ser definida de forma negativa ou positiva por uma cultura que me parece doente." (*IM*, p. 24) Seja como for: "Só uma cultura amoral pode causar problemas."

(*DQ*, p. 21) Portanto: "Vai, leva tua merda para a tua cova. É isso o que eu digo. Vou te dizer uma coisa: essa noite, quando a noite chegar, vou rastejar para dentro das tuas casas, e invadir teus sonhos, ali onde você não tem nenhum poder, vou te fazer roubar e se prostituir. Vou te virar do avesso." (*BG*, p. 133)

Seria possível pertencer a uma cultura partilhada sem que ela se baseie no policiamento de identidades? Poderia uma cultura ser erigida não ao redor de uma imagem daquilo que ela é, mas de imagens de tudo aquilo que ela poderia se tornar? "Cultura é uma das maneiras pelas quais uma comunidade tenta transpor os absurdos do seu passado e encontrar na imaginação e no sonho possibilidades de ação".[119] (*BW*, p. 4) O elemento comum de uma cultura talvez seja o conjunto de condições materiais a partir das quais sentidos podem ser criados, e não um ideal daquilo que essa cultura significa para si mesma. "A linguagem, toda e qualquer linguagem, incluindo as linguagens verbais e visuais, pressupõe a existência de uma comunidade." (*BW*, p. 17) Fazer trabalho-de-linguagem é de antemão encontrar maneiras de pertencer através das diferenças criadas por essa linguagem.

AGÊNCIA

"Mas o que é que me resta? Será que uma ex-vítima não é proprietária de coisa alguma?" (*ES*, p. 85) Se existe uma agência coletiva no campo-Acker, trata-se da agência daquel/e/a/s que não possuem capital, tampouco fazem trabalho assalariado. Algu/ns/mas são bem-sucedid/o/a/s e honrad/o/a/s, e conseguem se considerar

---

119. No original: "*Culture is one way by which a community attempts to bring is past up out of senselessness and to find in dream and imagination possibilities for action.*" [N.T.]

artistas. Muit/o/a/s não são. Despontam em categorias difíceis de nomear, já que jamais se sentem em casa em qualquer nome que seja. El/e/a/s são a ponta de um iceberg que derrete, o iceberg da totalidade d/o/a/s sem-teto que habitam o mundo. "Todas nós, garotas, já estivemos mortas por tanto tempo. Mas não vamos mais morrer." (PK, p. 114) Aquel/e/a/s que um império morto ostraciza por meio de uma morte social talvez sejam o/a/s últim/o/a/s a permanecer com vida.

"O romantismo é o mundo. Por quê? Porque precisa haver alguma coisa. Precisa haver alguma coisa para nós que somos e que sabemos que somos sem-teto." (HL, p. 58) Apesar de seu ceticismo em relação ao romantismo em diversos outros aspectos, a maioria das Ackers se aferra a isso: à agência d/o/a/s despossuíd/o/a/s, d/o/a/s marginais, d/o/a/s recalcitrantes e – através del/e/a/s – a uma possibilidade de mundo. Uma mera possibilidade não pode ser suficiente, todavia. "Nem todas as possibilidades se tornam fatos reais. No mundo comum, portanto, saber é diferente de agir." (DQ, p. 54)

O/a/s dispossuíd/o/a/s, com demasiada frequência, não encontram possibilidades nesse mundo. Sua sensibilidade nos remete, em parte, a um insistente senso estético, ou rebelião poética, bem como às suas derrotas. "Vi m/eu/inha/s amig/o/a/s naquele bordel destruído pela loucura passando fome histéric/o/a/s n/u/a/s se arrastando pelas ruas dos brancos ao amanhecer procurando por uma dose raivosa eu vi a mim mesmo fodida um nada sem perspectiva colaborando de novo e de novo com aquel/e/a/s que odiava eu velha colaborando com minha própria morte – tod/o/a/s nós colaborando com a Morte." (ES, p. 145)

Essa margem de possibilidade talvez tenha se tornado extremamente tênue. Não apenas o esforço produzido pelo trabalho, mas também os esforços produzidos por sentimentos, sensações, prazeres, dores, conceitos – informação –, tudo isso é abarcado pela forma de mercadoria pós-capitalista, redefinindo a sua forma. "A dimensão daquilo que é fora da lei foi redefinida: hoje os espaços selvagens que excitam os pensadores mais profundos são conceituais. Carne sobre carne." (*ES*, p. 140) E: "Agora já não existe possibilidade de revolta bem-sucedida no domínio social ou tecnológico. Nós somos a revolta bem-sucedida; em mente e corpo." (*LM*, p. 300) Para se recusar a oferecer uma parte que seja da própria existência corpórea à forma da mercadoria, "você precisa se tornar criminos/o/a ou pervers/o/a". (*HL*, p. 34) Ao menos aos olhos da classe dominante.

Para algu/ns/mas de nós, não se trata de uma escolha. "Não escolhi ser a aberração que nasci para ser." (*LM*, p. 278) Algumas dessas aberrações, que costumavam ser chamadas de *queer*, decidiram fazer uso desse nome com orgulho. Então, se podemos ser *queers*, se podemos ser bichas, por que não ser putas também? E se houvesse uma data para o *orgulho das putas*? Celebrações *queer* muitas vezes acabam sendo um modo de evitar falar sobre a venda ou o trabalho do corpo erótico, sensual ou fascinante. Celebrar as putas é conectar esse corpo desviante, recolocando-o em seu lugar no modo de produção. "Precisamos fazer mais do que ser put/a/o/s e nos masturbar." (*PK*, p. 56)

Na teia-Acker, pode haver muitos modos de ser puta. Pode significar ou não *trabalhador/a do sexo*. Prostituir-se é algo que pode fazer parte de muitas outras transações, inclusive daquelas d/o/a/s artistas. Às vezes pode ser uma transação que se dá em situações duras e violentas, mas nem sempre. A qualidade fundamental é a luta por se tornar um agente livre e por seguir assim, sem pertencer a ninguém: "Uma puta vai de homem em homem, ela não é a garota de homem nenhum." (*E*, p. 145) A rebelião das putas: "Nos livramos dos nossos homens, agora nossos sonhos já não significam nada." (*PK*, p. 54) Não ser nem possuída, nem alugada, por ninguém. Resgatar o corpo do processo de mercantilização de suas superfícies e seus signos. Uma vez que esse sonho se realiza, porém, o que podemos nos tornar?

Pode ser que o modo de existir da puta no mundo pós-capitalista seja mais promissor do que o do trabalho-de-arte. Ainda hoje os homens são a maioria entre aquel/e/a/s que conseguem ser artistas, ou ao menos entre aquel/e/a/s que se tornam independentes através do trabalho de arte. Artistas lidam com uma forma de agência que envolve demasiadas concessões: "Revolucionári/o/a/s fingindo que se interessam apenas por prazer para se esconder das patas da polícia, que são as patas dos ricos." (*PE*, p. 111) Se o/a artista poderia ser alguém privilegiad/o/a e ainda assim marginal ao capitalismo, no pós-capitalismo o/a/s artistas passam a integrar uma forma de mercadoria que absorve informações das atividades dos corpos que não-são-exatamente-trabalho. No pós-capitalismo, o/a artista é um tipo social muito menos interessante do que o/a trabalhador/a do sexo.

Embora os garotos *punk* não pertençam à mesma família das putas, é como se os dois fossem vizinhos, conterrâneos.[120] "Ser beijad/o/a por um garoto punk era ser arrastad/o/a para a insanidade ou para a morte. Eles eram os últimos da raça dos homens brancos." (*PK*, p. 41) Muitas Ackers tentam desmanchar o modo como a escrita narrativa costuma produzir raça, mas não com tanta sagacidade quanto quando desmancham o modo pelo qual as narrativas produzem gêneros. "O/a/s branc/o/a/s produzem a morte porque separam a morte da vida." (*ES*, p. 75) A maior

---

120. No original: "*Not kin but kith to the whores are the punk boys.*" A autora brinca com a expressão "*kith and kin*", que em geral significa "amigos e parentes". "*Kith*" é uma palavra do inglês antigo que significa "terra natal", e, por extensão, pode ser usada para se referir a conterrâneos e amigos. [N.T.]

parte das Ackers tenta trair a própria raça, mas é difícil escapar da branquitude. No mínimo, os garotos *punks* só podem ser entendidos enquanto tal se tentarem escapar não apenas da masculinidade, mas também da branquitude – fazer isso não é uma atitude nobre, mas uma condição mínima de vir a ser. Eles se beneficiam de sua abertura à tutelagem: "as putas explicaram ao/à/s sant/o/a/s que el/e/a/s viajariam até o final da noite". (*PK*, p. 41)

O/a pirata é outra figura ambivalente, que aparece com ainda mais frequência do que o/a *punk*. "Desde que me entendo por gente, quis ser pirata." (*ES*, p. 20) Na imaginação, ao menos, houve um tempo em que: "piratas velejavam os mares prodigiosos dos tubarões". (*EU*, p. 164) "E ser um/a pirata – é como o mito estúpido da liberdade; vai, faz tuas próprias leis, assume o controle do teu próprio barco." (*LI*, p. 61) "Hoje o/a/s piratas já não existem, portanto não posso ser pirata." (*ES*, p. 26) O/a pirata é um/a agente imoral da imaginação, sem-tet0 e fora da lei. O/a pirata cruza as fronteiras entre mundos, e é também, em alguma medida, uma figura histórica. "O/a/s piratas sabiam, embora nem sempre de forma consciente, que as civilizações e culturas que ele/a/s estavam invadindo dependiam economicamente da escravização de outras civilizações e culturas. O/a/s piratas tomavam prisioneir/o/a/s, não escravizavam."[121] (*MM*, p. 109)

Pirata e puta formam pares e duplas míticas. "Piratas amavam mulheres sexuais e perigosas. Vivemos das imagens daquel/e/a/s que decidimos que são her/ói/ína/s e deus/a/e/s. Uma vez que um império, qualquer que seja, se encontra em decadência, essa forma de vida

---

121. Aqui, Kathy Acker parece ter uma visão um tanto idealizada da pirataria. Muitos dos navios piratas históricos, desde o início da pirataria, envolveram-se no comércio de pessoas escravizadas, mesmo durante o período colonial, quando saqueavam e tomavam conta de navios negreiros. [N.T.]

se transforma irrevogavelmente em exílio. As prostitutas enlouqueciam os piratas, pegos, como insetos em
teias, em suas próprias ambições fracassadas e seu
anseio por outro lugar… O/a/s piratas idolatravam as
putas com entrega e submissão." (*MM*, p. 112)

Piratas são capazes de escapar até mesmo das leis do gênero. "Piratas nem sempre são masculin/o/a/s ou feminin/o/a/s."
(*PK*, p. 112) Como veremos mais tarde, isso pode se manifestar, em
seus corpos, como alguma forma de disforia. Aqui está, mais uma
vez, uma das minhas Ackers favoritas: "O sexo pirata teve início no dia em que os líquidos começaram a jorrar. Como
se o *quando* equivalesse ao *porquê*. Enquanto isso, meu
pênis pirata se arremessou para fora do meu corpo. À
medida que meu corpo expelia esse órgão para fora, o
pênis pirata ia se movendo para dentro do meu corpo.
Não me lembro por onde entrou." (*PK*, p. 114) A sexualidade
pirata se encontra fora de noções de identidade, fora do conceito
de gênero, fora da forma da mercadoria: "Sobre sonhos e ações
em piratas: Suas almas apodrecidas queimam em suas entranhas. Só se mexem por prazer. É só para el/e/a/s,
como você vê, que os corpos nus dançam. Imensuráveis,
suaves, etéreos, cheios de sombra: jorro das bocetas em
ação." (*MM*, p. 109)

Por não estarem aprisionad/o/a/s em identidades, putas-piratas que
se revoltam são desprovid/o/a/s de subjetividade, não são objetos
criados por um processo de mercantilização. El/e/a/s não permitem
que todo o valor extraído de seu corpo tome a forma de significantes
dissociados de significados. "Pela primeira vez, eu via as
garotas piratas em suas verdadeiras cores. Preto e vermelho. Elas vestiam seu lado de dentro do lado de fora,
havia sangue espalhado por todas as superfícies. O sangue do coração, uma vez aberto, se torna preto." (*ES*, p. 265)

Punks, putas, piratas: um/a pode se transformar n/o/a outr/o/a, ou ser mais de um/a ao mesmo tempo. Tod/o/a/s podem ser marinheir/o/a/s. "Para ser capaz de ver, preciso tocar ou tornar-me aquilo que vejo. Por essa razão, visionári/o/a/s são marinheir/o/a/s. "Um/a escritor/a é um tipo de marinheir/o/a, uma pessoa que vive sem se relacionar com humanos." (*HL*, p. 51) "Quando visionári/o/a/s se tornam artistas, el/e/a/s se tornam piratas. Estamos falando de identidade." (*MM*, p. 101) Não é que as identidades tenham que desaparecer, elas apenas precisam se tornar transitórias, temporárias. Esse não é o romantismo de uma aniquilação acelerada. O que acontece é que, enquanto navegamos pelas situações com que nos deparamos, os eus despontam como efeitos, de forma similar à crista de espuma sobre as ondas, oscilando para cima e para baixo, para cima e para baixo repetidas vezes.

Marinheir/o/a/s não se limitam a qualquer território ou lar. El/e/a/s vêm a existir a partir da diferença entre tempos e espaços. "Marinheir/o/a/s embarcam em jornadas arriscadas apenas para ver na vida real cidades que haviam apenas imaginado." (*ES*, p. 118) E: "Um marinheiro é um homem que continua se aproximando dos limites daquilo que é desejável." (*MM*, p. 13) Há marinheir/o/a/s de mares reais, embora nesse caso seja preciso ser um homem para fazer isso, e há também marinheir/o/a/s de mares textuais. "Já que o mote de tod/o/a marinheir/o/a é QUALQUER LUGAR MENOS AQUI, decidi que era um/a marinheir/o/a." (*ES*, p. 156)

Talvez o mar tenha exercido um papel central, mais do que periférico, na verdadeira história do capitalismo. Da caça às baleias à escravidão, marinheir/o/a/s se envolveram com aspectos de produção de mercadorias em seu sentido mais cru. Embora para a maior parte das Ackers o/a/s marinheir/o/a/s sejam agentes livres, na verdade muitos del/e/a/s trabalhavam sob pressão.

Ackers, como marinheir/o/a/s míticos, navegam um mar imaginário, uma vastidão aberta para onde fugir. "Sempre quis ser marinheir/o/a... Marinheir/o/a/s deixam rastos de anarquia em seu trajeto embriagado... Um/a marinheir/o/a é um/a humano/a que trocou a pobreza pela riqueza de uma realidade imaginária... Um/a marinheir/o/a tem um/a amante em cada porto e não sabe amar. Vemos corações sobre corações tatuados na bunda de cada merinheir/o/a. Embora o/a marinheir/o/a anseie por um lar, o verdadeiro amor é a mudança... Nenhuma rosa cresce sobre a cova de um/a marinheiro." (*ES*, p. 113)

Anarquia é um termo que permanece convenientemente indefinido na teia-Acker, sendo ao mesmo tempo aquilo que escapa à ordem e uma ordem que impõe a si mesma sob a forma de poder ostensivo em tempos de pós-capitalismo. O mar imaginário se torna uma febre ardente[122] que se pode atravessar para escapar do pós-capitalismo. A sexualidade, a cidade e a escrita podem ser os oceanos nos quais marinheir/o/a/s perambulam. Ou talvez seja preciso fugir até mesmo do corpo tal como se supõe que deva estar organizado. "Permita que sua boceta saia para fora do seu corpo e comece a se arrastar por sobre a carne, como uma lesma. Deixe que suas pernas rastejem até abrir trilhas de sangue sobre a pele. O sangue tem esse cheiro inconfundível. Então essa boceta, uma marinheira, vai viajar para terras estrangeiras. Vai se esfregar como se fosse um cão, vai cheirar, e vai ser fodida." (*MM*, p. 59)

---

122. No original: *"The imaginary sea becomes a calenture across which to flee post-capitalism."* Segundo o dicionário Merriam-Webster, a palavra *"calenture"* se refere a uma febre que costumava afetar marinheiros que navegavam em mares tropicais. [N.T.]

GAROTAS

Esse enxame aracnídeo de seres que não são sujeitos nem identidades pode incluir artistas, punks, putas, piratas, marinheir/o/a/s e outr/o/a/s seres não discutidos por aqui, como cavaleir/o/a/s e poetas. E há também as garotas sem pai, as garotas fora da lei, cuja possibilidade de estar juntas foi vislumbrada pela primeira vez na coxia de um show de sexo. "Não consigo estar à altura dessas Garotas. Minha geração, que se alimentou de Marx e Hegel de colherinha, pensou que era possível mudar o mundo transformando aquilo que estava lá fora – as configurações políticas e econômicas, tudo aquilo que parecia fazer história. As emoções e os relacionamentos interpessoais – em especial os relacionamentos sexuais – eram coisa de garota, porque as garotas não tinham importância." (*LI*, p. 187) Para essa Acker, porém: "Discutir as ações ameaçadoras do patriarcado está me deixando entediada." (19.11)

As garotas são, entre outras coisas, objetos que o poder elege como coisas a serem desejadas. É como se elas fossem desprovidas de subjetividade. Mais do que se afirmar como sujeitos, as garotas na teia-Acker escapam rumo a um espaço de indefinição, em que permanecer desconhecidas lhes permite se esquivar do olhar do poder. Seus corpos podem ser penetráveis; enquanto objetos, essa é a função que lhes foi designada, mas para além disso elas podem optar por não se deixar conhecer de modo algum. Além disso, ser garota não é uma identidade, mas um acontecimento, alguma coisa produzida pelo acaso, pela fluidez do tempo. Lulu: "Você não pode me transformar, porque não há nada a ser transformado. Nunca existi." (*DQ*, p. 78)

Na linguagem da identidade, uma garota é alguém que nunca existiu. Ela é uma abertura vazia em uma linguagem elaborada por outros.

Talvez existam, porém, outras maneiras pelas quais as garotas possam habitar a linguagem. "Se é possível que uma garota possa de fato encontrar seu corpo, então o que é que o gênero poderia ser, nessa linguagem? Em uma letra que ainda não é linguagem, que ainda não possui um sentido discernível?" (*BW*, p. 164) Nessa ausência que habita a linguagem, nesse lugar onde a garota não está, pode haver muitas outras possibilidades. "Suspeito que o corpo... pode não ser coequivalente à sua materialidade, que meu corpo pode estar profundamente conectado à linguagem, ou até mesmo sê-la. Mas que linguagem é essa? Essa linguagem que não é construída a partir de relações hierárquicas entre sujeito e objeto?" (*BW*, p. 166)

Pode haver muitos tipos de garotas, o que é um problema, já que às vezes algumas delas podem não querer ter nada a ver com as outras. A visibilidade seletiva com que se apresentam aos homens pode trazer consigo uma percepção em que percebem umas às outras de modo seletivo demais. "As garotas precisam aceitar garotas que não são como elas." (*ES*, p. 264) Uma garota é um nó atraente e ao mesmo tempo vulnerável, cujas ações são constrangidas pelo desejo d/o/a/s outr/o/a/s e pela violência - pelos desejos dos homens e pela sua violência. A sua vulnerabilidade é a sua agência. Recusar a legitimidade de qualquer agência que não seja, ao menos em parte, uma garota, é a possibilidade que se abre para elas.

Ser uma garota nesse mundo é algo assustador, mas também pode ser algo que assusta: "Doutor, não sou paranoica. Sou uma garota." (*IM*, p. 138) As garotas adentram identidades masculinas e penetram-nas através dos sentidos, através da projeção de sua própria penetrabilidade. E é por isso que os homens, que estão sempre ansiosos diante de tudo que diz respeito aos seus próprios orifícios, querem não apenas foder as garotas, mas também feri-las e matá-las. Os homens reagem mal ao modo como seu desejo pelas garotas os torna vulneráveis, e descontam nelas. O único poder das garotas reside em sua amoralidade e em sua habilidade de explorar seu caráter desejável: "Na verdade, a garota estava desesperada para foder e com medo de foder porque era fodendo que ela ganhava dinheiro e conseguia poder." (*IM*, p. 140)

Talvez para uma garota o melhor fosse se recusar a ter relações sexuais com qualquer ser vivo. "Motocicletas? Minha relação com motocicletas. Bom, sou uma garota. E tem essa coisa grande e quente pulsando entre as minhas pernas, que está ali sempre que eu quiser, ele/ela é minha e não vai me rejeitar como o/a/s human/o/a/s costumam fazer." (*IV*, p. 31) Talvez uma motocicleta, assim como qualquer outra coisa tecnológica, esteja fora do espectro dos gêneros humanos, tenha outros gêneros. Talvez as garotas preferissem que seus gêneros se estabelecessem em relação a esses gêneros inumanos.

A garota disse: "Você entende que é apenas tomando como ponto de partida nossos sentimentos mais elevados (o que quer que isso queira dizer), e não porque nós odiemos vocês, que vamos nos refestelar em suas casas e mansões, seus santuários mais internos, e vamos dormir em suas camas (é isso que vocês querem, de qualquer jeito), nos seus colchões sem manchas de sangue, nos lençóis sobre os quais vocês fodem suas esposas. Queremos nos alimentar da sua carne. Queremos – vamos nos reproduzir criando uma linhagem feita apenas de garotas por nós mesmas em meio aos pelos espalhados dos seus paus, dos seus sovacos, de qualquer barba que vocês tenham. Vamos e devemos farejar suas emissões enquanto penetramos (com os dedos) as suas orelhas, narinas e cavidades oculares. Vamos nos assegurar que vocês nunca mais possam dormir… No futuro (ao contrário de vocês), nunca vamos esconder nada a respeito de nós mesmas porque nosso único propósito aqui é demarcar a história, a sua história. Como se nós não tivéssemos uma. Porque, segundo vocês, nós não tínhamos." (*MM*, p. 51) Um manifesto por algo que – podemos chamar de – *femunismo*.

REVOLUÇÃO

Quero quebrar apenas uma vez minha recusa habitual de relacionar Ackers a possíveis predecessores, a uma linhagem. Quero nomear uma linhagem que é poucas vezes incluída entre aquelas das quais Acker provém. É o romance africano do período pós-independência. Sua conexão com essa versão peculiar da literatura pós-colonial aparece em seu horizonte principalmente durante os anos em que ela viveu em Londres. Não sou a leitora apropriada para explorar esse tema. Apenas gostaria de deixar o texto-Acker aberto sobre esse nódulo, como oferenda para futuros leitores mais qualificados do que eu.

Essa Acker: "É difícil, portanto, falar politicamente da minha experiência nos Estados Unidos; e talvez não seja mais política que aqui, mas, para mim, lá há tanto que diz respeito aos pretos e aos brancos… Seja como for, existe essa série incrível de livros de Heinemann, e eu me debruçava sobre eles. A Collett's de Londres costumava ter uma série inteira desses títulos, e era lá que eu costumava ir pegar livros, e pegaria todas as obras da série Heinemann, existem escritor/e/a/s incríveis ali. Há *O dever de violência*, de Ouologuem[123], que esteve mesmo exilado. Há um autor que se chama Armah…[124] Acho

123. Yambo Ouologuem, escritor nascido no Mali, em 1940. [N.T.]
124. Aqui, Kathy Acker se refere ao escritor ganês Ayi Kwei Armah, nascido em 1938, autor de romances, contos e poemas. A obra à qual Acker se refere, *Why are we so blest?*, se passa em uma universidade norte-americana, e acompanha a trajetória do estudante Modin Dofu, que, dilacerado entre seu

que a obra dele que mais me influenciou foi *Why are we so blest?* [Por que somos tão abençoados?]... [Cyprian] Ekwensi.[125] Nesse caso também, sua obra resolveu problemas para mim, me ensinando como me surpreender, como escrever algo que não fosse dogmático, como ser política." (*LI*, p. 31)

E essa Acker: "Em O dever da violência, Yambo Ouologuem (Heinemann, 1971) reúne fatos históricos a verdades passionais e imaginativas. Muito da nossa educação consiste no processo de separar nossas faculdades racionais das nossas faculdades emocionais e imaginativas. Ouologuem é um escritor dos grandes, capaz de curar feridas causadas por uma sociedade defeituosa." (22.35) Esse interesse se conecta ao interesse de outras Ackers por revoluções pretas anticoloniais, do Haiti à Algéria. As feridas das sociedades defeituosas são aquelas que as revoluções replicam, ao invés de destituir. Seu interesse aqui se dirige a escritores que sabem que estão, eles próprios, imbricados dentro e contra as revoluções,[126] que escrevem dentro e contra momentos cruciais de restauração, em que o poder retoma seus velhos hábitos usando novos uniformes.[127] Ali onde o

compromisso com a luta pela independência e valores ocidentais, acaba por abandonar seus estudos em Harvard. [N.T.]
125. Autor nigeriano, nascido em 1921. [N.T.]
126. Aqui McKenzie Wark usa a expressão *"in and against"*, muito usada por Fred Moten e Stefano Harney em seus diálogos sobre pretitude e literatura. [N.T.]
127. Ver, por exemplo, Ayi Kwei Armah, *Why Are We So Blest?* Londres: Heinemann, 1972; Cybrian Ekwensi, *Beautiful Feathers*. Londres: Heinemann, 1971; Yambo Ouologuem, *Bound to Violence*. Londres: Heinemann, 1971). É interessante que Ougolem, assim como Acker, era adepto da prática do *détournement*, e se envolveu em um escândalo por plagiar uns poucos trechos de Graham Greene. O autor explica seus métodos em um livro organizado por Christopher Wise, *A Yambo Ouologuem Reader: The Duty of Violence, a Black Ghostwriter's Letter to France, and the Thousand and One Bibles of Sex*. Trenton, NJ: Africa World Press, 2008. Cerca de quinze dos volumes da série da biblioteca Africana da Heinemann podem ainda ser encontrados na biblioteca de Kathy Acker em Colônia.

novo poder se volta contra suas figuras mais marginais, de modo similar ao que o velho poder fazia anteriormente.

Essa Acker: "Até que ponto devemos nos manter comprometid/o/a/s com um mundo, se nossa presença já não é desejada no mundo em questão?" (*BW*, p. 102) Artistas, poetas, *punks*, putas, cavaleir/o/a/s, piratas, marinheir/o/a/s, garotas: criadores do sentido e do signo e do calor de seus próprios corpos. E que descobrem, porém, que os signos emitidos por el/e/a/s mesm/o/a/s são capturados e apropriados e usados contra si. E isso, na melhor das hipóteses: quando seus corpos e mentes não são violados e enganados,[128] punidos e aprisionados. Então: "Por que estamos lambendo a bunda dos ricos?" (*DQ*, p. 123) É chegada a hora de "uma revolução das putas, uma revolução definida por todos os métodos que existem como algo que esteja o mais distante, o mais afastado possível, do lucro". (*PK*, p. 30) É chegado o momento de declarar: "Me recuso a aceitar que esse mundo deva ser dor: um futuro feito apenas de tormento não é futuro para ninguém". (*DQ*, p. 163) É uma revolução que deve ser feita, de novo e de novo, até mesmo dentro daquel/e/a/s que são bem-sucedid/o/a/s, e contra el/e/a/s.

"1968 acabou. 1981 acabou. O futuro fica no meio das minhas pernas, haha." (*LM*, p. 290) Existem muitas revoluções na teia-Acker. Não existe nenhuma obsessão nostálgica pelo mito eurocêntrico de Paris em 1968. As revoluções acontecem o tempo todo, mas principalmente contra o colonialismo, como as Ackers descobrem ao escutar com atenção escritor/e/a/s african/o/a/s. "De repente, as pessoas dessa cidade estavam livres. Estavam livres para experimentar." (*ES*, p. 13) As revoluções tentam fazer

---

128. No original, *"gas-lit"*, que faz referência à expressão *gaslighting*, empregada quando alguém faz com que outra pessoa duvide de seu próprio julgamento e sanidade. [N.T.]

"a única coisa que vale a pena começar nesse mundo: o fim do mundo". (*PK*, p. 27) Mas elas sempre encontram limitações. "Intenção: escapar do horror que eu conheço tendo sido criada por ele." (*PE*, p. 136) De que maneira as revoluções podem evitar se tornar a lei à qual se opõem? "Quando tudo aquilo que é conhecido adoece, o desconhecido precisa assumir uma aparência melhor." (*ES*, p. 33) Até que também isso se torne parte daquilo que já é conhecido.

Uma revolução dentro do e contra o pós-capitalismo não pode ignorar até que ponto a mercadoria se tornou íntima, de quão perto ela nos toca, seu valor de troca nos cravando facas no interior da carne. "É liberação ou revolução uma revolução quando ela não foi capaz de remover a pele morta que torna os rostos e corpos feios? Ainda existe sangue morto da tua faca sobre um dos lábios da minha boceta." (*IM*, p. 46) A pele morta do tempo morto, o tempo da mercadoria, a morte-em-vida de ter a informação arrancada de nossos corpos e revendida a nós mesm/o/a/s, mascarando a possibilidade de outras vidas, outras cidades.

Algumas Ackers sonham com uma revolução libidinal. "Se vivêssemos em uma sociedade sem patrões, foderíamos o tempo todo. Não precisaríamos ser imagens. Bocetas especiais. Poderíamos foder qualquer artista desse mundo." (*PE*, p. 201) E: "Logo esse mundo não será nada além de prazer, os mundos em que vivemos e nos quais estamos não são nada além de desejos por uma alegria mais e mais intensa." (*PK*, p. 32) E para algumas: "O amor é a única revolução, a única maneira que tenho de escapar ao controle dessa sociedade." (*PE*, p. 195)

Outras são céticas. Sua breve experiência com o trabalho-de-sexo, combinada à tão falada revolução sexual tal como foi praticada no final do século XX (beneficiando sobretudo os homens cis), foi o suficiente para esfriar o entusiasmo das Ackers pela possibilidade de uma revolução libidinal. Uma revolução como essa não pode acontecer tal como foi imaginada pelos penetradores, como um mundo disponível ao alcance de seus paus. Os paus agora podem ser destacados dos corpos, tornam-se intercambiáveis ou opcionais: trata-se de uma política sexual não centralizada em torno dos paus. "No futuro, vou ser o sol, porque é em torno dele que minhas pernas estão arreganhadas." (*PK*, p. 116)

Algumas Ackers têm uma personalidade mais destrutiva, mas se aferram aos potenciais fragmentários que as negações desse mundo escondem à sua sombra: "A meta – obscura – das revoluções e liberações é descobrir (redescobrir) uma insolência risonha estimulada pela infelicidade do passado, estimulada pelos sistemas e pelos homens que foram responsáveis pela infelicidade e pela vergonha. Uma insolência risonha que se dá conta de que, uma vez livre da vergonha, o crescimento humano é algo fácil. É por isso que a obviedade dessa destruição esconde uma glória oculta." (*IM*, p. 45)

Muit/o/a/s Ackers começam a sonhar com a revolução não a partir de acontecimentos permeados por prazer, mas pela dor. "Sou masoquista. Isso é uma revolução de verdade." (*GE*, p. 52) "Agora o masoquismo é rebelião." (*DQ*, p. 158) "O masoquismo é a única rebelião política." (*ES*, p. 58) "A liberdade significava abraçar individualmente um masoquismo não sexual." (*DQ*, p. 118) Porque: "Dor é apenas dor, erradica todo o fingimento." (*DQ*, p. 140) O masoquismo não é apenas uma prática *kink*,[129] ou uma patologia: "A cada vez que enfio a lâmina no meu pulso, me torno enfim capaz de encenar a guerra. Você chama isso de masoquismo porque está tentando manter seu poder sobre mim, mas você não vai mais conseguir." (*LM*, p. 300)

129. Prática associada ao sadomasoquismo. [N.T.]

O/a masoquista assume a tarefa de delegar o controle sobre o corpo, transformando-a em dádiva. Uma dádiva que, como todas as outras, envolve certas obrigações daquel/e/a que a recebe. O/a masoquista pode estar enrolado em uma corda, mas o/a sádic/o/a está enrolado em obrigações.

Ao mesmo tempo, não existe nenhuma tentativa de tornar a sexualidade das putas, piratas e pervertid/o/a/s, algo respeitável, atribuindo a cada um/a sua própria bandeira e sua camiseta. A meta não é obter uma cidadania *queer* no Estado tornando legítimas suas identidades diversas. Ao contrário, é como diz o capitão louco: "Bestas valentes; já que a sua sexualidade não toma parte nessa sexualidade humana... vou guiá-las rumo a uma luta de vida ou morte contra os homens brancos religiosos e contra toda a alienação que a sua formação de imagens religiosas e seu controle trazem aos humanos." (*DQ*, p. 178) O objetivo não é permanecer dentro desses limites.

Será uma revolução d/o/a/s penetráveis, ou talvez d/o/a/s reversíveis, das superfícies que podem se abrir mas também se inflar para preencher vazios que lhes correspondem. Será uma revolução contra a propriedade por parte daquilo que desiste de ter propriedade sobre si mesm/o/a. O/a/s penetráveis manifestarão sua recusa de ser apenas objetos vazios a serem penetrados por um pau: "Segundo el/e/a/s, era um buraco, mas era impossível para ela pensar em qualquer parte de si mesma como um buraco. Era uma parte que só podia ser pensada como carne mole e vulnerável, já que a carne é, afinal, mais espessa do que a pele. Era ali que ela estava molhada. Depois de enfiar três dos seus dedos ali dentro, ela se sentiu tomada." (*IM*, p. 140) Aquel/e/a/s de nós que sabemos que somos buraco, não importa se cis ou trans, hétero ou gays, ou mesmo nenhuma das alternativas anteriores, podemos, afinal, aprender a penetrar u/ns/ mas ao/à/s outr/o/a/s - e a nós mesm/o/a/s.

BURACOS

Ser penetrável não é ser um nada, não é ser um espaço vazio à disposição da voz do pau do seu mestre. "Vejo o pau dele entrar em mim, deslizar para dentro de mim como se pertencesse a minhas paredes viscosas, contraio meus músculos, contraio meus músculos ao redor do pau, e eles vibram, impelidos para cima, são milhares de pequenos dedos ao redor desse pau, dedos e línguas ardentes." (*PE*, p. 100) El/e/a/s – nós – não somos o/a outr/o/a, a falta o suplemento, o segundo-órgão-sexual. "Posso sentir teu pau se movendo dentro da minha pele pele posso começar a gozar os músculos da minha boceta começam a se mover em torno do teu pau meus músculos se libertam se retorcem até a ponta do meu clitóris para fora através das minhas pernas no centro do meu estômago músculos novos mais novos se põem a vibrar estou começando a gozar eu te desconheço." (*PE*, p. 7) O corpo penetrado conhece a si mesmo, e não àquel/e/a que o/a penetra. Esse buraco, que não é um nada, que não é um vazio ou uma ausência, goza por si mesmo.

Não *precisamos* dos paus deles, mesmo que a gente os *deseje*, às vezes. Querer ser penetrad/o/a não precisa querer dizer tudo aquilo que vem junto com isso. No mundo pós-capitalista, o buraco sem pau é trabalho sem capital. É também trabalho-de-arte ou trabalho-de--sexo sem a extração de um excedente de informação. É recusar todos os sinais do pau e recusar ser pau-mandado dos sinais que emanam dos corpos contorcidos, pululantes e centralizadores que os produzem.

É a revolução das garotas que estão dispostas; dispostas a desistir de si mesmas e se entregar umas às outras, daquelas que já não precisam ser reconhecidas ou arrebatadas. "Quanto mais eu tento me descrever, mais encontro um buraco." (*MM*, p. 22) Não é preciso dizer sim ao poder e se tornar o vácuo por onde o poder passa, ainda que seja assim que as coisas normalmente funcionem.

"Ele fez dela um buraco. Ele explodiu dentro dela." (*HL*, p. 38) Seja como for, talvez o outro lado do buraco penetrado pelo pau seja o ambiente ativo que rodeia esse pau.

Qualquer um/a, qualquer corpo[130] pode se esvaziar, embora a forma através da qual isso venha acontecer, e o quão facilmente isso pode se dar, é algo que pode variar. "Tudo nele queria apenas uma coisa: ser aberto." (*IM*, p. 13) "Um buraco no corpo, algo que todo homem mas nem toda mulher… precisa fazer, é o abismo da boca… Hoje, tudo aquilo que é interior está se tornando exterior e é isso que eu chamo de revolução, e aquel/e/a/s human/o/a/s que são buracos são o/a/s líderes dessa revolução." (*PK*, p. 20) A busca insana daquel/e/a/s com lances invertidos ou revertidos: "Para se tornar cavalei/o/a, é preciso estar completamente esburacad/o/a." (*DQ*, p. 13)

Esses buracos não precisam ser os óbvios: bocetas, cus, bocas. Os ouvidos e o nariz são buracos. "Para mim, cada parte da minha pele é um orifício. Qualquer parte do seu corpo poderia fazer e faz qualquer coisa com qualquer parte do meu." (*PK*, p. 22) O corpo é penetrável por todos os lados. E aquilo que está no fundo do buraco não é um nada. Tampouco é a essência de algum eu, espécie de propriedade privada da alma. "O 'Eu' não é um assunto interno." (*MM*, p. 211) Mais do que o eu, que é todo interioridade, o olho: que olha para fora, e que, quando olha para fora, pode ser olhado de dentro.[131]

Aquilo que é penetrado pode, ao mesmo tempo, penetrar, pode abrir enquanto está sendo aberto, ao invés de permanecer fechado enquanto está sendo aberto. Essa Acker: "Vi a mim mesma com um dildo

---

130. No original: *"Any-body can void itself"*. [N.T.]
131. Aqui, McKenzie Wark retoma o jogo de Kathy Acker com a sonoridade das palavras *I*, eu, e *eye*, olho, que em inglês soam exatamente da mesma maneira. [N.T.]

amarrado por uma cinta, com o pau que não estava na minha boceta penetrando o/a escritor/a que escreveu isso aqui eu vi eu não queria gozar com meu novo pau antes que ele gozasse eu vi naquele momento logo antes ele estava prestes a gozar, ele gritou 'segura a minha pica' naquele segundo a cabeça dele na palma da minha mão direita, a pica jorrou naquela mão então eu pude gozar me solto completamente estou me soltando estou ao mesmo tempo a ponto de mijar e de gozar foi isso que eu vi foi isso que o/a escritor/a chamou de *gozar dentro del/e/a*." (23.24.8-9) Quem sabe? Pode ser que tenha sido eu ess/e/a escritor/a, embora eu certamente não seja o/a únic/o/a a que esse texto pode se referir.

A revolução dos penetráveis não diz respeito apenas aos corpos. Diz respeito também ao corpo da cidade: "Os canos, esses tubos falopianos com os quais ninguém fode, esses tubos retorcidos, sem manutenção, se rompem, explodem, se abrem, vão subindo, rumo ao alto, passando através de todo e qualquer material que esteja acima deles." (MM, p. 91) E: "Canos de água estouram através do concreto das ruas. Através desses buracos. Através dos buracos na carne, os rostos dos mortos encaram os vivos… É através da culpa dos humanos que podemos enxergar os vivos." (MM, p. 106) E: "A paisagem está toda esburacada, alguma coisa a ver com aquilo que deveria ser o coração de um país." (IM, p. 115)

Todo desejo de revolução envolve um risco. Abrir o corpo para além de seu repertório restrito envolve um risco. "Se ensinamos que vale a pena prestar atenção nessas emoções de champagne, acabamos destruindo os laços sociais necessários de que as pessoas precisam para viver." (GE, p. 122) Mas talvez essa seja a chance de uma outra vida, contra a certeza de uma morte lenta. Uma morte que afeta não apenas os corpos, mas também as cidades, até mesmo a própria natureza.

"Esse é um tempo de desespero total ou de loucura. É ridículo pensar que pessoas enlouquecidas vão ser bem-sucedidas ali onde intelectuais, sindicatos, uniões de operários,[132] etc., falharam. Acho que elas vão conseguir." *(BG, p. 127)* Todos os velhos deuses perecem na teia-Acker. A morte de deus dá lugar à morte do homem, seguida da morte da imaginação, da arte, do amor, do desejo, da história. Encontrar algo que possa se tornar sagrado na ausência de deus não vai resultar em uma boa ordem. Ao contrário, a única saída é encontrar uma forma experimental de viver com a desordem.

Uma revolução feita por garotas que se tornaram selvagens.[133] Seguindo os passos d/o/a/s "sem nome, d/o/a/s piratas do ontempassado".[134] *(MM, p. 95)* Trata-se de uma visão niilista da revolução. O desnudamento dos corpos e dos valores revela um mundo despojado de aura, de justiça ou de ordem. Um mundo que se torna, afinal, um mundo constituído de acaso e violência. Essa violência precisa ser sentida, conhecida, para que nos seja possível desviar dela. Esse é precisamente o papel do masoquismo, que se torna um caminho que nos permite recusar passar a violência adiante para algum outro corpo, como um certo tipo de feminismo radical acabou fazendo ao direcionar para as mulheres trans a violência que não reconhecia em si mesmo.

---

132. No original, Kathy Acker usa o termo "Wobblies", que se refere aos membros da organização trabalhista norte-americana International Workers of the World (IWW), fundada em Chicago no início do século XX. [n.t.]

133. No original, *"wide gone girls"*, expressão que McKenzie Wark escolhe como título de um de seus artigos a respeito de Acker publicado no e-flux journal, ver https://www.e-flux.com/journal/93/211935/wild-gone-girls/. [N.T.]

134. Aqui, Kathy Acker cunha o neologismo *"yesteryear"*, que brinca com a palavra *"yesterday"*, "ontem", substituindo o final da palavra, *"day"*, ou "dia", por *"year"*, ano, trocando a unidade *temporal* que compõe a palavra. Na impossibilidade de fazer um jogo semelhante com a palavra "ontem", propus uma brincadeira com a expressão "ano passado" e com o termo "antepassado", substituindo a palavra "ano" por "ontem". [N.T.]

Existe uma conexão entre a aceitação do masoquismo entre as Ackers, seu ceticismo em relação à ideia de que um corpo possa de fato ser conhecido sem ser objeto de um estudo cuidadoso e experimental, e intuo que, caso ela estivesse viva, ela teria continuado a ser generosa, abrindo espaço em seus textos para pessoas trans como eu – uma questão que vou abordar aqui deixando que sirva de conclusão. A sua revolução não estava em busca de restaurar qualquer identidade. Nem pela busca de adicionar um número sempre maior de identidades a uma lista oficial. Trata-se de uma revolução que busca liberar o potencial gerador e generoso da não identidade – para toda e qualquer pessoa.

Essa Acker: "Hoje uma certa parte do cânon feminista argumenta que os homens são essencialmente diferentes das mulheres. As mulheres, talvez porque possam ter bebês, são gentis, pacientes, capaz de nutrir, não agressivas, não violentas. Enquanto os homens, por outro lado, fazem guerra e são violentos de modo irracional, servindo sempre a si mesmos. Essas mesmas feministas argumentam que a musculação é uma atividade física antinatural para as mulheres porque mulheres que fazem musculação querem apenas se tornar homens. Talvez tenha chegado o momento de reformular aquilo que se considera ser feminino." (22.22) Esse buraco no seu corpo poderia ser a ferida de um músculo trabalhado para além da falha.

O caminho revolucionário passa pelo abandono das identidades, incluindo até mesmo, eventualmente, as identidades marginais. O niilismo reconhece um mundo permeado pela violência, mas também pelo acaso. O deus da história está morto. O ruído e a desordem não vão ser resolvidos ao final da história. Tampouco se trata, porém, de um mundo que está inteiramente dentro de uma gaiola de ferro, encapsulado pela racionalidade e por formas de vigilância cada vez mais perfeitas. Se o acaso existe, continua a não haver esperança, mas o acaso nos dá uma chance.[135] Uma Acker: "Ser bonit/o/a é ser uma concha do mar, tão abert/o/a que todos os oceanos e fluidos da terra e do corpo se fazem ouvir através de você. Uma abertura aberta a ponto de se revirar do avesso e criar um labirinto em forma de caracol que nos leva ao futuro." (23.08) Um buraco que preenche a si mesmo com a plenitude de seu próprio nada.

FICÇÃO

"Provamos Que A Comunicação É Impossível." (*GE*, p. 27) A comunicação cria apenas ficções: a ficção do objeto como algo separado, a ficção de um eu capaz de conhecer e se apropriar desse objeto, a ficção de que existem formas confiáveis de estabelecer relação entre sujeito e objeto, a ficção de que os destinos flutuantes dos objetos e dos sujeitos possam se resolver em algum momento ou lugar, a ficção de um tempo mensurável e calculável dentro do qual objetos ou sujeitos permanecem idênticos a si mesmos.

O campo-Acker é uma sequência de livros sobre – não, não sobre. Esses livros não são sobre nada. Eles não significam, eles fazem. O que é que eles fazem? Se livram do eu. Entre outras coisas. Para o/a escritor/a, mas também para o/a leitor/a. Se você deixar que eles entrem. É preciso querer que esses livros te fodam. Isso acontece quando existe um buraco. Mais do que dizer que *alguém lê*, poderíamos dizer que *alguém é livrado*.[136] Um corpo pode ser livrado de modo um pouco parecido com que pode ser fodido. Por meio de sua própria agência, um corpo concede a outr/o/a a possibilidade de acessá-lo. Um corpo abre mão de seus limites, de seu eu, de seu

135. No original: *"If there's chance, there's still no hope, but there's a chance."* [N.T.]
136. No original: *"Rather than say* one reads, *one could say that* one is booked." [N.T.]

egoísmo, e, através dessa abertura à sensação, desaparece em meio à turbulência do real.

Ser livrado pode ser diferente de ler assim como ser fodido é diferente de foder. "O único caminho é aniquilar tudo aquilo que já foi escrito. Isso só pode ser feito através da escrita. Essa destruição é tal que deixa intacto tudo aquilo que é essencial. Semelhante aos processos que se desenrolam no tempo, uma destruição como essa permite que apenas os vestígios da morte persistam. Sou uma pessoa morta." (MM, p. 123) Uma tal redução expele de uma só vez tanto o significado do texto quanto a subjetividade do corpo.

O risco, o desafio, é ir ainda mais longe na desvalorização de todos os valores. "Minha linguagem é minha irracionalidade. O desejo queima toda a velha moralidade morta da linguagem. A verdade não me interessa." (LM, p. 215) O sentimento de estar no mundo da pós-verdade se acelerou consideravelmente no século XXI. Aquel/e/a/s que transgridem as formas de piedade oficial, dentre o/a/s quais Acker surge como um exemplo célebre, são tomad/o/a/s como bodes expiatórios do fenômeno que tiveram a audácia de expor. Essa informação extraída dos corpos, essa nova forma de mercadoria, lança pelos ares todas as verdades ancoradas. Se existe uma causa para esse fenômeno, ela está no pós-capitalismo, não em Kathy Acker ou em quaisquer outr/o/a/s que transgrediram as formas literárias respeitáveis.

Uma Acker: "E os homens — bom, parece haver alguma espécie de crise; os homens parecem estar *derrapando* completamente." (AW, p. 179) O ataque de pânico que surge quando estamos expostos a informação desprovida de significado, informação extraída dos corpos e situações que a produziram, provocou uma debandada entre aqueles que se agarram tenazmente a seus farrapos de identidade: branquitude, masculinidade, exclusão pequeno-burguesa. Eles saem em busca de maneiras de circunscrever seus vagões ficcionais, de fechar os portões, e de ampliar as correntes de violência literal e simbólica de modo a manter a identidade flutuando em meio às marés que sobem.

"Quero dizer que tudo aquilo que eu faço, todas as maneiras pelas quais eu aparento sentir, não importa o quanto eu tenha parecido me agarrar a você: tudo isso é tática de guerra." (*BG*, p. 127) As táticas podem mudar. A guerra tem novos contornos. Essa tática pode parecer um tanto ultrapassada: "Para que qualquer revolução possa ser bem-sucedida hoje em dia, os liberais da mídia e aqueles que detêm o poder precisam considerar a revolta como algo infantil irresponsável alienado e derrotista; a revolta precisa permanecer marginal e ambígua quanto ao seu sentido." (*LM*, p. 299) Os liberais da mídia e aqueles que detêm o poder já não são exatamente os mesmos. Muito embora tanto os liberais da mídia quanto aqueles que estão no poder lucrem amplificando a informação--de-ataque que direcionam uns aos outros.

Diante da onda de reação que se eleva, pode ser tentador alinhar--se aos liberais da mídia, se é que de fato existe algo assim. Mas eles não são amigos da classe revoltada das putas, piratas, *punks*, marinheir/o/a/s e garotas autônomas que o pós-capitalismo atiça com estímulos das redes sociais, que intensificam o desejo transformado em mercadoria. Uma classe revoltada que, caso confronte diretamente a classe dominante, é rapidamente posta em seu lugar. Uma classe dominante para quem os Estados Unidos da América são na verdade um país de um partido só, país que, por conta da magnanimidade tipicamente norte-americana, possui dois partidos. Se esses são os contornos dessa sociedade, então aparentar ser infantil e pouco ameaçador/a parece uma tática de sobrevivência das guerras de informação do passado que merece ser resgatada. Perambule pelo vácuo que existe no interior desse ruído.

Como ser um/a escritor/a que de fato escreve para seu próprio tempo e não como se a máquina do romance do século XIX ainda dispusesse de um mundo com o qual se engajar? Quase todas as Ackers são escritor/e/a/s de prosa. Suas frases são regulares, lógicas, à primeira vista pouco sofisticadas mas frequentemente construídas com elegância minimalista. Mais do que romper com a frase, el/e/a/s rompem com a expectativa daquilo que uma frase deveria fazer - ser um recipiente para reservatórios ocultos de sentido específicos provenientes da mente d/o/a autor/a.

Essa Acker: "A linguagem é mais importante do que o sentido. Não crie nada a partir de uma sintaxe quebrada, porque isso seria tentar criar um sentido ali onde só pode haver *nonsense*. É claro que o *nonsense* não é apenas *nonsense*. Vou dizer outra vez: escrita não é apenas escrita, é encontro da escrita e da vida, assim como a existência é o encontro daquilo que é mental com aquilo que é material, ou a linguagem é o encontro da ideia e do signo." (*LM*, p. 246) A tática escolhida é a ficção escrita em prosa, não a poesia.

"Vou te dizer, de verdade: agora mesmo, a ficção é método para uma revolução." (*LM*, p. 271) Mais do que apoiar uma identidade que se contraponha ao privilégio hegemônico da branquitude, da masculinidade e da pequena burguesia, trata-se de despojar a identidade de seus últimos encantos. O desencanto torna-se tática de guerra: "Assim que tod/o/a/s nós pararmos de nos deixar encantar... o amor humano se tornará possível outra vez." (*DQ*, p. 102) E então: "É o fim do mundo. Já não existem olhos."[137] (*PK*, p. 71)

---

137. Também aqui McKenzie Wark escolhe uma passagem de Acker que ressalta proximidade sonora entre a palavra *eye*, olho, e *I*, eu. [N.T.]

Algumas Ackers: "Aquilo que sempre odiei na narrativa burguesa é que ela se fecha. Não uso a linha narrativa burguesa porque o conteúdo verdadeiro desse romance é a estrutura de propriedade da realidade. É de propriedade que se trata. Não é a propriedade que define o meu mundo-realidade. No meu mundo as pessoas nem sequer se lembram dos seus nomes, elas não têm certezas sobre a própria sexualidade, elas não têm certeza de que podem definir seu gênero. É assim que você se sente nas narrativas míticas. Você não sabe direito por que seus personagens agem do modo como agem, el/e/a/s não se importam... O/a leitor/a não é dono d/o/a personagem." (*HL*, p. 51)

O texto-Acker não é uma sequência de romances. "Tudo em um romance existe em prol do significado. É como o *acid rock* dos *hippies*. Esse significado como um todo é maléfico. Quero retornar a esses primeiros romances ingleses... romances que eram piadas ou se baseavam em uma." (*LM*, p. 317) O roteiro do romance burguês é um casamento entre a sexualidade e a propriedade. A sexualidade está confinada pela propriedade, que a torna possível. Embora os livros de Acker sejam vendidos como romances, lê-los dessa maneira não tem graça. Como todos os trabalhos-de-arte, eles estão aprisionados em um espaço ambivalente entre trabalho e propriedade, significante e significado. Ultimamente eles por vezes recebem terríveis resenhas na Amazon feitas por leitores que gostariam que eles significassem alguma coisa.

O trabalho-Acker está mais para uma textura feita de ficções. "Escrevo no estado de tontura que invade aquilo que está farto da linguagem e que tenta encontrar uma forma de escapar através dela: esse abismo chamado *ficção*. Porque só posso me preocupar com o que é imaginário quando falo a respeito da realidade ou das mulheres." (*MM*, p. 80) Mais do que uma escrita de mulheres que tenta habitar velhas formas, trata-se de uma recusa, uma recusa dessas formas que limitariam aquilo que a noção de *mulher* pode significar, insistindo que se trata de um tipo de subjetividade que quer dizer alguma coisa.[138]

A ficção-Acker não te pede para descobrir aquilo que reside para além do significante, para além da camada que diz respeito ao sentido denotativo das palavras. Claro, você pode fazer leituras a partir delas, adentrar suas conotações. Talvez seja impossível deixar de fazê-lo. Você pode especular a respeito dos referentes do mundo aos quais os signos possivelmente se referem. Mas você não precisa adentrar demais nessas leituras. Você pode olhar para a página e reconhecer uma escrita, uma forma de linguagem, observar aquilo que essa linguagem faz. Observar o que ela fez com você.

Pode haver uma linguagem do outro lado dessa linguagem, vislumbrada em uma arfada ou um suspiro em meio à masturbação ou à musculação. Mas que pode ser atualizada quando a pressão que se exerce sobre a ficção da linguagem é levada ainda mais longe. "Qualquer afirmação que comece com 'eu sei que...' é característica de determinado jogo. Se eu entendo esse jogo, compreendo aquilo que está sendo dito. A afirmação 'Eu sei que...' nada tem a ver com o ato de saber. Compare a frase 'Eu sei que estou assustad/o/a' com a frase 'Me ajuda!'. O que é essa linguagem que sabe? 'Me ajuda!'. A linguagem descreve a realidade. O que tento descrever quando grito? Um grito é a linguagem se revirando para sua própria identidade, para a relação significante-significado que ela estabelece. 'Para de por com'[139] não é um grito, nem linguagem-destruindo-a--si-mesma. É preciso que a linguagem se destrua de modo

138. No original: *"a refusal then also of those forms that would confine what* woman *can mean by insisting that it be a kind of subject that means things."* [N.T.]
139. No original: *"To of for by"*, frase criada apenas com preposições. [N.T.]

reconhecível." *(LM, p. 313)* A ficção é uma textura composta por aquilo que se expressa a partir desse corpo em particular mas que pode se articular através de qualquer outro eu.

DÉTOURNEMENT

Algumas Ackers chamam seu modo de escrever, entre outras coisas, de "método fissura e fratura".[140] *(LW, p. 60)* É aquilo que el/e/a/s chamam de copiar, engatilhar, embaralhar, misturar, triturar, transferir, hackear, reescrever, se apropriar *(DDH)*. Poderíamos também chamar esse método de *détournement*: encaminhar um texto que já existe para um desvio, colocá-lo em jogo junto a outros textos, copiar sem piedade, fazendo um ou outro ajuste pelo caminho. Essa escrita é um tipo de trabalho-de-arte, um produto feito pelo corpo, mas um corpo que vai fazer o máximo para não ser despojado de seus conceitos, para que seus sentimentos e memórias não sejam transformados em propriedade. Um corpo que não afirma que cria unicamente a partir de seu espírito, como um deus.

"Será que 'fazer' significa 'criar'?" *(BW, p. 9)* Talvez não. O/a autor/a enquanto criador/a está fazendo de conta que é um/a deus/a, ao menos uma divindade menor. "Suspeito que a ideologia da criatividade começou quando a burguesia... criou um mercado capitalista para vender livros." *(BW, p. 9)* Talvez essa seja apenas uma ilusão cujo propósito seja justificar a propriedade sobre algo que na realidade pertence a todos – a linguagem. "Ninguém de fato possui nada. Homens mortos não fodem." *(BW, p. 10)*

Quem são aquel/e/a/s que conseguiram ser propietári/o/a/s dos trabalhos que criaram? Em sua maioria, os homens. "Apenas o egoísmo

140. No original: *"slash and gash method."* [N.T.]

inacreditável que resultou da crença no falocentrismo poderia ter inventado a noção de criatividade. A mulher, claro, é a musa. Caso abrisse a boca, ela explodiria, racharia a noção de criatividade poética." (BW, p. 10) No que diz respeito aos negócios que giram em torno da escrita, as mulheres se tornaram musas, depois secretárias. Nenhuma dessas funções paga tão bem quanto o trabalho-de-sexo. Mais tarde, quando se deram conta de que as mulheres eram a maior parte das compradoras de livros, surgiram escritoras mulheres. Elas se tornaram escritoras burguesas escrevendo a partir de formas burguesas.

Uma linguagem entendida como algo que não pode ser propriedade de ninguém é algo diferente de escrever em uma linguagem que um/a escritor/a pode reivindicar como criação e propriedade sua. Essa Acker: "Agora nunca mais vou precisar inventar um romance burguês. Não foi isso que fiz." (DDH) Ao contrário: "Fiquei interessada em linguagens que não posso *inventar*, que não posso *criar* por mim, ou mesmo *criar* dentro delas: passei a me interessar por linguagens com as quais posso apenas me deparar (enquanto desapareço), assim como um/a pirata se depara com um tesouro enterrado." (BW, p. 166) O/a escritor/a, por fazer um tipo de trabalho-de-arte, acaba sendo peg/o/a pelas inconsistências da comunicação, ao menos das formas de comunicação em tempos pós-capitalistas. A linguagem pode circular quase de graça, e certamente essa circulação pode se dar em formas que não podem ser tão prontamente transformadas em mercadoria. Ou, pelo menos, costumava ser assim. Um/a escritor/a revolucionári/o/a está do lado de uma inter-relação livre entre signos e corpos.[141]

141. Aqui, McKenzie Wark usa o termo *"intercourse"*, que também tem conotação sexual, já que é utilizado na expressão *"sexual intercourse"*, "ato sexual", remetendo à reflexão que faz no capítulo "O conceito do corpo", na primeira parte do livro. [N.T.]

Às vezes Acker usa a palavra *desconstrução* para se referir a seus métodos de trabalhar-com-arte. "Copiar, se apropriar, desconstruir os textos d/o/a/s outr/o/a/s é romper com hábitos de percepção que nossa cultura não quer que se rompam. Aquilo que a desconstrução requer não é tanto o plágio, mas sim a ruptura das leis de direitos autorais." (*DDH*) Aqui, preferiremos chamar esse método de *détournement*, ressaltando o modo como essa escrita se roça contra a questão da propriedade, essa questão que, para Marx, era a chave para qualquer agência crítica.

"Tem gente que me diz que fulan/o/a e sicran/o/a estão colocando meu trabalho na internet sem permissão, mas acho isso ótimo. Me parece um elogio o fato de que estejam lendo aquilo que escrevo. Se algo está lançado no mundo, é para você usar. A vida não tem direitos autorais se inscrevendo por todas as suas partes." (*RC*, p. 54) Isso foi antes de o pós-capitalismo ter descoberto como extrair não apenas o excedente de trabalho, mas também o excedente de informação que emana do nosso desejo de compartilhar, de nossa vontade de partilhar algo comum. Algumas Ackers, todavia, perceberam o que vinha por aí. "Se nesse momento histórico é difícil para um/a escritor/a conseguir viver de direitos autorais, no futuro isso pode vir a se tornar algo impossível para todos, exceto para uma ínfima minoria." (*BW*, p. 101) E seja como for: "É a indústria literária que depende dos direitos autorais. Não a literatura." (*BW*, p. 103) Aquilo que importa para a literatura pode estar do lado de fora do comércio burguês de livros, seja em parte, seja completamente.

E ainda assim, um/a escritor/a é também uma puta, alguém que aluga ou vende uma das capacidades do seu corpo, permitindo que aquilo que adquire significado seja separado daquilo que se sente intimamente. Vendendo os signos que emergem da vida. A maior parte das

Ackers simplesmente se recusa a conceber o texto como criação, e, portanto, como propriedade, de um corpo único, completo e singular, mesmo quando acaba por ancorar-se em uma forma de propriedade que toma essa atribuição como um pressuposto. "Se eu tivesse que ser completamente honesta eu diria que aquilo que estou fazendo rompe com os direitos autorais – não é o caso, porque vou trocando as palavras –, mas e daí? Quero dizer: estamos jogando um jogo, ganhamos dinheiro com essa lei estúpida, ao mesmo tempo que a odiamos, porque sabemos que se trata de uma farsa. O que mais podemos fazer? Essa é uma das contradições básicas com as quais nos defrontamos ao viver num sistema capitalista." (*LI*, p. 95)

Para que uma escrita seja revolucionária, pode não ser suficiente que ela esteja tão fora quanto possível da forma da mercadoria. Para desfazer a forma da mercadoria, é preciso, ainda, adentrar o corpo do texto de uma certa maneira, criando uma escrita que se recusa a extrair signos dos corpos, significantes dos significados, de modo que esses significantes extraídos tornem-se propriedade d/o/a leitor/a, um receptáculo para que o/a leitor/a insira seu próprio sentido. O livro, de modo semelhante a uma garota, pode, ao contrário, ser penetrável de múltiplas maneiras, passível de ser lido de muitas maneiras, e ainda assim manter-se opaco diante de qualquer penetrador/a, ou leitor/a, que reivindique ter qualquer forma de maestria sobre ele. É por isso que aqui não afirmo ter adquirido qualquer forma de maestria sobre o texto-Acker: o que fiz foi apenas colocar este outro corpo textual a seu lado por um breve momento, permitindo que esses textos-corpos se toquem.

"Por favor, seja m/eu/inha amig/o/a", ela disse. Não fui uma boa amiga. Através da escrita, tento, agora, ser uma amiga melhor. Essas Ackers: "Mais uma vez, precisamos olhar aquilo que a escrita é. Precisamos nos afastar desse negócio todo. Precisamos ir em direção àquilo que é pessoal [...]

Precisamos nos lembrar de noss/o/a/s amig/o/a/s, lembrar que, no fundo, é a partir da amizade que escrevemos, é para noss/o/a/s amig/o/a/s que escrevemos. Tanto enquanto escritor/e/a/s quanto enquanto leitor/e/a/s, precisamos recuperar um pouco da energia que as pessoas tinham na internet quando mandaram e-mails pela primeira vez, quando descobriram que era possível escrever qualquer coisa, até mesmo as coisas mais pessoais, até mesmo para um/a estranh/o/a. Quando el/e/a/s descobriram que estranh/o/a/s podiam se comunicar u/ns/mas com o/a/s outr/o/a/s." (*BW*, p. 103)

Isso foi antes do pós-capitalismo aprender a extrair seu excedente até mesmo de nosso desejo por amizade, inflamando-o até que se tornasse barulho e amargura, e depois extraindo ainda mais excedente a partir desse rancor. Talvez essa meta siga valendo, entretanto: uma escrita-e-leitura que se desenrole entre corpos mais do que entre sujeitos, uma prática de outrar-se, em vez de uma (falta de) comunicação entre eus. Aqui encontramos algo que se mantém estável, algo que se faz presente seja naquela Acker que, nos anos 1970, assinando como A Tarântula Negra, enviava pelo correio, como presentes, os trabalhos em série que criava, seja naquela outra Acker que, mais tarde, nos anos 1990, fazia experimentos de escrita colaborativa escrevendo sob nomes falsos na internet, nos tempos em que essa rede era ainda, de muitas maneiras, livre e gratuita.

Mais do que preencher com meros conteúdos as formas de informação-extração que a internet pós-capitalista nos oferece, vamos fazer e desfazer as formas de outro modo. "Esse desejo de jogar, de inventar estruturas literárias que joguem com e nos lancem para dentro seja de dimensões desconhecidas, seja de dimensões que nem sequer se deixam conhecer, esse desejo de se embrenhar em jogos que envolvem o acaso e a morte e a ausência de linguagem, é o desejo de viver em um mundo aberto e perigoso, sem limites. Jogar, brincar com as estruturas e com o conteúdo, é, afinal, desejar viver em estado de espanto e maravilhamento." *(TK,* p. 18)

As Ackers desejam uma escrita que seja desafiadora formalmente, mas não uma escrita que demande três mestrados para ser escrita e dois doutorados para ser lida. É por isso que ela vai recorrer ao estoque comum das formas cotidianas que oferecem prazer ao/à/s leitor/e/a/s. Essa Acker: "A boa literatura era lida por uma elite que ia diminuindo cada vez mais tanto em tamanho quanto em força cultural. Estava decidid/o/a utilizar e a escrever ao mesmo tempo boa literatura e literatura barata,[142] misturando-as tanto no que diz respeito à sua forma quanto ao seu conteúdo, ofendendo todo mundo. Uma escrita em que todas as formas de escrita se misturam parecia, mesmo para as massas, algo não imoral, mas amoral." *(DDH)* A teia-Acker se estende tanto sobre gêneros atribuídos a textos quanto sobre gêneros atribuídos a corpos,[143] recusando-se a permitir que possam ser definidos por quaisquer propriedades. O fluxo-Acker sempre retorna ao nada desprovido de significado e de forma, que desestabiliza os significantes, despojando-os de qualquer sentido, de qualquer propriedade. Ali onde: não existe linguagem privatizada.

142. No original: *"Decided to use or to write both good literature and schlock."* A palavra *"schlock"* é uma expressão utilizada para fazer referência a artefatos considerados insignificantes, de pouco valor ou de baixa qualidade, que poderia ser traduzido por "bagatela", "quinquilharia" ou "bugiganga". [N.T.]
143. No original: *"The Acker webs spans genres as well as genders."* Enquanto em inglês a palavra *"genre"* se refere aos gêneros literários e a palavra *"gender"* se refere aos gêneros atribuídos a palavras, incluindo palavras que sinalizam certas diferenças entre corpos, em português os dois conceitos se aproximam ainda mais, já que usamos exatamente a mesma palavra para nos referirmos a ambos. [N.T.]

MITO

"Autores inventam histórias; uma única pessoa não é capaz de conceber mitos." (*BW*, p. 32) As últimas dentre as Ackers estavam fazendo uma jornada em direção a uma renovação do mito, quando o câncer afundou seu bote salva-vidas. Muitas das Ackers, no entanto, mostravam-se fascinadas pelos mitos. Essa é uma obsessão que se manteve estável. Às vezes elas escreviam novos mitos através dos novos eus que surgiam de seu processo de outrar-se, como é o caso do mito d/o/a marinheir/o/a, enunciado pel/o/a marinheir/o/a, e assim por diante. Às vezes, el/e/a/s reescreviam os velhos mitos. Uma jovem Acker reescreve *O poeta e as mulheres*, de Aristófanes: "As mulheres (vejo as mulheres como um grupo rosnante de sapatões; sapatões versus *drag queens*; que imagem do presente!), que são a realidade, querem matar o poeta Eurípides. Eurípides, para fazer com que as mulheres deixem de condená-lo, usa uma fantasia e veste seu sogro como uma *drag*, que é um ser humano fantástico e maravilhoso, e maravilhosamente engraçado. Ele usa a fantasia como forma de ataque. Então uma dança-*drag* completa acontece: as mulheres deixam-se enganar pela fantasia, até que uma outra *drag queen* chega e interrompe a fantasia, e então o sogro do dramaturgo fica em apuros. Até agora Aristófanes se embrenhou na guerra entre realidade e fantasia retratando a fantasia como algo engraçado porém vulgar, já que seu sogro fica péssimo como mulher, mas depois o sogro acaba por fazer uma fala maravilhosa sobre o que é ser uma mulher! Uma fala brega, até mesmo meia-boca, para usar o vocabulário de hoje. Mas então: Eurípides precisa resgatar seu sogro usando longas falas trágicas altamente rebuscadas, não pouco rebuscadas, e empregar todos esses disfarces... Esse é o outro lado da *drag*, da fantasia da homossexualidade... o único lugar onde a poesia existe (é por isso que Platão amava Aristófanes). Será que o poeta é capaz de encantar as mulheres e trazê-las para o seu mundo para que elas tragam seu sogro de volta?... Tudo termina com uma DANÇA (a última fala da peça), tudo isso foi apenas fantasia (aquele quadro) e agora vão para casa, e que as deusas, essas mulheres de fantasia, possam acreditar nos nossos encantamentos." (23.18.3)

No mito, linguagem, gênero, desejo e o real encontram-se todos em jogo. É no mito que, como veremos, a narrativa se torna mais plástica. Vamos terminar, ou quase terminar, com um mito que, para nós, ocidentais, é considerado uma espécie de chave para qualquer fechadura, até mesmo para aquel/e/a/s que não desejam se sentir em casa ali.

Édipo: "Sou a maior merda do mundo. Matei meu pai e estuprei, cheguei mesmo a matar minha mãe. Todas as pessoas direitas deveriam me assassinar. Alguém por favor me toque. Toque fisicamente essa carne mentalmente adoecida. Faria qualquer coisa por um abraço. Não existe fim para o meu ser-dor, porque não existe escapatória... Por favor me ame, ao menos um pouquinho. Estou tão solitário, viajando de uma terra estrangeira a outra terra estrangeira. Não sei o que pode ser uma família. Todos os outros seres humanos têm famílias. Desde que eu matei a minha, não tenho família... Quem sou eu? Portanto: no que posso acreditar? Como é difícil viver tendo uma consciência (Deve existir uma consciência). Por favor me toque, meu líder, ao menos uma vez. Me dê um abraço, só isso, e nunca mais te peço nada."

Líder: "Não. Não vou te tocar. Não te quero. Você nem sequer pode descansar nesse mito que enuncia o quão ruim ou nojento você é, já que você sabe em detalhes a razão pela qual você é nojento. Você conhece a consciência."

Édipo: "Prefiro ser ferido fisicamente a conhecer a consciência ou a mim mesmo. Eu sou mesmo dor total." (DQ, p. 147)

Édipo penetrou sua própria mãe com seu pau e seu próprio pai com sua espada, mas tudo o que ele realmente quer é ser tocado. Esse Édipo é um eu aprisionado pela memória, e como um eu produzido pela memória, produzido pela culpa. Édipo quer sair da casa-prisão da linguagem autocentrada, essa linguagem que produz um eu a partir do seu gênero, do seu papel, do seu romance familiar. Esse Édipo quer um amor que aniquile a subjetividade, que afirme sua própria perda, sua própria dor, até mesmo seus crimes. A esse apelo, a narrativa responde fazendo-o pagar.

"Os mitos produzem o que se torna atual, é isso o que eles fazem." (MM, p. 19) Mas será que poderia haver outro tipo de mito? Mitos a respeito de deuses que são verbos escorregadios, em vez de nomes próprios? Uma escrita que se mantenha do lado de fora da informação-mercadoria pode encontrar algumas deixas em uma escrita que, se não se mantém livre de toda e qualquer dominação, ao menos foi elaborada a partir de um modo de produção diferente.

Talvez a ficção possa se parecer mais com um mito do que com um romance, que tem uma necessidade incansável de delimitar as subjetividades do romancista, d/o/a personagem e d/o/a leitor/a como sendo idênticas a si mesmas e racionais, embora com ressonâncias emocionais, cada subjetividade permanecendo em posse de si mesma e de tudo aquilo que é capaz de adquirir. Talvez se trate de uma ficção na qual os sujeitos não são humanos, mas sim Deus/e/a/s: "Deus/e/a/s são aqueles que desejam infinitamente tornar-se outras pessoas, e que, portanto, sofrem infinitamente." (PE, p. 67) Ess/e/a/s deus/e/a/s não estão mort/o/a/s, ess/e/a/s são deus/e/a/s de um mundo mutante sem forma e sem lei no qual a linguagem representa apenas um dos tipos de diferença.

Deus/e/a/s e human/o/a/s e outros monstros formam um *continuum*. "O que é ser human/o/a? Uma garota, Leda, trepou com um cisne, fez sexo bestial. Em seguida, deu à luz Clitemnestra, que matou seu primeiro marido. Depois, Clitemnestra deu à luz Orestes. Bestialidade, assassinato de marido, parricídio, incesto." (*IM*, p. 77) Esse mundo de proprietários de escravos dificilmente pode ser visto como um mundo nobre.

Muitas Ackers tardias desejam outro tipo de mito, um mito que sucede o romance. "Você não sabe direito o que é esse mundo, você está num mundo estranho. As histórias gregas antigas falavam todas sobre mundos estranhos… Perambular, se mover, pura e simplesmente, é algo que te é permitido. É como viajar. Sempre invejei isso nos homens, e nunca posso viajar, sendo mulher. Sempre quis ser um/a marinheir/o/a, é isso o que eu realmente amo." (*HL*, p. 23)

Talvez possa existir um mito do corpo como acontecimento no mundo. Um mundo que cria diferenças, ao acaso, sem um ponto fixo que ancore seu sentido. Com um único horizonte, que não significa absolutamente nada: a morte. "Nadar pelo oceano é sentir prazer. Se o único acontecimento que sou capaz de conhecer é a morte, que é sonho ou mito, o sonho e o mito talvez sejam o único conhecimento de que eu disponha. O que, então, é esse oceano?" (*ES*, p. 55) Talvez o oceano seja possibilidade, não tanto uma jogada de dados, já que os dados permanecem eternamente se revolvendo no ar, sem chegar a aterrizar, sem se tornar, ainda, olhos de cobra.[144]

---

144. Em jogos de azar, a expressão "olhos de cobra" costuma ser utilizada quando dois dados caem com a face número um voltada para cima. [N.T.]

NATUREZA

Diz uma Acker bastante profética: "Se o efeito estufa se intensificar, mais pessoas vão se assustar? Não será preciso efetuar uma mudança radical? Está claro, e não apenas para as feministas, que o compromisso masculino com o poder hierárquico prejudicou não somente a relação dos homens com as mulheres e das mulheres com os homens, mas também a relação humana com a natureza. O mundo está começando a queimar." (*MP*, p. 12)

As decisões tomadas pelo pós-capitalismo podem destruir a terra antes que qualquer um descubra a forma de revolução que lhe é específica. Ele já foi capaz de destruir a exterioridade de uma natureza que é o solo do anseio romântico. "Já que aquilo que é natural agora deixou de ser natural e o que não é natural passou a ser natural, aqueles que amam não são capazes de conhecer. Como eu poderia saber o que fazer?" (*BW*, p. 110) Algumas Ackers, porém, não desejam abandonar todas as estratégias românticas. "O romantismo é o mundo. Por quê? Porque precisa haver alguma coisa. Precisa haver alguma coisa para nós que somos e sabemos que somos sem-teto." (*HL*, p. 58)

Essa Acker: "Devo tomar a lei do Estado como o parâmetro mais elevado da vida humana, que coincide com o governo divino do universo, ou então devo viver em meio ao caos eterno, fora das leis humanas, ou encontrar alguma certeza fora das leis humanas em meio à ordem eterna da natureza, ou mesmo fazer as duas coisas." (23.18) As Ackers fazem todas essas coisas: e, e, e. Mas a ordem não passa de um momento do caos.

A racionalidade pós-capitalista é agora uma razão rumo à morte. Essa racionalidade pensa assim: "Quando o mundo terminar, não vai mais haver ar. É por isso que é importante poluir o ar agora. Antes que seja tarde demais." (*DQ*, p. 81) Essa racionalidade parece loucura. "Por que os humanos continuam a ser racionais, ou seja, a fazer bombas nucleares, poluir, inventar DNA etc.? Porque eles não veem a degradação e pobreza absolutas ao redor da sua carne. Porque, se eles pudessem ver, eles ficariam em um tal estado de horror que precisariam jogar suas mentes fora e desejariam se tornar apenas parcialmente humanos, a qualquer preço." (*DQ*, p. 71) Talvez o humano seja também um deus que já esteja morto.

O último deus, o último deus morto, talvez seja a natureza. É difícil viver sem essa palavra, já que ela significa uma série de coisas contraditórias. A natureza que está morta pode em primeira instância ser uma natureza que aparece como algo separado do humano, como coisa à parte, como algo que o homem pode penetrar, ordenar e controlar. Um controle que, paradoxalmente, também se considera natural. "Nesse século aquilo que entendemos como 'natural' foi algo inventado por nossos conquistadores para dar forma a suas identidades e usado como ferramenta para nos controlar." (*LM*, p. 326)

Essa racionalidade decidida e controladora tem suas manias. O homem está separado da natureza e assume o controle sobre ela, mas, mesmo se mantendo separado da natureza, o controle que exerce é natural. Isso o tornaria parte daquilo que controla. Ou talvez ele apenas controle, e considere realmente natural no sentido de penetrável e controlável, uma natureza que é feminina. E assim por diante, mais ou menos como num mito ruim. Uma Acker perplexa: "Estou confusa. Por um lado, sou humana, assim como meu marido; por outro lado, não sou natural, porque sou uma fêmea. As fêmeas são esses seres que apenas querem vingança. Minha humanidade amorteceu a vingança infinita dando-lhe a forma de vingança provocada ou ambição.

Irracionalidade, Animalismo, e Noite: tomem posse de mim. Já que não posso saber, não quero me agarrar a meus pensamentos e foder com a minha mente." (*LM*, p. 326) Talvez faça mais sentido pensar: "A natureza é uma fêmea porque, assim como as mulheres, ela não existe." (*BW*, p. 70)

A natureza significa coisas contraditórias, e isso complica qualquer linguagem que tente separar a natureza daquilo que não-é-natureza. "Será que o horror provém da Natureza?" (*MM*, p. 108) Essa pergunta permanece em aberto, abre um buraco no pensamento, ainda que "nossas naturezas sejam profundamente animais", (*IM*, p. 38) E: "Não existe nenhum caminho para fora da natureza." (*LM*, p. 328) E: "Se você quer lutar para ter prazer e paz de espírito, então acredite. Se você quer descobrir a verdade, investigue. A verdade da natureza humana, ou as verdades parciais, podem ser feias, abomináveis." (*IM*, p. 49)

A natureza não é uma coisa, uma coisa à parte, a ser contemplada por um/a don/o/a. "Entendo que aquilo que tomo como 'natural' depende da minha percepção, ou depende de quem eu sou." (*LM*, p. 227) A natureza joga com o gênero de modo ambivalente. Se é que deve haver natureza e não natureza, é só uma questão de tempo até que o gênero se alinhe de um modo ou de outro com esse outro binômio. "Tudo o que chamamos de 'natural' é neurótico. Vou te dizer o que é mesmo natural: o sexo... (Ele tem tantas responsabilidades políticas que deixou de foder)... holocaustos, assassinatos, quaisquer eventos extraordinários, dedos-de-gente-sendo-cortados-fora, sexualidades que sempre deixam todo mundo louco: tudo isso é natural." (*LM*, p. 334) O natural é rejeitado ou ejetado dos conceitos ordenados, até mesmo dos conceitos que dizem respeito à natureza.

"O que é essa coisa: o humano? Qual é a medida do humano?" (*LM*, p. 303) Tanto o natural quanto o humano são coisas contraditórias, temporárias, inconsistentes. O poder toma a si mesmo como algo razoável, e toma suas razões por algo natural. Ainda assim, aquilo que esse poder controla é uma natureza inerte desprovida de razão. Uma natureza não natural controla uma não natureza natural. E mesmo assim, talvez ainda seja possível criar táticas a partir de coisas como essas. "Mas: continuamos sendo humanos. Somos humanos porque continuamos a lutar contra todos esses horrores, contra os horrores provocados e não provocados por nós." (*ES*, p. 69)

Mais do que se tornar a âncora do sentido, talvez a natureza seja aquilo que sempre confunde o sentido. A própria linguagem pode estar dentro da natureza, embora qualquer emprego da linguagem a respeito da natureza permaneça fora dela. "A garota está pensando que a maior parte das pessoas está dizendo que o mundo humano está terminando… Essa paisagem desprovida de qualquer sentido dado se faz presente tanto quanto qualquer afirmação de que o mundo esteja prestes a acabar." (*LM*, p. 199)

O problema não está em ler a natureza de forma equivocada, mas em pensar que essa leitura seja capaz de desvelar um sentido. A leitura, enquanto interpretação, afirma ter maestria sobre algo. Mas talvez, pelo contrário: "Somos as falhas dessa terra, não seus governantes." (*HL*, p. 55) Ser humano é também uma falha. Talvez se trate de uma falha inevitável, ou apenas uma falha que reflete aquel/e/a/s que empreenderam essa tentativa: "Ela nunca quis ser mestre." (*PK*, p. 39) Por outro lado, ela tampouco reivindica possuir qualquer conhecimento alternativo sobre a natureza.

Talvez possa haver uma natureza não de dominadores, mas de masoquistas: "Ele me mostrou como enfiar nos pulsos uma lâmina de gilete por pura diversão. Por nenhum outro motivo. E foi assim que eu aprendi como me aproximar da natureza e compreendê-la, como criar flores vermelhas gigantes, como rosas florescendo, gotas de sangue assim tão cheias respingando na terra debaixo delas, o meu corpo, que seguia tremulando muitas horas depois. Durante aquelas horas que se seguiam, eu fantasiava com meu sangue se derramando para fora. Era um alívio já não ter que tomar decisões." (*ES*, p. 9-10) Talvez o humano seja essa coisa inconstante, que, talvez em parte, tenha decidido dominar a natureza, e acabou produzindo o efeito estufa e as mudanças climáticas, até que, no fim das contas, lhe restassem pouquíssimas escolhas e já não houvesse nenhuma decisão a tomar.

e os romances de Torrey Peters, publicados pela própria autora, *The Masker*

POSFÁCIO DISFÓRIC/O/A

Kathy me causou dois ataques de pânico. Um deles foi em Karlsruhe, na Alemanha. Matias Vieneger, o executor do seu testamento, havia me convidado para um simpósio sobre o trabalho de Acker.[145] Ele me convidou com bastante antecedência, para que eu pudesse pensar sobre aquilo que iria dizer. Pensei que deveria ler todos os livros dela. Estava de licença, naquela época, então fazer isso era possível. Calhou de ser nesse ano que eu finalmente me assumi como trans e comecei a tomar hormônios. Foi um ano caótico. Me enredar na teia-Acker, ou talvez me tornar sua cleptoparasita, foi o que me permitiu manter o fio da meada.

Quando chegou o momento do simpósio, eu tinha comigo um rascunho deste livro inteiro. E, mesmo assim, em Karlsruhe, fui tomada pela ansiedade. Havia pessoas ali que tinham conhecido Kathy muito melhor do que eu, assim como verdadeir/o/a/s estudios/o/a/s do trabalho de Acker. Por conta de alguns eventos imprevistos, acabei ficando encarregada da última fala daquele dia. Mal podia respirar.

Pensei em voltar para o meu quarto de hotel para fazer uma pausa, mas era longe demais. Havia alguns pufes baixos, planos e acolchoados na parte de trás do local, como lírios estofados. Todo mundo estava no bar ou do lado de fora, fumando, então tudo estava quieto por ali. Tirei meu sobretudo e me enrolei debaixo dele, como um caracol, em um daqueles lírios acolchoados, tentando me tornar invisível. Tentando respirar.

Tudo deu certo no final, eu acho.

---

145. Para um relato desse evento, com cocuradoria de Matias Viegener e Anja Casser, ver McKenzie Wark "Kathy Acker: Get Rid of Meaning [Livre-se do significado]", *Brooklin Rail*, fevereiro de 2019, brooklynrail. org/2019/02/artseen/Kathy-Acker-Get-Rid-of-Meaning.

O segundo ataque de pânico foi no simpósio Trans | Acker na The New School. Em um momento de exaltação, me comprometi a organizar esse evento, levantei o dinheiro para que ele acontecesse, convidei o/a/s palestrantes, e então, na véspera, me senti completamente sobrecarregada. Duas das convidadas – Juliana Huxtable e Grace Lavery – não conseguiram vir, e isso só fez aumentar a onda de pânico. Que bom que eu tinha o mais que eficaz Kato Trieu trabalhando comigo. Logo antes do evento, deixei Kato fazendo os últimos preparativos, fugi para o banheiro para todos os gêneros e me tranquei numa cabine, tentando respirar.

No fim deu tudo certo.

Quero concluir este livro trabalhando sobre algo que vislumbrei a partir de outr/o/a/s daquel/e/a/s que se apresentaram no simpósio Trans | Acker, incluindo aquilo que imagino que as duas palestrantes que não puderam vir poderiam ter dito.[146] Num momento em que Acker está se tornando uma espécie de escritora americana canônica, eu gostaria de empurrá-la de volta na direção de uma literatura menor, em todos os sentidos – a *literatura trans*: a escrita feita por e para e sobre pessoas trans.[147] Ou melhor: escrevendo em meio àquel/e/a/s para o/a/s quais a cisgeneridade não representa seu estado, pátria, família e fantasia.

---

146. Deixei de fora Megan Milks, que contribuiu com uma leitura, parte de um trabalho em processo que vai desembocar no romance que ela está prestes a publicar, então deixarei que você descubra isso por si mesm/o/a através da versão preferida da autora. Mas veja também "Janey and Genet in Tangier", de Megan Milks, em *Kathy Acker and Transnationalism*, organizado por P. Mackay e K. Nichol. Newcastle: Cambridge Scholar Publishing, 2009, pp. 91-114.
147. Sobre literatura trans em prosa, ver McKenzie Wark, "Girls Like Us", *The White Review*, dezembro de 2020. Acessado em maio de 2024. https://www.thewhitereview.org/feature/girls-like-us/ .

Uma das coisas que me chamaram a atenção enquanto eu escrevia este livro foi o espectro de antologias nas quais Acker costuma aparecer.[148] Ela foi agrupada em seleções de escritor/e/a/s e escritas que são urbanas, transgressivas, pós-modernas, *cyberpunks*, feministas, conceituais, revolucionárias, representantes da nova narrativa, *queer*, antologias de trabalhador/e/a/s do sexo, e assim por diante. Me parece que essa pluralidade de contextos é um tributo à qualidade do seu trabalho. Então gostaria de terminar sugerindo um começo: a inclusão de Acker no espaço das escritas trans. Não se trata de aprisioná-la ali, mas sobretudo de exemplificar outra forma pela qual a teia-Acker pode se conectar a outras redes consideradas menores e marginais.

Embora minhas memórias de Acker deem pistas de uma relação com o gênero que, num sentido mais amplo, me parece trans, minha memória, como vimos, não é confiável. Algo de que me lembro: Kathy me falou sobre sua vontade de consultar um médico sobre a possibilidade de fazer uma mastectomia, já que não queria mais ter peitos. Como naquele momento ainda não havia nada errado, medicamente, com os seios dela, o médico se recusou – seu câncer de mama ainda era, naquele momento, indetectável. Será que Kathy me contou mesmo isso? E, se sim, por quê?

Acker não seria o/a primeir/o/a autor/a american/o/a que faz parte ou está próxim/o/a ao cânone modernista que poderíamos imaginar como sendo uma pessoa trans no armário. O exemplo mais surpreendente é certamente Ernest Hemingway. Valerie Rohy aponta evidências curiosas na sua biografia e nos seus textos.[149] No fim das contas, porém, projetar a transgeneridade sobre o/a autor/a é muito menos interessante do que perguntar, com Rohy, o que uma *leitura transgênero* pode ser, independente de quaisquer alegações sobre a biografia.

---

148. Ver a lista que incluí na seção de referência a seguir.
149. Valerie Rohy, "Hemingway, Literalism and Transgender Reading", *Twentieth Century Literature 57*, n. 2, verão de 2011, pp. 148-179.

A leitura trans de Rohy não tenta diagnosticar o/a escritor/a. Nós, pessoas trans, já temos problemas suficientes com especialistas tentando nos encaixar em categorias. Em vez disso, o que Rohy faz é atentar para o modo pelo qual normas de gênero estruturam tanto a leitura quanto a escrita, de um modo que talvez não seja assim tão diferente do modo como normas de gênero estruturam a heterossexualidade. É mais interessante tratar o texto como algo que está negociando com as estruturas do gênero do que tentar afirmar que um/a autor/a é cis ou trans. Não pretendo insistir que Acker seja trans, mas gostaria de perguntar por que se *presume* que ela seja cis, e de que modo essa pressuposição informa a recepção do seu trabalho.

A partir de uma leitura trans, o texto-Acker apresenta momentos em que personagens transfemininas rompem com aquilo que Emma Heaney descreve como a posição transfeminina[150] crônica na literatura modernista.[151] A personagem transfeminina é um artefato da psiquiatria, da psicanálise e da sexologia, todas as quais, usando métodos clínicos cuja confiabilidade é questionável, a apresentam como um *tipo*. Esse tipo então passa a aparecer no romance modernista como um avatar para os prazeres e perigos da *nova mulher* que emerge a partir de mudanças nas estruturas sociais e políticas relacionadas ao gênero na modernidade propriamente dita. Na literatura modernista, e mais tarde na teoria *queer*, a figura transfeminina não corresponde a alguém em particular; ela é um avatar da teoria escrita por alguém a respeito da fascinação e dos horrores das pessoas cis em relação ao gênero e à sexualidade.[152]

---

150. No original: "*trans-femme*". Optei por traduzir essa expressão por outra que é bastante usada no contexto trans brasileiro. [N.T.]
151. Emma Heaney: *The New Woman: Literary Modernism, Queer Theory, and the Trans Feminine Allegory*. Evanston: Northwestern University Press, 2017.
152. Ver também Jay Prosser, *Second Skins*. Nova York: Columbia University Press, 1998.

As personagens trans na literatura ocidental moderna, sejam transfemininas ou, ocasionalmente, transmasculinas, normalmente aparecem em algum lugar sob um enquadramento estabelecido pela atenção cis, ou seja, a partir de um *olhar cis*[153]. É algo sobre o qual costumo pensar a partir de uma matriz governada por dois eixos. Um deles é um *continuum* que vai da inveja à piedade; o outro, do desejo ao nojo. São poucos os exemplos de literatura cis em que é possível encontrar um olhar para a transgeneridade para além dessa matriz de atenção. O texto-Acker é um desses exemplos. Acker abre espaço para nós – múltiplos espaços, como veremos. Uma multiplicidade de espaços capaz de constituir um hotel imaginário inteiro. Minha intuição, tanto no decorrer da escrita de *Filosofia para aranhas* quanto durante a organização do simpósio Trans | Acker, é que vale a pena checar cada uma dessas possibilidades.[154]

O evento na The New School aconteceu de modo bastante fluido, graças ao querido Kato; eu, por minha vez, dei um jeito de segurar as pontas como anfitriã, fazendo comentários introdutórios e recebendo as pessoas para um jantar depois da conferência no hotel onde hospedamos o/a/s convidad/o/a/s de fora da cidade. Quando degustávamos as entradas, pude observar de canto de olho que uma mulher trans que tinha acompanhado o simpósio e se infiltrado no nosso jantar estava flertando com Kato, enquanto outra infiltrada se pôs a flertar comigo. No fim das contas, tudo saiu ainda melhor do que o planejado. Voltei para casa sozinha, exausta, levando o número de telefone daquela garota, e dormi por catorze horas.

153. Em McAvan, "Rethorics of Disgust and Indeterminacy in Transphobic Acts of Violence" in: *Homofiles: Theory, Sexuality and Graduate Study*, organização de Jes Battis. Lanham, MD: Lexington Books, 2011.
154. Nesse trecho, McKenzie explora sua metáfora do quarto de hotel de muitas maneiras. A expressão *"make room"*, que traduzi por "abrir espaço", em inglês contém a palavra *"room"*, que possui múltiplos sentidos, um deles o de *"cômodo"*, ou *"quarto"*. Ao final do parágrafo, McKenzie brinca com os verbos *"check in"* e *"check out"*, que, mesmo no Brasil, são usados para o momento em que nos registramos em um hotel e, a seguir, o momento em que deixamos o quarto e pagamos a conta: *"it was worth checking in and checking out these possibilities."* [N.T.]

Naquela noite, ou naquela manhã, Kathy apareceu outra vez num sonho. Ou assim imagino. Anotei o sonho, mas não consigo decifrar minha caligrafia. Kathy se tornou ilegível. Talvez ela tenha vindo apenas dizer adeus. Ou talvez – e assim espero – ela tenha passado a se interessar pelos futuros literários trans que seu próprio trabalho engendrou como possibilidade.[155] Que a ausência dela esteja ali para nos guiar.

Roz Kaveney: "Seis meses mais tarde, sonhei que estava numa festa e Kathy estava lá, e conversamos – ela estava vestindo uma camisa sem manga com estampa de leopardo marrom que eu conhecia bastante bem, e calças felpudas e aveludadas de estampa de pele de leopardo violentamente amarelas, que eu nunca havia visto antes. Um pouco depois, pensei em algo. 'Kathy, você está morta', eu disse. 'Claro', disse ela, 'mas você não pensou que a morte pudesse me fazer parar, pensou?'"[156]

Para arrematar as coisas, quero localizar *Filosofia para aranhas* no contexto da rede de outr/o/a/s leitor/e/a/s e escritor/e/a/s trans que eu estava tentando tecer para Acker e para mim mesma, quando organizei o simpósio Trans | Acker. É isso o que vislumbrei daquele evento que conversa com este livro, embora por vezes de modo oblíquo.

Kato Trieu lê o corpo pirata dentro do texto-Acker como um *corpo disfórico*.[157] Esse corpo pode não saber aquilo que é, sabe apenas que

---

155. Quando estava viva, Acker encorajou o trabalho da escritora trans Roz Kaveney, depois de ler o manuscrito de seu romance a respeito d/o/a/s trabalhador/e/a/s do sexo trans em Chicago. A obra foi publicada com o título de *Tiny Pieces of Skull* [Pequenos pedaços de crânio]. Londres: Team Angelica Publishing, 2015.
156. Roz Kaveney, "Just Because Cathexys Showed an Interest". *LiveJournal*, diário online de Roz Kaveney, 23 de junho de 2007. Acessado em 9 de maio de 2024. https://rozk.livejournal.com/158882.html
157. K. K. Trieu, "Building the Pirate Body" [Construindo o corpo pirata],

não se enquadra na categoria de gênero imposta a ele, a categoria que lhe impõe demandas. É difícil entender um corpo disfórico. É um corpo que se sente irracional, incompreensível, invisível. Tudo o que esse corpo quer é estar ausente. É um corpo que não faz sentido em relação aos códigos autorreferentes da diferença cisgênera. É um corpo que vem a ser através das diferenças que se estabelecem na sua relação consigo mesmo. Na melhor das hipóteses, esse corpo pode vir a ser através do espanto ou maravilhamento.

O corpo disfórico pirata clama por uma linguagem que seja algo mais do que uma linguagem mimética. Uma linguagem que precisa descrever um corpo que não é. Essa Acker encontra esse corpo através de experimentos e observações que se debruçam sobre as diferenças que emergem de sua relação consigo mesmo, ao esquecer o que, na sua cabeça, é aquilo que a linguagem diz que ela deve e precisa ser. Essa Acker encontra outra linguagem, uma linguagem mítica do corpo e de suas metamorfoses.

Por meio de certas práticas, é possível descobrir o que é possível fazer com um corpo disfórico. É o caso da prática da masturbação. Ou da prática do masoquismo, entendido não como um teatro mas como uma fenomenologia do que reside do outro lado daquilo que um corpo é capaz de suportar.[158] Ou (para o corpo de inclinações-transmasculinas) a prática de ser aquele que é penetrado – mas, nesse caso, aquele que é penetrado é um garoto, e não uma garota ou uma mulher. Ou (talvez aqui, mais uma vez, tenhamos uma coisa transmasculina) a prática da musculação, que articula o corpo não em relação às metáforas de gênero características do romance ou da vida cis – categorias de nascimento e reprodução –, mas sim em relação à morte.

Trangender Studies Quarterly 7, n. 3, agosto de 2020, pp. 499-507.
158. Ver também Kevin Floyd, "Deconstructing Masochism in Kathy Acker's *Blood and Guts in High School*" in: *Critical Studies of the Feminist Subject*, Giovana Covi (org.). Trento: Dipartimento di scienze filologiche e storiche, 1997; e Arthur F. Redding, "Bruises, Roses: Masochism and the Writing of Kathy Acker", *Contemporary Literature 35*, n. 2, 1994, pp. 281-304.

Temos aqui um corpo que, por conta de suas práticas, pode se localizar, em vários aspectos, do lado de fora daquilo que é cisgênero. Não se trata de tomar os corpos cis ou trans como algo dado, ou mesmo como algo conquistado. É o corpo disfórico, sentido a partir daquilo que faz, como um corpo que, independentemente do fato de transitar ou não entre gêneros normativos, transita do lado de fora da norma de gênero institucionalizada e de sua lógica. Os corpos piratas da teia-Acker são, em si mesmos, corpos de um gênero livre, e ainda assim maleável.

Kay Gabriel falou sobre a *plasticidade* das frases de Acker, e do modo como elas tornam possível uma plasticidade narrativa.[159] São frases que com muita frequência circulam em torno da infância e da adolescência. As personagens de Acker se recusam a crescer. Não existe nenhuma passagem da possibilidade de decisão à maturidade. As coisas se movem de modo lateral, ao invés de ascender e cair. As infâncias de Acker são tentativas repetidas, variações delas mesmas, que se repetem de novo e de novo, de modo similar às das pessoas trans. O eu que acena para nós a partir do texto não tem nenhum compromisso com alguma forma de consistência ou coerência subjetiva. Para escritor/e/a/s trans, esse pode ser um eu que nos libera dos roteiros consistentes de eu que preparamos para conseguir que os médicos nos reconheçam a partir das categorias deles.

O texto-Acker oferece dois outros recursos adicionais para a escrita trans. Um deles é seu interesse pelo corpo que trabalha do lado de dentro da forma mercadoria e em confronto com ela. O outro é que corpos e mercadorias se encontram quase sempre em ambientes urbanos. Qualquer literatura trans por vir precisa lidar de modo central com o trabalho-de-sexo que se faz necessário para muitas das pessoas trans, em especial mulheres trans.[160]

159. Kay Gabriel, "Nothing Until It is Made Actual, or Acker versus Growing Up", *Transgender Studies Quarterly 7*, n. 3, agosto de 2020, pp. 489-498.
160. Ver Red Jordan Arobateau, *The Big Change*. Oakland: Red Jordan Press, 1976; Toni Newman, *I Rise: The Transformation of Toni Newman*. Middletown:

É preciso reconhecer, ainda, que as vidas das pessoas trans nas cidades costumam ser bastante desgastantes, algo distante da ideia que concebe a cidade como um espaço de passatempos boêmios. Essa frase plástica, essa narrativa que perambula, esse eu não subjetivo, todos jogando com e contra a transformação do corpo em mercadoria em uma cidade pós-boêmia, podem todos ser elementos de uma literatura trans por vir.[161]

Marquis Bey discorreu a respeito das *locuções* trans de Acker, de seus caminhos não normativos de escrita, como sendo constitutivos de uma relação trans com a linguagem.[162] Várias formas de desgosto pelo gênero, que é experienciado e compreendido como um regime que impõe identidades aos corpos através de formas de coerção que incluem, entre outras, narrativas consistentes, mostram-se recorrentes ao longo da teia-Acker.

Acker *corporifica* a linguagem, afirma Bey, que faz uso da poética do inglês da comunidade preta[163] para empregar um termo polivalente, cujo significado é tanto dar linguagem ao corpo quanto derrubar essa linguagem, aniquilá-la. Acker escreve a partir das bordas onde a linguagem e o corpo se encontram, ou deixam de se encontrar. Sua linguagem não é criada para corresponder nem àquilo que é normativo, nem às identidades que se contrapõem à norma. Essa escrita não é necessariamente tão útil assim para a identidade trans. Mas pode ser que essa escrita seja útil para uma transgeneridade que

SPI Productions, 2020.
161. Ou de uma literatura trans que, de alguma maneira, já está aqui. Ver T. Fleischmann, *Time Is the Thing a Body Moves Through*. Minneapolis: Coffeehouse Press, 2019; Porpentine Heartscape, *Psycho Nymph Exile*. Londres: Arcadia Missa, 2017; e o livro da própria Kay Gabriel, *A Queen in Bucks County*. Nova York: Nightboat, 2022. Meu próprio livro de autoficção *Reverse Cowgirl* [Vaqueira invertida] (Los Angeles: Semiotext(e), 2020), aspirava ser lido nessa companhia.
162. Marquis Bey, "Cutting Up Words: Kathy Acker's Trans Locutions", *Transgender Studies Quarterly 7*, n. 3, agosto de 2020, pp. 479-488.
163. No original: *"Black English."* [N.T.]

preferiria estar em um lugar diferente daquele em que a normatividade cis nos localiza como sendo s/eu/ua/s outr/o/a/s, que devem ser olhad/o/a/s com desejo/nojo e/ou piedade/inveja.

Torrey Peters falou a respeito do culto à *mulher trans literária triste*.[164] Começando com o romance de Imogen Binnie, de 2013, *Nevada* – que faz referência a Acker –, existe uma certa escrita trans, norte-americana em sua maior parte, que tem como característica distintiva escapar do arco narrativo que se move para frente e para cima característico das autobiografias trans escritas para pessoas cis.[165] Essa concepção da contraliteratura trans, embora tenha sido uma realização importante, talvez guarde suas próprias armadilhas.[166]

Romances sobre a garotas trans literárias tristes se encaixam na tradição do romance enquanto forma cultural elaborada para cultivar um certo tipo de subjetividade. Trata-se de uma forma que dirige seu foco para questões domésticas e observa detalhes de comportamento tomando-os como pistas para compreender seus personagens. Valores morais aparecem vinculados a certas características da mente. Sua autoridade reside tanto na intensidade quanto na maneira

164. Peters faz referência a Leslie Jamison, "The Cult of the Literary Sad Woman", *New York Times*, 7 de novembro de 2019.
165. Imogen Binnie, *Nevada*. Nova York: Topside Press, 2013. Outros exemplos poderiam incluir Sybil Lamb, *I've Got a Time Bomb*. Nova York: Topside Press, 2015; Casey Plett, *A Safe Girl To Love*. Nova York: Topside Press, 2014; Casey Plett, *Little Fish*. Vancouver, BC: Arsenal Pulp Press, 2015; Kai Cheng Thom, *Fierce Femmes and Notorious Liars*. Montreal: Metonymy Press, 2016; Jia Qing Wilson-Yang, *Small Beauty*. Montreal: Metonymy Press, 2018; Hazel Jane Plante, *Little Blue Encyclopedia (for Vivian)*. Montreal: Metonymy Press, 2019; Hannah Baer, *Trans Girl Suicide Museum*. Los Angeles: Hesse Press, 2019; assim como os primeiros romances de Torrey Peters publicados pela propria autora.
166. A respeito da necessidade de uma contraliteratura trans, ver a afirmação clássica de Sandy Stone, "The Empire Strikes Back: A Posttranssexual Manifesto" in: *The Transgender Studies Reader*, organizado por Susan Stryker e Stephen Whittle. Nova York: Routledge, 2006, pp. 221-236.

como os sentimentos - em particular os das mulheres - se tornam conscientes de si mesmos.[167]

Em sua forma moderna, esse tipo de romance muitas vezes considera os sentimentos torpes como sendo particularmente relevantes, mesmo que eles não sejam capaz de descrever bem o destino de uma personagem e não revelem muito mais do que a sua falta de agência.[168] A mulher cis literária triste - que é quase sempre jovem, branca, atraente - é destruída por seu próprio sofrimento. A tristeza, embora se torne uma marca de impotência, também assinala seu refinamento. Peters segue uma nova etapa dessa mesma tradição, nas quais as personagens femininas cis ainda se encontram feridas, mas são capazes de se afastar de seus afetos doloridos.[169] São personagens anestesiadas, sagazes, exaustas ou sarcásticas, que não se deixam levar por nenhuma forma de autopiedade.

Na literatura das garotas trans, essa etapa tardia ainda não se faz presente. As garotas continuam tristes. Por quê? Por conta do glamour *femme* fora de moda que gira em torno da tristeza. Ou talvez porque ainda nos negam o acesso a tanta feminilidade. Ou talvez porque as garotas trans, como é fácil notar depois de ter conhecido algumas delas, muitas vezes vivem vidas fodidamente tristes. Em termos mais literários, especialmente porque a intensidade de um afeto como esse confere legitimidade a uma voz feminina, o que é um elemento-chave dessa tradição romanesca enquanto instituição cultural.

Algumas Ackers são mulheres literárias tristes, fazendo comércio com sua autoridade feminina, ou, seguindo mais o caminho da teoria

---

167. Aqui, Peters se baseia no trabalho de Nancy Armstrong, *Desire and Domestic Fiction: A Political History of the Novel*. Nova York: Oxford University Press, 1990.
168. Sianne Ngai, *Ugly Feelings*. Cambridge: Harvard University Press, 2007.
169. Aqui, Peters segue Leslie Jamison, "Grand Unified Theory of Female Pain", *Virginia Quartely Review* 90, n. 2, primavera de 2014.

femme francesa, fazendo comércio com a sua *abjeção*.[170] Muitas Ackers, porém, se mostram irônicas, brincalhonas ou desprendidas em relação a tudo isso. Ela pode ser lida em uma chave trans, à medida que flerta com essas possibilidades. O texto-Acker se encontra disponível para uma leitura trans na medida em que entendemos aquilo que é trans como sendo algo fluido, híbrido, inconstante – nesse sentido, a transgeneridade se aproxima do conceito de *queer*.[171]

Me pergunto o quanto essa versão de Acker, essa versão ligada à transgeneridade, pode ser útil para a literatura trans, levando em conta que, para muit/o/a/s de nós, a intransigência de nosso desejo de pertencer ao gênero pelo qual ansiamos não é algo fluido de modo algum. Além disso, nossos corpos não são tão plásticos como gostaríamos. Modificar nossos corpos é difícil e o processo pode ser bem aborrecido. Enfiar uma agulha na bunda todas as semanas logo se transforma em rotina.

A linguagem do dia a dia tampouco é particularmente maleável, conforme me ponho a refletir ao corrigir o/a recepcionista da minha clínica de saúde trans, que me chamou de "senhor" pela terceira vez. No entanto, ler o texto-Acker como um texto que invoca o corpo disfórico parece promissor, enquanto uma escrita que inscreve aquilo a partir do qual muitas (ainda que não todas) formas de transgeneridade podem emergir, e quais as estratégias linguísticas e corporais que podem trabalhar a partir daí.

Pode haver outros meios através dos quais o texto-Acker pode abrir a porta para outros espaços textuais, indo além tanto da curva ascendente da narrativa da livro de memórias trans convencional quanto da deriva desordenada da mulher trans literária triste.

170. Hanjo Berressem, "Body-Wound-Writing", *American Studies* 43, n. 3, janeiro de 1999, pp. 393-441.
171. Ver, por exemplo, Jack Halberstam, *In a Queer Time and Place: Transgender Bodies, Subcultural Lives*. Nova York: NYU Press, 2005.

No caso da própria Peters, parece-me que sua ambição seja situar personagens trans de modo inteiro e autoconsciente dentro do romance burguês,[172] de modo que possam existir romances nos quais as personagens trans consigam fazer ao menos algumas das coisas que as personagens cis fazem, e senti-las à sua própria maneira. Acker, então, oferece uma chave para abrir espaços na literatura trans para além da garota trans literária triste, sem precisar retornar às convenções do livro de memórias trans.

Grace Lavery quer libertar um certo tipo de ficção realista da alegação de que se trata de um gênero literário burguês.[173] Ela está interessada no realismo não como mímesis, mas enquanto prática de autocuidado. A ficção realista dá forma a uma reflexão sobre os sentimentos provocados pelas nossas ações que nos permitam um corte que nos afaste de fantasias belas e prejudiciais, permitindo que o/a leitor/a se reconcilie com um senso mais profundo de bem-estar, de crescimento interno, a despeito da feiura do mundo. Do meu ponto de vista, no entanto, o final feliz desse realismo, no qual o possível equivale àquilo que é desejável, não poderia deixar de ser burguês.

Ainda assim, como Peters pontua, a literatura trans pós-Nevada não oferece muitos modelos de autocuidado que nos permitam ir além do mínimo necessário à sobrevivência. São textos que falam de pobreza, trauma, vício, além da perda de pessoas amadas. Solidão, ansiedade e pânico são seus estados de humor mais alegres. Nesse sentido, o realismo burguês segue sendo não mais do que uma aspiração. Talvez tenhamos direito de atingir esse realismo antes de nos reunir para criticá-lo.

---

172. Uma ambição bem-sucedida: veja Torrey Peters, *Detransition, Baby: A Novel*. Nova York: One World, 2021.
173. Grace Lavery, "Trans Realism", *Critical Inquiry* 46, verão de 2020, pp. 719-444.

Lavery se baseia em *Redefining Realness* [Redefinindo o que é real] de Janet Mock.[174] Mais do que entender a aproximação do real como a fantasia de *passar*[175] como pessoa cis, essa aproximação do real diz respeito a um momento em que alguém aprende a lidar com seu corpo disfórico tal como é. O corpo disfórico não é o corpo *queer*, no qual as transgressões das normas de gênero podem ser encenadas através de movimentos utópicos como a *drag*, a paródia, ou a provocação.[176] O corpo disfórico, que de modo dolorido e trabalhoso veio a assumir uma forma através da qual é possível viver, precisa transitar pelas ruas e habitar momentos mundanos da vida cotidiana. A linguagem desse corpo pirata permanece inescrutável até para si mesmo, a não ser tateando as articulações de suas próprias diferenças.

Uma literatura trans maravilhosa poderia ser engendrada a partir da exploração de todos os recursos formais, convenções de gênero, acordos com o diabo firmados com a indústria cultural, e todas as espécies de leitura em formação que estão abertas para uma escrita como essa. Aqui me parece que Acker se torna útil mais uma vez, mesmo no que se refere à ficção realista. Como diz Gabriel, o texto-Acker está cravejado de gestos de recusa do mundo adulto, é um texto que se recusa a crescer. Além disso, podemos acrescentar que se trata de um texto repleto de fantasias, que não dizem respeito unicamente à fantasia de ultrapassar o corpo disfórico.

No texto-Acker, o fantástico e o comum são ambos igualmente reais. Embora brotem sentimentos torpes por um mundo torpe, eles jamais levam a uma reconciliação com esse mundo. Uma leitura trans do texto-Acker pode encontrar ali um corpo disfórico, um

---

174. Janet Mock, *Redefining Realness*. Nova York: Simon and Schuster, 2014.
175. No vocabulário trans, o verbo *passar* é empregado para se referir a situações nas quais uma pessoa trans é percebida pelas outras pessoas como uma pessoa cisgênero pertencente ao gênero com o qual se identifica. [N.T.]
176. José Esteban Muñoz, *Cruising Utopia*. Nova York: NYU Press, 2009. Penso em especial no ótimo capítulo a respeito de Kevin Aviance.

corpo pirata, embora não se trate necessariamente de um corpo *queer*. Seu desgosto pelo gênero aparece como condição permanente. O texto-Acker pode ser romântico e anti-realista, mas aponta para possibilidades outras além daquelas indicadas pela teoria *queer* a partir do mesmo nó emaranhado.[177]

Juliana Huxtable escreve, por vezes, em uma prosa que, assim como o texto-Acker, respira através das técnicas da poesia. Gostaria de oferecer a ela a mesma cortesia que ofereci a Acker, e não reduzi-la às suas fontes, muito embora me pareça que o benefício de sublinhar quais dos presentes de Acker Huxtable aceita seja, por contraste, assinalar também aquilo que a artista acrescenta.

Em seu livro *Mucus in My Pineal Gland* [Muco na minha glândula pineal], Huxtable escreve de dentro de uma cidade na qual a boemia foi extinta.[178] O texto-Huxtable emerge inteiramente a partir de sua rede de estratégias pós-capitalistas de acumulação, ali onde trabalho-de-arte, trabalho-de-fama e trabalho-de-sexo se tornam fontes de afeto, imagem e gestos que podem ser transformados em propriedade intelectual. Também ela é uma nova-iorquina de seu próprio tempo.

Seus textos emanam de um espaço digital de sonho em que o desejo já não nega o objeto de sua falta.[179] É um anseio que se empanturra, devorando as imagens que o inundam. Ainda assim, o colapso do desejo e da falta, que se tornam anseio e excesso, não consegue erodir os velhos códigos de classe, raça e gênero, apenas ajusta suas configurações. A transubstanciação da forma da mercadoria,

177. Para nos movermos para além da Acker da teoria *queer*, ver Claire Finch "Kathy Acker's Dildos: Literary Prosthetics and Textual Unmaking", Gender Forum 74, 2019, pp. 55-80
178. Juliana Huxtable, *Mucus in My Pineal Gland*. Nova York: Capricious, 2017.
179. Ver Jodi Dean, a respeito do declínio da eficácia simbólica: Jodi Dean, *Blog Theorie: Feedback and Capture in the Circuits of Drive*. Cambridge: Polity Press, 2010.

ao passar do regime de propriedade de coisas para um regime de propriedade de informação, parece ainda assim dispor de uma grande variedade de modos de classificar e escravizar os corpos – e esses corpos escravizados e classificados seguem sendo, em sua maioria, os mesmos corpos.

Huxtable vai ali onde Acker não poderia ter ido: na maneira espiralada pela qual raça e gênero vão sendo entremeados juntos, a partir da mesma história. Huxtable compartilha com Acker uma de suas fontes de *détournement*: o pornô. Contudo, ali onde Acker, enquanto garota branca, hesita, com razão, Huxtable mergulha no gênero dos jogos-raciais, ali onde ativ/o/a e passiv/o/a, masculino e feminino, dominante e submiss/o/a interagem com esse outro código de diferença característico do desejo americano: branc/o/a e pret/o/a. As técnicas do pornô de internet retalham e reviram os códigos do pesadelo do poder norte-americano transformando-os em memes que extrapolam os limites da nossa atenção, uma superfície sem lacunas ou falhas composta inteiramente daquilo que constituía, anteriormente, o *destino latente* dos Estados Unidos da América.

A descoberta da sexualidade acontece sempre através de alguma forma de mediação. Talvez esse o seja também o caso da descoberta do sexo. Talvez até mesmo a relação que o corpo disfórico pareça ter consigo mesmo requeira um exterior que não tome a forma de um gênero humano. Talvez a tecnologia[180] seja um terceiro gênero que permite que os corpos sejam distribuídos (ou não) entre os outros dois gêneros. O corpo disfórico não é o único que se relaciona com a tecnologia enquanto terceiro gênero; ele ressalta o papel que a tecnologia desempenha para todos os corpos, seja qual for seu sexo ou gênero.[181]

---

180. No original, McKenzie usa o termo *technics*, que poderia também ser traduzido por *técnica*. Me pareceu, porém, que a palavra *tecnologia* dá mais conta da discussão filosófica que a autora coloca em jogo aqui. [N.T.]
181. Paul B. Preciado, *Texto Junkie*. Nova York: Femminist Press em CUNY, 2013.

O texto-Acker já compreende os usos que as técnicas do pornô colocam à disposição dos corpos disfóricos. Em nenhum outro lugar o corpo transexual se torna tão legível quanto no pornô, já que ali, ao menos, nossos corpos existem, são desejáveis, podem ser comidos chegam mesmo a possuir agência. O pornô é o gênero no qual o olhar cis pende mais para o desejo do que para o nojo, pende mais para a inveja do que para a piedade. Huxtable sabota esse quadrante do olhar cis em busca de material de uma maneira que não se encontra tão facilmente nas outras correntes de literatura trans.[182]

Enquanto fazemos *check-out* no hotel de sonho para o qual Acker nos levou, verificando cada gaveta para ter certeza de que não estamos deixando para trás nada de que gostaríamos de nos lembrar, me agarro a essas notas em busca de uma leitura e escrita trans a partir de Acker. Uma baixa teoria que se inspire em Acker me parece particularmente bem adaptada às necessidades e desejos do corpo disfórico, uma categoria que talvez tenha muito em comum com o corpo trans, mas jamais se mostra completamente idêntica a ele.[183]

182. Veja, porém, *Females*, de Andrea Long Chu. Nova York: Verso Books, 2019, e os romances de Torrey Peters publicados pela própria autora, *The Masker* e *Glamour Boutique*: ali é possível encontrar outras estratégias para usar o pornô trans na literatura trans.
183. O corpo trans não precisa ser disfórico; o corpo disfórico não precisa ser trans. À medida que eu finalizava a revisão das páginas deste livro, leio isso aqui: "Até hoje, não consigo entender completamente o que ela viu em mim, ou por que ela valorizava minha amizade. Mas me parece que o afeto dela por mim pode ter tido algo a ver com… o que poderíamos chamar (em termos contemporâneos) de minha leve disforia de gênero: minha incapacidade de performar adequadamente a masculinidade hétero, mesmo que eu não seja capaz de me imaginar em outros termos." É um fragmento de Steven Shaviro, "Remembering Kathy Acker", em *Kathy Acker in Seattle*, organização de Daniel Schulz. Seattle: Misfit Lit, 2020, p. 76. O que me fez pensar sobre quais outr/o/a/s amantes de Acker que foram designad/o/a/s como sendo do sexo masculino ao nascer podem ter sido disfóric/o/a/s, ou mesmo trans. Posso pensar em ao menos um/a. Mas não vamos invadir os corpos d/o/a/s outr/o/a/s com nossas suposições.

O texto-Acker já foi muitas coisas. Ao voltar o olhar para as antologias em que seu trabalho apareceu nos últimos quarenta anos, o texto-Acker ofereceu presentes para muitos momentos culturais vitais. A sua primeira filosofia rompe com as categorias estabelecidas a propósito do corpo a tal ponto que essas múltiplas leituras são possíveis, já que é capaz de produzir um registro sensorial do corpo que faz o mínimo de pressuposições possível, em particular no que se refere ao gênero. A sua segunda filosofia, que se debruça sobre as relações, o/a outr/o/a e o desejo não traz nenhuma bagagem da primeira filosofia no que diz respeito a um corpo essencial, muito embora se agarre firmemente à materialidade do corpo. Tudo isso se expande rumo a uma terceira filosofia que abarca tudo aquilo que triangula as relações que um corpo estabelece com outro corpo, desde processos como fama, arte e sexo, através dos quais o corpo transforma a si mesmo em mercadoria, até as transformações da cidade que assume a forma, não tanto de uma fábrica social, mas de um estúdio social designado para extrair sentido dos corpos.

Existe material suficiente na teia-Acker para, entre outras coisas, deixar de lado a prática de compreender a existência trans como uma anomalia capaz de explicar o modo de vida das pessoas cis. O texto-Acker desfaz o entendimento padrão do corpo como algo que sempre é lido de antemão a partir de noções de gênero. Embora não seja apenas no texto-Acker que essa intuição se faça presente, talvez seja ali que ela tenha sido levada mais longe. Rumo a uma filosofia para aranhas, em que as aranhas somos nós. Depois da minha estada no hotel-Acker, não tive nenhum outro ataque de pânico. Minha respiração está estável. Cá estou eu, depois de me assumir, tecendo com palavras. Aqui no fim do mundo. Existem Janeys por todas as partes. Algu/ns/mas de nós, trans.

AGRADECIMENTOS

Sou especialmente grata a Matias Viegener, executor do testamento de Kathy Acker. Nos encontramos quando ele pediu permissão para publicar minha correspondência de e-mails com Kathy. Embora a princípio eu estivesse relutante, confiei de modo instintivo e imediato no julgamento de Matias. Tantos anos depois, esses e-mails ainda me provocam um tipo bastante particular de dor. Me alegro que eles estejam disponíveis mundo afora. Entre outras razões, porque por conta da existência dessa correspondência surgiram convites para falar sobre o trabalho de Kathy, e foi a partir daí que me pus a estudá-lo mais profunda e detidamente.

Obrigada a tod/o/a/s do Badischer Kunstverein por me convidarem para participar do simpósio "Kathy Acker: Get Rid of Meaning". Obrigada ao *The Brooklin Rail* por me oferecer espaço para escrever a respeito da exposição que acompanhava o simpósio. Obrigada a tod/o/a/s do e-flux por me convidarem a contribuir para a edição do *e-flux journal* a respeito dos feminismos. Um pedaço da primeira parte deste livro apareceu na *Cordite Review* com o título de "Kathy Acker and the Viewing Room", por isso, meu obrigado aos editores dessa publicação também.

Escrevi este livro quando tirei um ano sabático das minhas aulas na The New School, em 2018, por isso minha gratidão à instituição por me fornecer esse tempo. Dei um curso sobre Kathy Acker para m/eu/inha/s alun/o/a/s de graduação na Eugene Lang College, um dos departamentos da The New School, e espero que Kathy e eu não tenhamos aterrorizado demais os alunos. Fico sempre grata por ter na minha vida o/a/s maravilhos/o/a/s estudantes da Lang. Obrigada a Macushla Robinson pela assistência de pesquisa.

Obrigada às/aos guardiã/e/s dos escritos de Kathy Acker na David M. Rubenstein Rare Book & Manuscript Library na Duke

University; a Daniel Schulz, que catalogou a biblioteca pessoal de Kathy na Universidade de Colônia; e a Hanjo Berressem por me permitir passar algum tempo sozinha com os livros dela.

Obrigada a todo mundo da Duke University Press: a Ken Wissoker por enviar este livro para leitores externos, que deram retornos cuidadosos e encorajadores. A Joshua Tranen e Jessica Ryan e a tod/o/a/s aquel/e/a/s que se envolveram com o processo de feitura deste livro.

Já existe uma produção acadêmica bastante rica a respeito de Kathy. O livro que mais ressoou comigo pessoal e profissionalmente foi o de Douglas A. Martin. Encontrei Douglas em um jantar no verão de 2018 em Upstate New York, basicamente para pedir a ele que me desse a sua bênção para escrever este livro. Sou muito agradecida a ele por tê-la concedido de modo tão generoso.

Em 2019, organizei um simpósio chamado Trans | Acker, para o qual convidei algu/ns/mas d/o/a/s m/eu/inha/s escritor/e/a/s trans favorit/o/a/s para discutir o trabalho dela. Meus agradecimentos aos irmãos, irmãs, e outr/o/a/s que vieram e compartilharam comigo suas leituras trans a respeito de Acker, incluindo Torrey Peters, Marquis Bey, Megan Milks, Kay Gabriel, Jackie Ess, Eli Erlich, e especialmente ao falecido Kato Trieu, que geriu o evento.

Sinto tanta falta de Kato. Aprendi tanto com ele, como aprendemos com noss/o/a/s alun/o/a/s quando o estudo se mostra real, vital e necessário para que nossas vidas se tornem de fato possíveis de ser vividas. Este livro não seria nada sem o estudo que fizemos junt/o/a/s a respeito de Acker. O gênero colocou nós três contra a parede: Kathy, Kato e eu. Este livro permitiu que aquilo que a morte de Kathy significou para mim pudesse descansar, mas é apenas o início do que a morte de Kato significa para mim. Tua dor terminou, homem destemido.

LISTA DE LEITURA

UM. O TEXTO-ACKER

Todos os materiais dos documentos de Acker disponíveis na Duke University estão citados por caixa de arquivo, depois por pasta, e depois pelo número da página, caso houver. Por exemplo, o arquivo 23.24.8-9 pertence à caixa z, arquivo 24, páginas 8 - 9.

Livros

BG Acker, Kathy. *Blood and Guts in High School* [Sangue e tripas no ginásio]. Nova York: Grove Press, 2017.

BW Acker, Kathy. *Bodies of Work: Essays* [Coleção de obras: ensaios]. Londres: Serpent's Tail, 1997.

DQ Acker, Kathy. *Don Quixote*. Nova York: Grove Press, 1986.

ES Acker, Kathy. *Empire of the Senseless* [Império do sem-sentido]. Nova York: Grove Press, 2018.

EU Acker, Kathy. *Eurydice in the Underworld* [Eurídice no submundo]. Londres: Arcadia Books, 1997.

GE Acker, Kathy. *Great Expectations* [Grandes esperanças]. Nova York: Grove Press, 1982.

HL Acker, Kathy. *Hannibal Lecter, My Father* [Hannibal Lecter, meu pai], organizado por Sylvere Lotringer. Nova York: Semiotext(e), 1991.

IM Acker, Kathy. *In Memoriam to Identity* [In Memoriam à identidade]. Nova York: Grove Press, 1998.

LM Acker, Kathy. *Literal Madness* [Loucura literal]. Nova York: Grove Press, 2018.

MM Acker, Kathy. *My Mother: Demonology* [Minha mãe: demonologia]. Nova York: Grove Press, 2000.

PE Acker, Kathy. *Portrait of an Eye* [Retrato de um olho]. Nova York: Grove Press, 1998.

PK Acker, Kathy. *Pussy, King of the Pirates* [Boceta, rei dos piratas]. Nova York: Grove Press, 1996.

Entrevistas

AW Acker, Kathy. "Interview with Andrea Juno" [Entrevista com Andrea Juno]. Em *Angry Women*, organizada por V. Vale e Andrea Juno. São Francisco, CA: Re/Search, 1991, pp. 177-185.

BA Acker, Kathy. "Interview with Mark Magill" [Entrevista com Mark Magill]. Em *BOMB: The Author Interviews*, organizada por Betsy Sussler. Nova York: Soho Press, 2014, pp. 51-78.

BB Bratton, Benjamin. "Conversation with Kathy Acker", *_SPEED_* I, n. I, 1994. Acessado em junho de 2021, https://nideffer.net/proj/_SPEED_/1.1/acker.html .

JE Ettler, Justine. "Kathy Acker, King of the Pussies." *Rolling Stone Australia*, novembro de 1995, pp. 24-25.

LI Scholder, Amy, e Douglas A. Martin, eds. *Kathy Acker: The Last Interview*. Brooklyn: Melville House, 2018.

NK King, Noel. "Kathy Acker on the Loose." *Meanjin*, n. 2, 1996, pp. 334-339.

RC Cross, Rosie. "Acker Online" in: *Transit Lounge*, organizada por Ashley Crawford e Ray Edgar, pp. 43-44, Melbourne: Craftsman's House, 1997.

WD Sirius, R. U. "Kathy Acker: Where Does She Get Off?" *Io*, 1997. Acessado em junho de 2024. https://www.altx.com/io/acker.html.

Textos ocasionais

AD Acker, Kathy. "After the End of the Artworld" [Depois do fim do mundo da arte]. Em *The Multimedia Text:Art and Design Profile* No. 45, organizado por Nicholas Zurbrugg. Londres: Art and Design, 1995, pp. 51-78.

DDH Acker, Kathy. "Dead Doll Humility" [Humildade da Boneca Morta] *Postmodern Culture I*, n. I, setembro de 1990. Acessado em junho de 2024. https://pmc.iath.virginia.edu/text-only/issue.990/acker.990

IV Acker, Kathy, e McKenzie Wark. *I'm Very into You:* Correspondence [Tô muito na tua: correspondência]. Los Angeles: Semiotext(e), 2015.

LJ Acker, Kathy. *Homage to Leroi Jones* and Other Early Works [*Homenagem a Leroi Jones* e outros trabalhos iniciais], editado por Gabrielle Kappes. Nova York: CUN Poetics Document Initiative, 2015.

MP Acker, Kathy. "Manpower" [Machopoder]; *Neu Statesman*, 2 de junho, 1989, p. 12.

NW Acker, Kathy. "Notes in Writing: From the Life of Baudelaire" [Notas sobre a escrita: a partir da vida de Baudelaire]; *L--A--N--G-- U--A--G--E*, n. 9-10, outubro de 1979, 1-3.

PA Acker, Kathy. "Paragraphs" [Parágrafos]. *Journal of the Midwest Modern Languages Association* 28, n. I, primavera de 1995, I, pp. 87-92.

SW Acker, Kathy, e Paul Buch. *Spread Wide* [*Arreganhado*]. Paris: Editions Dis Voir, 2004.

TK Acker, Kathy. "The Killers'' [Os Assassinos] in: *Biting the Error: Writers Explore Narrative*, organização de MaryBurger, Robert Glück, Camille Roy, e Gail Scott. Toronto: Coach House Books, 2004, pp. 14-18.

WP Acker, Kathy. "Writing Praxis'' [Praxis da Escrita] in: *Conjunctions*, 21, 1993, pp. 3-4.

DOIS. TEXTOS SECUNDÁRIOS

Acker na Austrália

Brown, Pam. "1995." Em *Home by Dark*. Bristol: Shearsman Books, 2013, p. 34.

Ettler, Justine. "Kathy Acker, King of the Pussies." *Rolling Stone Australia*, novembro de 1995.

Ettler, Justine. "When I Met Kathy Acker'' *M/C Journal* 21, n. 5, 2018. Acessado em junho de 2024. https://journal.mediaculture.org.au/index.php/mcjournal/article/view/1483 .

King, Noel. "Kathy Acker on the Loose." *Meanjin*, n. 2, 1996, pp. 334-339.

Talbot, Danielle. "Pleasure and Pain in Acker's World." *The Age*, 26 de julho de 1995, p. 21.

Talbot, Danielle. "Blood, Grunge and Literature." *The Age*, 4 de agosto de 1995, p. 17.

Acker por outr/o/a/s escritor/e/a/s

Bellamy, Dodie. "Digging through Kathy Acker's Stuff", em *When the Sick Rule the World*. Los Angeles: Semiotext(e), 2011, pp. 124-150.

Boone, Bruce. "Kathy Acker's Great Expectations." Em *Dismembered: Poems, Stories, and Essays*. Nova York: Nightboat Books, 2020, pp. 145-152.

Freilicher, Mel. "One or Two Things That I Itnow about Kathy Acker", em *The Encyclopedia of Rebels*. San Diego: City Works Press, 2013, pp. 93-104.

Hegemann, Helene. *Axolotl Roadlkill*. Londres: Corsair, 2012.

Home, Stewart. *69 Things to Do with a Dead Princess*. Edinburgh: Canongate, 2003.

Indiana, Gary. *Rent Boy*. Nova York: High Risk Books, 1994.

Kaveney, Roz. "Just Because Cathexys Showed an Interest." *Roz Ilaveney's Live Journal*, 23 de junho de 2007. Acessado em junho de 2024. https://rozk.livejournal.com/158882.html

Kemp, Jonathan. "Kathy Acker's Houseboy." *Minor Literature[s]*, 25 de abril de 2019.

Kruger, Barbara. "You No Wanna Dadda." *ZG* (Breakdown Issue), 1983.

Laing, Olivia. *Crudo*. Londres: Picador, 2018.

McCarthy, Tom. "Kathy Acker's Infidel Heteroglossia", em *Typewriters, Bombs, Jellyfish: Essays*. Nova York: New York Review Books, 2017, pp. 255-274.

Myles, Eileen. *Inferno: A Poet's Novel*. Nova York: O/R Books, 2010.

Place, Vanessa. "Afterword'', em *I'll Drown My Book: Conceptual Writing by Women*, editado por Caroline Bergvall, LaynieBrowne, Teresa Carmody, and Vanessa Place, pp. 445-447. Los Angeles: Les Figues Press, 2012.

Schulman, Sarah. "Realizing They"re Gone'' Em *Gentrification of the Mind*. Berkeley: University of CaliforniaPress, 2017, pp. 53-81.

Shaviro Steven. "Kathy Acker", em *Doom Patrols*. Nova York: Serpent's Tail, 1997, pp. 82-90.

Stupard, Linda. "Kathy's Body." Em *The Bodies That Remain*, editado por Emmy Beber. Goleta, CA: PunctumBooks, 2018, pp. 225-230.

Stupart, Linda. *Virus*. London: Arcadia Missa, 2011.

Tillman, Lynne. "Selective Memory". *Review of Contemporary Fiction 9*, n. 3, outono de 1989, pp. 68-70.

David Velasco, "Natural's Not in It," *Bookforum 24*, n. 4, dezembro de 2017.

Viegener, Matias. *The Assassination of Kathy Acker*. Guillotine Series n. 13. Nova York: Guillotine Series, 2018.

Viegener, Matias. *2500 Random Things About Me*. Los Angeles: Les Figues Press, 2012.

Zambreno, Kate. "New York City, Summer 2013." Em *Icon*, editada por Amy Scholder. Nova York: Feminist Press at CUNY, 2014, pp. 221-244

Obras publicadas sobre Acker

Gajoux, Justin, e Sebastian Jailaud, organizadores. *Acker 1971-1975*. Paris: Editions Ismael, 2019.

Hardin, Michael, organizador. *Devouring Institutions: The Life and World of Kathy Acker*. San Diego: Hyperbole Books, 2004.

Scholder, Amy, Carla Harryman, and Avital Ronell (orgs.). *Lust for Life: On the Writings of Kathy Acker*. Nova York: VersoBooks, 2006.

Schulz, David (org.). *Kathy Acker in Seattle*. Seattle: Misfit Lit, 2020.

Monografias sobre Acker

Borowska, Emilia. *The Politics of Kathy Acker: Revolution and the Avant-Garde*. Edinburgh: Edinburgh UniversityPress, 2019.

Colby, Georgina. *Kathy Acker: Writing the Impossible*. Edinburgh: Edinburgh University Press, 2016.

Dew, Spencer. *Learning for Revolution: The World of Kathy Acker*. San Diego, CA: Hyperbole BookS, 2011.

Henderson, Margaret. *Kathy Acker: Punk Writer*. Londres: Routledge, 2020.

Kraus, Chris. *After Kathy Acker*. Los Angeles: Semiotext(e), 2011.

Martin, Douglas A. *Acker*. Nova York: Nightboat, 2017.

Outras monografias

Berry, Ellen. *Women's Experimental Writing*. London: Bloomsbury, 2016.

Campbell, Marion. *Poetic Revolutionaries: Intertextuality and SubverSion*. Amsterdam: Rodopi, 2014.

Greaney, Patrick. *Quotational Practices: Repeating the Future in Contemporary Art*. Minneapolis. University of Minnesota Press, 2014.

Irr, Caren. *Pink Pirates: Contemporary American Women Writers and Copyright*. Iowa City: University of Iowa Press, 2010.

Marczewska, Kaja. *This Is Not a Copy: Writing at the Iterative Turn*. Londres: Bloomsbury, 2018.

Mookerjee, Robin. *Transgressive Fiction: The New Satiric Tradition*. Londres: Palgrave Macmillan, 2013.

Moran, Joe. *Star Authors*. Londres: Pluto Press, 2000.

Pritchard, Nicola. *Tactical Readings*. Lewisburg, PA: Bucknell University Press, 2002.

Siegle, Robert. *Suburban Ambush: Downtown Writing and the Fiction of Insurgency*. Baltimore: Johns Hopkins University Press, 1989.

Tabbi, Joseph. *Postmodern Sublime: Technology and American Writing from Mailer to Cyberpunk*. Ithaca: Cornell University Press, 1996.

Vichnar, David. *Subtexts: Essays on Fiction*. Prague: Litteraria Pragnesia, 2015.

Yuknavich, Lidia. *Allegories of Violence*. Nova York: Routledge, 2001.

Zurbrug, Nicholas. *The Parameters of Postmodernism*. Carbondale, IL: Southern Illinois University Press, 1993.

Artigos selecionados, etc.

Berressem, Hanjo. "Body-Wound-Writing". *American Studies* 43, n. 3, janeiro de 1999, pp. 393–411.

Bey, Marquis. "Cutting Up Words: Kathy Acker's Trans Locutions". *Transgender Studies Quarterly* 7, n. 3, agosto de 2020, pp. 479–88.

Brimmers, Julian. "Kathy Acker's Library." *Paris Review* 225 (verão de 2018). Acessado em 14 de junho de 2024.https://www.theparisreview.org/art-photography/7195/kathy-ackers-library-julian-brimmers .

Burke, Victoria. "Writing Violence: Kathy Acker and Tattoos." *Canadian Journal of Political and Social Theory* 13, n. 1-2, 1989, pp. 162-165.

Finch, Claire. "Kathy Acker's Dildos: Literary Prosthetics and Textual Unmaking." *Gender Forum* 74, 2019, pp. 55-74.

Floyd, Kevin. "Deconstructing Masochism in Kathy Acker's Blood and Guts in High School", em *Critical Studies on the Feminist Subject*, editado por Gionana Covi. Trento: Dipartimento di scienze flologiche e storiche, 1997, pp. 57-77.

Friedman, Ellen. "Now Eat Your Mind: An Introduction to the Works of Kathy Acker." *Review of Contemporary Fiction* 9, n. 3, outono de 1989, pp. 37-49.

Gabriel, Kay. "Nothing Until It Is Made Actual, or Acker versus Growing Up." *Transgender Studies Quarterly* 7, n. 3, agosto de 2020, pp. 489-498.

Greaney, Patrick. "Insinuation: Détournement as Gendered Repetition." *South Atlantic Quarterly* 110 (1), 2011, pp. 75-88.

Hauskneckt, Gina. "Self-Possession, Dolls, Beatlemania, Loss", em *The Girl: Constructions of the Girl in Contemporary Fiction by Women*, editada por Roth O. Saxton. Nova York: St. Martin's Press, 1998, pp. 21-42.

House, Richard. "Informational Inheritance in Kathy Acker's Empire of the Senseless." *Contemporary Literature* 46, n. 3, 2005, pp. 450-482.

McBride, Jason. "The Last Days of Kathy Acker." *Hazlitt*, 28 de julho de 2015.

Milks, Megan. "Janey and Genet in Tangier." Em *Kathy Acker and Transnationalism*, editada por P. Mackay and K. Nichol. Newcastle: Cambridge Scholars Publishing, 2009, pp. 91-114.

Redding, Arthur F. "Bruises, Roses: Masochism and the Writing of Kathy Acker." *Contemporary Literature* 35, n. 2, 1994, pp. 281-304.

Rickels, Lawrence. "Body Building." *Artforum International* 32, n. 6, fevereiro de 1994, pp. 60-62.

Scholder, Amy. "Editor's Note." Em *Essential Acker*, editado por Amy Scholder e Dennis Cooper, xi-xv. Nova York: Grove Press, 2002.

Sciolino, Martine. "Confessions of a Kleptoparasite" *Review of Contemporary Fiction* 9, n. 3, outono de 1989, pp. 63-67.

Sciolino, Martine. "Kathy Acker and the Postmodern Subject of Feminism." *College English* 52, n. 4, abril de 1990, pp. 437-445.

Sweet, Paige. "Where's the Booty?" *darkmatter*, 10 de dezembro de 2009. Accessado em 3 de Agosto de 2020. http://www.darkmatter101.org/site/author/paige-s/.

Templeton, Ainslie. "Trans Smugling in Genet's Our Lady of the Flowers." *Tijdschrift voor Genderstudies* 20, n. 4, 2017, pp. 399-414.

Trieu, K. K. "Building the Pirate Body." *Transgender Studies Quarterly* 7, n. 3, agosto de 2020, pp. 499-507.

Vechinski, Matthew. "Kathy Acker as Conceptual Artist." *Style* 47, n. 4, inverno de 2013, pp. 525-581.

Acker em contexto. Antologias selecionadas

Andrews, Bruce, e Charles Bernstein (orgs.). *The L=A=N=G=U=A=G=E Book*. Carbondale: Southern Illinois University Press, 1984.

Bellamy, Dodie, e Kevin Killian (orgs.) . *Writers Who Love Too Much: New Narrative Writing 1977-1997*. Nova York: Nightboat, 2017.

Bergvall, Caroline, Laynie Browne, Teresa Carmody, e Vanessa Place (org.) . *I'll Drown My Book: Conceptual Writing by Women*. Los Angeles: Le Figues, 2013.

Crawford, Ashley, e Ray Edgar (orgs.). *Transit Lounge*. Melbourne: Craftsman's House, 1997.

Dworkin, Craig, e Kenneth Goldsmith (orgs.). *Against Expression: An Anthology of Conceptual Writing*. Chicago: Northwestern University Press, 2011.

Ess, Barbara e Glenn Branca (orgs.). *Just Another Asshole*, n. 6. Nova York: jaa Press, 1983.

Massumi, Brian (org.). *The Politics of Everyday Fear*. Minneapolis: University of Minnesota Press, 1993.

McCafery, Larry (org.). *Storming the Reality Studio: A Casebook of Cyberpunk and Postmodern Science Fiction*. Durham: Duke University Press, 1991.

McCafery, Larry (org.). *Avant-Pop: Fiction for a Daydream Nation*. Kennebunk: Black Ice Books, 1992.

Prince, Richard, ed. *Wild History*. Nova York: Tanum Books, 1985.

Robertson, Lisa, e Matthew Stadler (orgs.). *Revolution: A Reader*. Paris: Paraguay Press, 2012.

Rose, Joel, e Catherine Texier (orgs.). *Between C and D: An Anthology*. Nova York: Penguin, 1988.

Rosset, Barney (org.). *Evergreen Review Reader 1967-1973*. Nova York: Four Walls Eight Windows, 1999.

Scholder, Amy e Ira Silverberg (orgs.). *High Risk: An Anthology of Forbidden Writings*. Nova York: Serpent's Tail, 1991.

Sussler, Betsy (org.). *BOMB: The Author Interviews*. Nova York: Soho House Press, 2014.

Vale, V., e Andrea Juno (orgs.). *Angry Women*. São Francisco: Re/Search, 1993.

Wallis, Brian (org.). *Blasted Allegories: An Anthology of Writings by Contemporary Artists*. Cambridge: MIT Press, 1989.

Dados Internacionais de Catalogação na Publicação (CIP)
de acordo com ISBD

W277f Wark, Mckenzie

    Filosofia para aranhas: sobre a baixa teoria
de Kathy Acker / Mckenzie Wark ; traduzido por
Tom Nóbrega. - São Paulo : n-1 edições, 2024.
328 p.; 14cm x 21cm.

    Tradução de: Philosophy for spiders: on
the low theory of Kathy Acker

    ISBN: 978-65-6119-018-3

    1. Filosofia I. Nóbrega, Tom. II.Título

2024-2012   CDD 100
                                 CDU 1

Elaborado por Odilio Hilario Moreira Junior - CRB-8/9949

       Índice para catálogo sistemático
       1. Filosofia 100
       2. Filosofia 1

Filosofia para aranhas usa a tipografia Base Mono,
desenvolvida em 1997 por Zuzana Licko para a Emigre.

n-1edicoes.org

revistarosa.com

n-1

O livro como imagem do mundo é de toda
maneira uma ideia insípida. Na verdade não
basta dizer Viva o múltiplo, grito de resto
difícil de emitir. Nenhuma habilidade
tipográfica, lexical ou mesmo sintática será
suficiente para fazê-lo ouvir. É preciso fazer
o múltiplo, não acrescentando sempre uma
dimensão superior, mas, ao contrário, da
maneira mais simples, com força de
sobriedade, no nível das dimensões de que
se dispõe, sempre n-1 (é somente assim que
o uno faz parte do múltiplo, estando sempre
subtraído dele). Subtrair o único da
multiplicidade a ser constituída; escrever a
n-1.

Gilles Deleuze e Félix Guattari

Revista Rosa

A reunião difícil entre
uma crítica intransigente do capitalismo e
uma exigência democrática sem concessões.